Dr. Dietrich Dickertmann

Die Finanzierung von Eventualhaushalten durch Notenbankkredit

FINANZWISSENSCHAFTLICHE FORSCHUNGSARBEITEN

Neue Folge Heft 42

Herausgegeben von Prof. Dr. Dr. h. c. G. Schmölders, Universität Köln

Die Finanzierung von Eventualhaushalten durch Notenbankkredit

Erfahrungen aus der Rezessionsbekämpfung des Jahres 1967

Von

Dr. Dietrich Dickertmann

DUNCKER & HUMBLOT / BERLIN

Gedruckt 1972 bei Alb. Sayffaerth, Berlin 61
Printed in Germany

ISBN 3 428 02738 8

Geleitwort

Die zur Rezessionsbekämpfung in den Jahren nach 1966 ergriffenen Maßnahmen sind bisher mehrmals, u. a. von der Bundesregierung selbst, dargestellt worden. Eine eingehende Behandlung der Finanzierungsseite, die bisher ausstand, wird hiermit von meinem Mitarbeiter Dr. Dickertmann vorgelegt. Die Analyse beschränkt sich, von einigen Seitenblicken auf Länder und Gemeinden abgesehen, auf die Bundesaktivitäten im Finanzierungsbereich; die Verwendungsseite ist nur gelegentlich und insoweit einbezogen worden, wie dies für das Verständnis der Zusammenhänge unbedingt erforderlich war.

Abgesehen von den vielen vorgelegten Informationen über Möglichkeiten und Ablauf des ersten großen deficit spending in der Nachkriegszeit gewinnt die Arbeit grundsätzliche Bedeutung für die weitere Diskussion des Verhältnisses zwischen Staat und Notenbank. Da die Schuldentransaktionen des Bundes in Größenordnungen hineinwuchsen, die ohne eine Hilfe der Bundesbank nicht zu bewältigen waren, wurde das Zusammenspiel von Bank und Regierung entscheidend. Es ist dabei interessant zu verfolgen, wie die Bank diese Hilfe an Bedingungen zu knüpfen wußte, d. h. ihre indirekten Finanzierungszusagen jeweils nur unter Einschränkungen erteilte. Ein komplizierter und wechselseitiger Abstimmungsprozeß tritt hier zutage, der über die einseitige Ausrichtung von § 12 des Bundesbankgesetzes hinausgeht. Daß diese Politik schwierig war und insbesondere die Beamten des Finanzministeriums vor neue Aufgaben stellte, wird immer wieder deutlich. Unabhängig von diesen organisatorischen Problemen bleibt festzuhalten, daß die Zentralbank bei einer derartigen Finanzierungshilfe über das Geschäftsbankensystem nahezu zwangsläufig Überliquidität schaffen muß, will sie Sickerverluste aller Art berücksichtigen, die bei einer späteren kontraktiven Politik den Bremsweg der entgegengerichteten Maßnahmen verlängert. Auch andere schuldenpolitische Ziele, wie etwa das der Zinsminimierung, sind nach der überzeugenden Darstellung des Verfassers nicht erreicht worden; von einem Lehrstück, wie Stucken meint, kann bei der Finanzierung der Eventualhaushalte dann wohl doch nicht gesprochen werden.

Die Arbeit schließt durchaus folgerichtig mit einer Grundsatzdiskussion. Es wird nämlich die Frage untersucht, ob die Finanzierung einer Konjunkturankurbelung durch Direktkredite der Bundesbank sinnvoll sei. Der Verfasser stellt richtig heraus, daß nach geltendem Recht für eine „indirekte“ Kreditfinanzierung des Staates durch die Bundesbank (Offenmarktoperationen in langfristigen Titeln) keine Grenzen existieren; es wäre durchaus schlüssig, dies zu legalisieren und eine Art „Stabilisierungskonto“ einzurichten, das Neuverschuldung, Schuldentilgung und Stillegung öffentlicher Mittel zu Stabilisierungszwecken gleichermaßen umschließt. Der nicht zu bestreitende Vorteil liegt in der Möglichkeit der genauen Dosierung der Verschuldung; als Gefahr bleibt die Öffnung einer dauernden Inflationsquelle, da der Staat Kredite im Innenverhältnis, zumindest in der Vorkriegsvergangenheit, gern auf die leichte Schulter genommen hat. Die Entscheidung ist hier nicht weiter theoretisch ableitbar. Hätten wir durchweg volkswirtschaftlich durchgebildete Politiker, die dem Ziel der Währungsstabilität einen hohen Rang einräumen, so wäre die in dieser Arbeit anklingende technokratische Lösung durchaus akzeptabel. So bleibt bei mir Skepsis. In einem Regierungssystem, das dem Kräftegleichgewicht einen hohen Rang einräumt, sollte auch die Zentralbank eine Kraft mit eigenem Handlungsspielraum bleiben. Für ein staatliches Finanzierungsinstitut wäre dieser allzu gering, um die Gefahren einer hausgemachten Inflation auszuschließen.

Prof. Dr. K.-H. Hansmeyer

Inhaltsverzeichnis

Zweites Kapitel

Drittes Kapitel

Verzeichnis der Tabellen

Verzeichnis der Übersichten

Verzeichnis der Abbildungen

Verzeichnis der Abkürzungen

BBkG	=	Gesetz über die Deutsche Bundesbank
BGB	=	Bürgerliches Gesetzbuch
BGBl.	=	Bundesgesetzblatt
BHO	=	Bundeshaushaltsordnung
BTag	=	Deutscher Bundestag
Bulletin	=	Bulletin des Presse- und Informationsamtes der Bundesregierung, Bonn
DBB	=	Deutsche(n) Bundesbank
GG	=	Grundgesetz
HdF	=	Handbuch der Finanzwissenschaft
HGrG	=	Haushaltsgrundsätzegesetz
HHG	=	Haushaltsgesetz
JG	=	Jahresgutachten
KWG	=	Gesetz über das Kreditwesen
RGBl.	=	Reichsgesetzblatt
RHO	=	Reichshaushaltsordnung
RSchO	=	Reichsschuldenordnung
StabG	=	Gesetz zur Förderung der Stabilität und des Wachstums der Wirtschaft
ZfgK	=	Zeitschrift für das gesamte Kreditwesen

Einführung

Nach Jahren stetigen, nur von geringen Schwankungen unterbrochenen Wachstums erlebte die Wirtschaft der Bundesrepublik im Sommer 1966 den ersten erwähnenswerten Konjunktureinbruch, der als „Rezession 1966/67“ in die wirtschaftspolitische Chronik einging. In diese Zeit der mangelnden Beschäftigung, des außenwirtschaftlichen Ungleichsgewichtes und des erstmalig in der Zeit nach dem Zweiten Weltkrieg zurückbleibenden Wachstums bei allerdings stabilisiertem Preisniveau fällt die Bildung der Großen Koalition (1. Dezember 1966). Die Bundesminister F. J. Strauß (Finanzen) und K. Schiller (Wirtschaft) nehmen ihre Arbeit auf, mit dem Ziel, die Rezession aufzufangen und einen „Aufschwung nach Maß“ hin zur Vollbeschäftigung einzuleiten. Begleitet werden ihre Maßnahmen von einer bild- und wortreichen Sprache neuer wirtschaftspolitischer Begriffe. Eines der damals häufig genannten Schlagworte war das der „situationsbezogenen Schuldenpolitik“. Hinter diesem Begriff verbirgt sich aber nicht nur ein Anstieg der öffentlichen Verschuldung, die in einem Zeitraum von wenigen Monaten von 92,3 Mrd. DM auf 115,9 Mrd. DM oder um 25,5 v. H. wuchs, sondern auch eine Verfahrensweise mit erheblichen finanz- und geldpolitischen Auswirkungen. Während aber der steile Anstieg des Schuldenzuwachses vielfach diskutiert wurde, erregten die damit zusammenhängenden Detailfragen insbesondere der Finanzierung weit weniger Aufmerksamkeit; unter anderem deswegen, weil die Befürworter und Kritiker der finanzpolitischen Maßnahmen stärker mit den beiden durch Schulden finanzierten Konjunkturprogrammen beschäftigt waren.

So setzt sich das Kreditfinanzierungsgesetz 1967, die gesetzliche Grundlage des ersten Konjunkturprogrammes, nur in § 1 mit der Finanzierungsproblematik auseinander: „Der Bundesminister der Finanzen wird ermächtigt, ... Geldmittel im Wege des Kredits zu beschaffen ...[1].“ Ähnlich unbestimmt lautet die Formulierung in der Vorlage der Bundesregierung zum zweiten Konjunkturprogramm: „Zu diesem Zweck sollen unter Inanspruchnahme der in § 6 Abs. 3 des Gesetzes zur Förderung der Stabilität und des Wachstums der Wirtschaft enthaltenen Kreditermächtigung zusätzliche mittel- und kurzfristige Kredite aufgenom-

[1] Gesetz über die Aufnahme und Bereitstellung von Krediten zur Belebung der Investitionstätigkeit und zur Sicherung eines stetigen Wachstums im Rechnungsjahr 1967 vom 11. 4. 1967 (BGBl. I, S. 401).

men werden".[2] Der Gesetzgeber kommt also über eine Umschreibung des erforderlichen Kreditbedarfs nicht hinaus. Über die Art und Weise der Mittelbeschaffung, ihre geldpolitischen Voraussetzungen, über die Schuldformen und ihre Konditionen, über die Zeichner und die Auswirkungen auf die Schuldenstruktur in geld- und finanzpolitischer Hinsicht macht er sich ebenso wenig Gedanken, wie die Kommentatoren dieser Politik, die sich nur an dem Anstieg des Schuldvolumens orientieren.

Da auch der Abschlußbericht der Bundesregierung zu den beiden Konjunkturprogrammen[3] über die Einzelheiten ihrer Finanzierung keine Angaben gemacht hat, soll in der vorliegenden Arbeit versucht werden, diese Lücke für den Bereich des Bundes[4] zu schließen, wobei die Probleme der Mittelverwendung nur so weit mit in die Ausführungen einbezogen werden sollen, wie es zum Verständnis der Zusammenhänge erforderlich ist[5]. Im ersten Teil der Arbeit gehen die Überlegungen von den konjunktur- und haushaltspolitischen Fehlentwicklungen aus, die im Laufe des Jahres 1965 einsetzten und Ende 1966 ihren Höhepunkt erreichten. Von besonderem Interesse ist dabei neben dem prozyklischen Verhalten der öffentlichen Hand das Bemühen der Bundesbank, einen antizyklischen Kurs einzuschlagen. An diesem Kurs hielt die Bundesbank so lange — wie ihr von vielen Kritikern vorgehalten wird, zu lange — fest, bis die Rezession 1966/1967 für jedermann erkennbar war. Damit werden zugleich die monetären Ausgangsdaten gewonnen, die für die Einleitung des konjunkturellen Aufschwungs durch die Bundesregierung von Bedeutung sind.

Die Bundesregierung stand nämlich bei der Bekämpfung der Rezession um die Jahreswende 1966/1967 vor einer doppelten Aufgabe: Einmal mußte sie die in den Vorjahren zu stark strapazierten Bundesfinanzen sanieren und zum zweiten beabsichtigte sie mit den beiden sog. Eventualhaushalten, dem ersten und später dann auch mit dem

---

[2] Bundeshaushaltsplan für das Rechnungsjahr 1967, Vorlage der Bundesregierung über das zweite Programm für besondere konjunktur- und strukturpolitische Maßnahmen 1967/68, S. 141. § 6 Abs. 3 StabG führt einen Kreditplafond in Höhe von 5 Mrd. DM ein, der unter bestimmten Voraussetzungen in Anspruch genommen werden kann.

[3] Abschlußbericht der Bundesregierung über das Erste Konjunkturprogramm und das Zweite Programm für besondere konjunktur- und strukturpolitische Maßnahmen 1967/68, BTag-Ducksache V/3630.

[4] Die Finanzierungsprobleme der Länder, das zweite Konjunkturprogramm betreffend, treten gegenüber denen des Bundes zurück. Siehe auch *Götz*, G.: Die Schuldenpolitik der Länder, Diss. Mainz 1969, S. 35 ff.

[5] Siehe hierzu Abschlußbericht der Bundesregierung ..., BTag-Drucksache V/3630; *Lüdeke*, D.: Die Ausgaben des ersten Konjunkturprogramms und ihre Wirkungen auf einzelne Kreislaufaggregate — Eine ökonometrische Analyse, in: IFO-Studien, 13. Jg./1967, S. 21 ff.; JG des Sachverständigenrates 1968/69 (Alternativen außenwirtschaftlicher Anpassung), Ziff. 10 ff.

zweiten Konjunkturprogramm, das konjunkturelle Tief zu beseitigen. Für beide Ziele benötigte sie Geld. So ist nach einer kurzen Beschreibung der in einer solchen konjunkturellen Situation sinnvollen Maßnahmen einer „fiscal policy“ der zweite Teil der Arbeit mit der Ermittlung des Finanzierungsvolumens des Bundes (der Länder, der Gemeinden und des ERP-Sondervermögens) einzuleiten. Es wird sich dabei zeigen, daß die Finanzierungsmöglichkeiten des Bundes in konjunkturpolitischen Ausnahmesituationen sehr begrenzt waren.

Das betraf zum einen die unzureichende gesetzliche Vorsorge für eine zusätzliche, konjunkturbedingte Schuldaufnahme. Nicht zuletzt deswegen kam das am 8. Juni 1967 verabschiedete Stabilitäts- und Wachstumsgesetz[6] für den Bundesfinanzminister gerade zum rechten Augenblick. Allerdings war auch mit dem in diesem Gesetz eingeräumten zusätzlichen Verschuldungsrahmen für den Bund das erforderliche hohe Kreditvolumen noch keineswegs auf dem Kreditmarkt placiert. Daher sind zum anderen damit die tatsächlichen Schwierigkeiten gemeint, die sich für die Schuldenpolitik bei der Beschaffung der erforderlichen Mittel ergeben haben. Da die Schuldaufnahme des Bundes bei der Bundesbank nur zur Überbrückung von kurzfristigen Kassendefiziten bestimmt ist, hängt der Bundesfinanzminister bei der Unterbringung der öffentlichen Emissionen einerseits von der Aufnahmefähigkeit und der Zeichnungsbereitschaft des Geld- und Rentenmarktes und andererseits von der Politik der Bundesbank ab, da beide Märkte wesentlich von ihren in diesem Fall expansiven geldpolitischen Maßnahmen beeinflußt werden.

Die Einleitung einer expansiven Geldpolitik war jedoch Anfang 1967 wegen des inzwischen eingetretenen konjunkturellen Tiefs mit den Zielen der Bundesbank durchaus vereinbar; so konnte die Notenbank ihre dem Bund eingeräumten „Finanzierungszusagen“ erfüllen. Unter Einsatz des gesamten geldpolitischen Instrumentariums und mit Hilfe einiger „flankierender“ Maßnahmen konnte die Bundesbank den Kreditmarkt so weit verflüssigen, daß es der Schuldenpolitik nicht allzuschwer fiel, das fiskalische Ziel der Einnahmeerzielung und zum Teil auch das der Zinskostenminimierung zu realisieren. Allerdings werden gegen das praktizierte Finanzierungsverfahren zwei wesentliche Einwände vorzutragen sein: Die Finanzierung der beiden Konjunkturprogramme und der konjunkturbedingten Steuermindereinnahmen wäre nicht gelungen, wenn die Bundesbank dem Bund *nur* die indirekte Finanzierung über das Bankensystem erleichtert hätte. Wie noch zu zeigen ist, hat sie nämlich dem Bund darüber hinaus auch mit „heim-

---

[6] Gesetz zur Förderung der Stabilität und des Wachstums der Wirtschaft vom 8. Juni 1967 (BGBl. I, S. 582).

lichen" Direktkrediten unter die Arme gegriffen. Ferner sind mit der vorgegebenen Umwegsfinanzierung wesentliche ökonomische Nachteile verbunden, mit denen die Schuldenpolitik (und zum Teil auch die Geldpolitik) sowohl bei der Emission der zusätzlichen Titel als auch während der Laufzeit dieser Titel nicht oder nur sehr schwer fertig wird. Diese ungelösten Probleme betreffen nicht nur die fiskalische (Einnahmeerzielung, Zinskostenminimierung), sondern auch die nichtfiskalische (liquiditäts- und verteilungspolitische) Zielsetzung der Schuldenpolitik.

Wegen dieser Einwände soll im dritten Teil der Arbeit schließlich geprüft werden, wie die bisher eingeschlagenen Finanzierungsumwege (über das Bankensystem und über eine heimliche Kreditgewährung der Bundesbank) durch eine Direktfinanzierung des Bundes bei der Bundesbank für konjunkturbedingte Haushaltsdefizite ersetzt werden könnten. Bei der Diskussion eines solchen Finanzierungsmodells ist darauf zu achten, daß die einzuplanenden Sicherungen gegen eine mißbräuchliche Inanspruchnahme des Bundesbankkredits durch verantwortungslose Politiker sinnvoll auf die offensichtlichen ökonomischen Vorteile dieser Finanzierungsweise abgestimmt werden und so die positven Wirkungen eines Direktkredits überwiegen.

Erstes Kapitel

Der Weg in die Rezession

Bevor auf den Einsatz des geld- und finanzpolitischen Instrumentariums zur Bekämpfung der Rezession 1966/1967 eingegangen werden kann, ist das Ausmaß der konjunkturellen Fehlentwicklung vor und während dieser Rezession kurz aufzuzeigen, um die konjunkturelle Ausgangssituation für die Beurteilung der ergriffenen Stabilisierungsmaßnahmen in Erinnerung zu bringen. Dabei haben wir gegenüber den entscheidenden Konjunktur- und Finanzpolitikern, die diese Fehlentwicklung damals bekämpfen wollten, den Vorteil, daß wir von einer Ex-post-Betrachtung der konjunkturellen Lage ausgehen können und somit die schwierigen Fragen der Konjunkturdiagnose und der daran anschließenden Konjunkturprognose nicht aufzuwerfen und zu beantworten brauchen.

Die gesamtwirtschaftliche Entwicklung kann anhand einiger wichtiger Konjunkturindikatoren verdeutlicht werden, wobei insbesondere die Haushaltslage und die Verhaltensweise der öffentlichen Hand sowie die Politik der Deutschen Bundesbank und ihre Auswirkungen auf den Geld- und Rentenmarkt zu beschreiben sind. Die Trennung der genannten Bereiche erfolgt, um die Transparenz der Vorgänge zu verbessern; es braucht nicht betont zu werden, daß die Daten wechselseitig beeinflußt werden und deswegen kaum voneinander zu trennen sind[1].

I. Die Jahreswende 1966/1967: ein „binnenwirtschaftlicher Tiefpunkt"

Als „labiles, inflationistisches Gleichgewicht"[2] wird die wirtschaftliche Situation des Jahres 1965 vom Sachverständigenrat gekennzeichnet. Zunehmende Unsicherheit bei der Beurteilung der wirtschaftlichen Entwicklung aufgrund sich verstärkender inflationistischer Tendenzen

[1] Vgl. *Zeitel*, G.: Über die Beziehungen zwischen Währungs-, Finanz- und Zahlungsbilanzpolitik, in: Finanzarchiv, N. F. Bd. 23/1964, S. 369.

[2] JG des Sachverständigenrates 1965/66 (Stabilisierung ohne Stagnation), Ziff. 183.

und der Versuch einer Gegensteuerung durch die Bundesbank führten bereits in der zweiten Hälfte des Jahres 1965 zu einer Verringerung des wirtschaftlichen Wachstums. Im Verlauf des Jahres 1966 und zu Beginn des Jahres 1967 setzte sich die Entwicklung immer stärker fort. Das Bruttosozialprodukt lag in der ersten Hälfte des Jahres 1967 real um 1,7 v. H. unter dem der ersten Jahreshälfte 1966[3].

Die vom Investitionsgüterbereich ausgehende beträchtliche Nachfrageverminderung übertrug sich allmählich auf nahezu alle Wirtschaftsbereiche. Von dem sich günstig entwickelnden Export allein konnten die Einbußen in der Beschäftigung nicht mehr aufgefangen werden: Eine verminderte Auslastung der Kapazitäten bewirkte eine spürbare Entlastung des Arbeitsmarktes mit einem entsprechend abnehmenden Einkommenszuwachs bei den privaten Haushalten, daraus resultierte schließlich eine stagnierende Konsumgüternachfrage. Wegen der rückläufigen Gesamtnachfrage schwächte sich der Preisauftrieb zur Jahreswende 1966/1967 ab, der noch 1966 einen seit der Korea-Krise nicht wieder erreichten Anstieg zu verzeichnen hatte[4].

1. Schwache Auftragslage im Investitionsgüterbereich trotz verstärkten Exports

Die in den Jahren 1964/1965 aufgebauten ausreichenden Kapazitäten, eine ungünstige Ertragsentwicklung aufgrund gestiegener Löhne und Gehälter und schließlich auch die gestiegenen Fremdkapitalkosten führten nach einem noch optimistischen Jahresbeginn 1965 zu einer merklichen Beruhigung der Investitionstätigkeit in der zweiten Hälfte des Jahres. Die Abschwächung setzte sich im Jahre 1966 fort; die gesamten Investitionen der Unternehmen (ohne Bauwirtschaft) blieben mit 75 Mrd. DM um 6 v. H. hinter denen des Vorjahres zurück[5].

Noch klarer als durch den Rückgang der getätigten Investitionen wird das Bild durch die Entwicklung der Auftragslage in der Investitionsgüterindustrie gekennzeichnet; die pessimistischen Erwartungen der Unternehmer können daraus am besten abgelesen werden. Hier zeigt sich, daß die Auftragseingänge im Frühsommer 1966 rapide abnahmen und ihren Tiefpunkt im Frühjahr 1967 erreichten: Vom März 1966 bis zum März 1967 nahmen allein die Investitionsaufträge saisonbereinigt um 23 v. H. ab.

---

[3] Vgl. JG des Sachverständigenrates 1967/68 (Stabilität im Wachstum), Ziff. 74 ff.

[4] Siehe zum folgenden auch ebenda, Ziff. 57 ff.

[5] Vgl. Geschäftsbericht der DBB 1966, S. 72.

Abbildung 1

Auftragseingang bei der Investitionsgüterindustrie[a)]

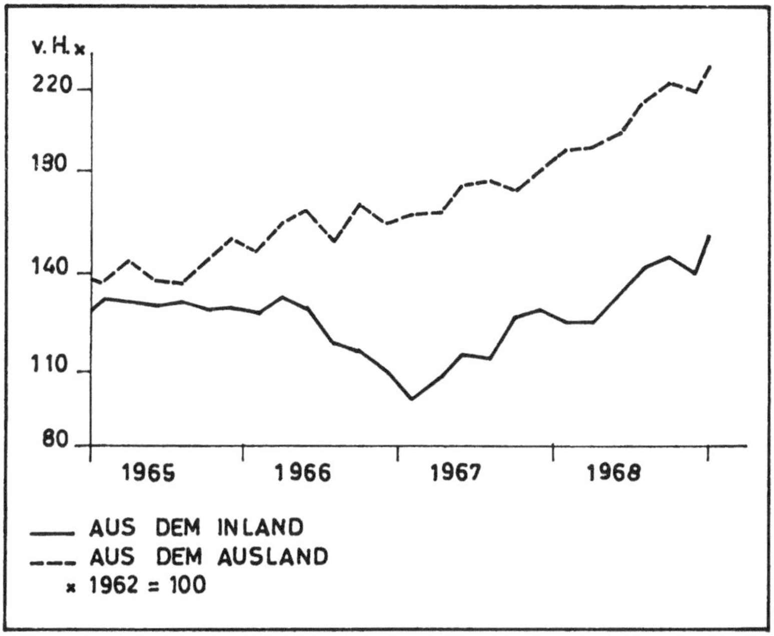

a) Logarithmischer Maßstab; Inlandsaufträge bis Ende 1967 einschließlich Umsatzsteuer, ab 1968 ohne Mehrwertsteuer; Auslandsaufträge ohne Umsatz- bzw. Mehrwertsteuer.

Quelle: Statistische Beihefte zu den Monatsberichten der DBB, R. 4, Nr. 12/1969, Abb. 9.

Die Bauwirtschaft folgte der Entwicklung im Bereich der Investitionsgüterindustrie mit einer geringfügigen Verzögerung. Neben einem durch die abnehmende Investitionstätigkeit verminderten Baubedarf wirkten sich auch hier die gestiegenen Löhne und Zinskosten aus[6]. Zwar galt das als Folge langfristiger Planungen weniger für laufende Bauvorhaben; wohl aber für die seit Anfang 1966 vom betragsmäßigen Volumen her abnehmenden Baugenehmigungen, dessen tiefster Stand im August 1967 erreicht wurde.

Vom binnenwirtschaftlichen Nachfragerückgang waren der Export und der Auftragseingang aus dem Ausland[7] nicht betroffen. Begünstigt von der konjunkturellen Entwicklung in den wichtigsten Abnehmerländern bemühten sich vielmehr die Exporteure wegen der rückläufigen

[6] Vgl. JG des Sachverständigenrates 1966/67 (Expansion und Stabilität), Ziff. 54 ff.

[7] Siehe Abb. 1.

Inlandsnachfrage verstärkt um Auslandsaufträge. Diese konnten zum Teil allerdings nur unter Preiszugeständnissen hereingenommen werden, was ebenfalls zu der verschlechterten Gewinnentwicklung beitrug. Der vom März 1966 bis zum März 1967 um mehr als 5 v. H. (saisonbereinigt) gestiegene Auftragseingang schaffte zwar einen gewissen Ausgleich, aber kein ausreichendes Gegengewicht zu den inländischen Angebotsmöglichkeiten[8]. Zudem verringerte sich auch das Auftragsvolumen aus dem Ausland im Verlauf des Jahres 1967 wegen der nachgebenden Weltkonjunktur.

2. Ungenutzte Kapazitäten und verminderte Einfuhren

Der nachlassenden Nachfrage paßte sich das Angebot mit einem Abbau der Lagerbestände und einer Einschränkung des Angebots an. Die saisonbereinigte Industrieproduktion (ohne Bauwirtschaft) nahm seit Mitte 1966 ziemlich stetig ab und lag im April 1967 um 7,3 v. H.

Abbildung 2

Kapazitätsauslastung der verarbeitenden Industrie

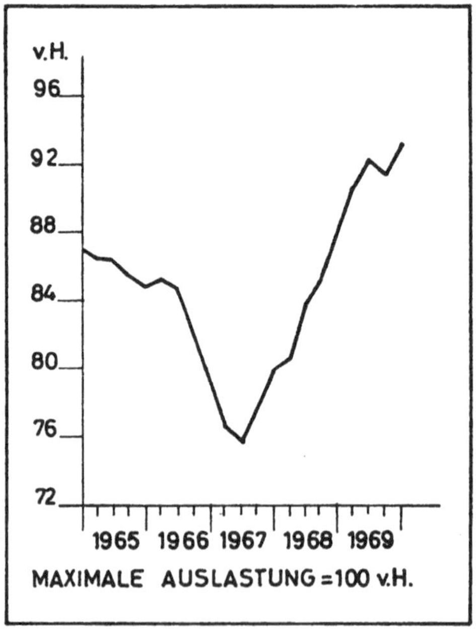

Quelle: Wirtschaftswoche, Nr. 41/1970, S. 4.

[8] Vgl. Wirtschaftskonjunktur, Vierteljahresberichte des IFO-Instituts für Wirtschaftsforschung, H. 2/1966, S. 2 und H. 4/1966, S. 3.

unter der des entsprechenden Vorjahresmonats. Diese Entwicklung ist am Auslastungsgrad der Kapazitäten in der verarbeitenden Industrie deutlich abzulesen. So wurden die Kapazitäten im Jahresdurchschnit 1966 um 5,8 v. H. und 1967 um 7,5 v. H. weniger genutzt, als jeweils im Jahr zuvor[9].

Im Januar 1967 ergab eine vom IFO-Institut durchgeführte Erhebung eine Verminderung des Auslastungsgrades der gesamten Industrie gegenüber dem Januar 1966 um 9 v. H.; damit ist zugleich der niedrigste Stand der letzten Jahre erreicht, der bei den jeweiligen Januarerhebungen ausgewiesen wurde[10]. Der als optimal angesehene Durchschnittssatz einer 90 %igen Auslastung wurde bei der Investitionsgüterindustrie mit einer unter 75 v. H. liegenden Auslastung im Frühjahr weit unterschritten; im Bauhauptgewerbe lag sie Mitte des Jahres sogar nur bei 62 v. H.[11].

Der inländische Nachfragerückgang wirkte sich gleichermaßen auf einen verminderten Importbedarf aus. Der Anstieg der Einfuhren ging von einem zunächst verlangsamten Wachstum in der ersten Jahreshälfte 1966 in einen (saisonbereinigt) absoluten Rückgang über. Diese Entwicklung ist neben dem verminderten Bedarf vor allem auf eine gegenläufige Preisentwicklung zurückzuführen: Während nämlich für importierte Erzeugnisse aufgrund der Konjunkturlage in den ausländischen Lieferländern ein Preisanstieg zu verzeichnen war, kam es im Inland wegen der unausgenutzten Kapazitäten und der nachlassenden Nachfrage zu einer allmählichen Preisberuhigung.

3. Starker Beschäftigungsrückgang

Die Einbußen in der Nachfrage und Produktion hatten einen beruhigenden Einfluß auf die bis dahin gespannte Lage auf dem Arbeitsmarkt. Die saisonbereinigte Zahl der abhängig Beschäftigten sank von 21,9 Mill. im zweiten Vierteljahr 1966 um 860 000 auf 21,1 Mill. im zweiten Vierteljahr 1967, d. h. sie verminderte sich um nahezu 4 v. H. In der gleichen Zeit stieg die saisonbereinigte Zahl der Arbeitslosen mit 589 000 im Mai 1967 auf eine für deutsche Verhältnisse ungewöhnlich hohe Zahl an; das entspricht einer Arbeitslosenquote von 2,7 v. H., die seit 1959 nicht mehr erreicht worden war. Im Februar 1967 lag die

[9] Vom Verfasser berechnet nach Angaben bei *Boeness*, A.: Vierteljährliche Index-Ziffern der Kapazitätsauslastung für die Bereiche der verarbeitenden Industrie in der Bundesrepublik Deutschland, in: Vierteljahreshefte zur Wirtschaftsforschung, H. 2/1969, S. 202.

[10] Vgl. Wirtschaftsberichte der OECD, Bundesrepublik Deutschland, Paris 1967, S. 144.

[11] Vgl. JG des Sachverständigenrates 1967/68, Ziff. 65.

jahreszeitlich beeinflußte Zahl mit 674 000 Arbeitslosen noch weit darüber[12]. Eine entsprechend gegenläufige Entwicklung war bei der Zahl der offenen Stellen zu bemerken, die im Juli 1967 mit 261 000 ihren tiefsten Stand erreichte und damit innerhalb von fünfzehn Monaten um 55 v. H. abnahm. Auch wenn die Zahl der offenen Stellen mit der Zahl der Arbeitslosen nicht zu vergleichen ist, vermittelt doch der Gleichstand beider Zahlen im Januar 1967 einen Eindruck über die Lage auf dem Arbeitsmarkt.

Abbildung 3

Beschäftigung und Arbeitsmarkt

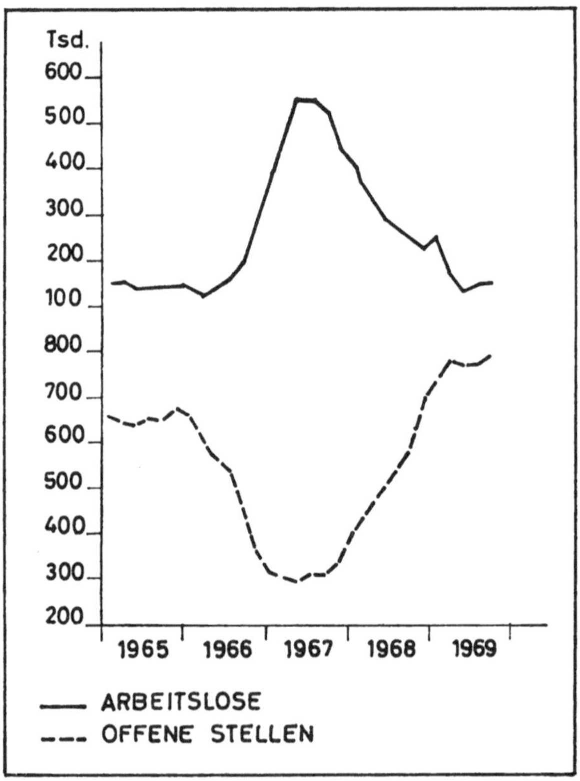

Quelle: JG des Sachverständigenrates 1969/70 (Im Sog des Booms), Schaubild 11.

Die tatsächlichen Verhältnisse wurden zudem noch von einigen Sonderfaktoren, die nicht in die Statistik eingehen, verschleiert: Die saisonbereinigte Zahl der ausländischen Arbeitskräfte verminderte sich

[12] Vgl. Monatsberichte der DBB, Nr. 12/1967, S. 101.

von Ende 1966 bis Ende 1967 um 270 000 recht erheblich. Hinzu kam ferner, daß neben der Abnahme des Krankenstandes die Überstunden abgebaut und in zahlreichen Betrieben Kurzarbeit eingeführt und Feierschichten gefahren wurden. Unter Berücksichtigung dieser Einflußgrößen erhöhte sich die Arbeitslosenquote sogar auf 4,5 v. H.; im Ruhrgebiet wurde dieser Prozentsatz aufgrund der Strukturkrise im Bergbau und später auch in der Eisen- und Stahlindustrie teilweise noch überschritten[13].

4. Abgeschwächte Einkommenszuwächse

Die angesichts der Entwicklung pessimistisch gestimmten Unternehmer und die Furcht der Arbeitnehmer und ihrer Gewerkschaften vor dem Verlust der Arbeitsplätze führten — wenn auch mit zeitlicher Verzögerung — dazu, daß der Lohn- und Gehaltsauftrieb allmählich zum Stillstand kam. Neu abgeschlossene Tarifverträge, vielfach mit einer längeren Laufzeit als die alten Verträge ausgestattet, traten erst nach einer mehr oder weniger ausgedehnten „Lohnpause" in Kraft[14]. So stiegen die Tariflöhne der Gesamtwirtschaft auf Wochenbasis im Jahr 1967 nur noch um 2,9 v. H. gegenüber einem Anstieg im Vorjahr um 6,2 v. H. Darüber hinaus wurden außertarifliche Leistungen abgebaut. Die für die Jahre 1964/1965 zu konstatierende Diskrepanz zwischen Tarifverdiensten und den effektiv gezahlten Bruttobezügen, die ja zu einer Verringerung der Unternehmensgewinne beigetragen hatte, löste sich auf. Die Lohndrift, die sich bereits im Jahr 1966 mit 1 v. H. um die Hälfte gegenüber dem Vorjahr verringerte, wurde im Verlauf des Jahres 1967 weiter abgebaut, so daß der schon abgeschwächte Zuwachs der Tarifeinkommen mit dem Anstieg der Effektivverdienste weitgehend parallel verlief; beide Zuwachsraten waren im dritten Quartal 1967 mit 2,4 v. H. gleich. Für das ganze Jahr 1967 ist zwischen den Tarif- und Effektivverdiensten nur noch ein Unterschied von 0,4 v.H. zu verzeichnen.

5. Stagnierende Verbrauchsausgaben bei rückläufiger Sparquote

Die verzögerte konjunkturelle Anpassung auf dem Arbeitsmarkt setzte sich in einem verlangsamten Anstieg der Masseneinkommen einschließlich der nur geringfügig erhöhten öffentlichen Einkommensübertragungen fort. Erstmalig seit vielen Jahren sank im zweiten Quartal 1967 und in den folgenden Monaten bis zum Jahresende die Nettolohn- und -gehaltssumme: Während im Jahr 1966 noch eine Steigerung von

[13] Siehe JG des Sachverständigenrates 1967/68, Ziff. 77 ff., 88.

[14] Vgl. Geschäftsbericht der DBB 1966, S. 87 f.

6 v. H. zu verzeichnen war, ergibt sich für das ganze Jahr 1967 ein Rückgang von 0,5 v. H. Insgesamt bleibt der Anstieg der Masseneinkommen mit 2,3 v. H. für das Jahr 1966 weit hinter dem des Jahres 1966 mit 7 v. H. zurück. Da auch die Privatentnahmen der Selbständigen und das Einkommen der privaten Haushalte aus Vermögen eine rückläufige Tendenz aufweisen, stagnierte das reale Volkseinkommen.

Begleitet wurde die Entwicklung von einem verminderten Sparaufkommen. Die Sparquote, prozentualer Anteil der Ersparnisse am verfügbaren Einkommen, verringerte sich von 12,2 v. H. (1965) über 11,3 v. H. (1966) bis auf 11,1 v. H. (1967)[15]. Aufgrund der zunehmenden wirtschaftlichen Unsicherheit blieb auch die Inanspruchnahme von Konsumentenkrediten weit hinter den Erwartungen zurück.

Abbildung 4

Auftragseingang bei der Verbrauchsgüterindustrie[a)]

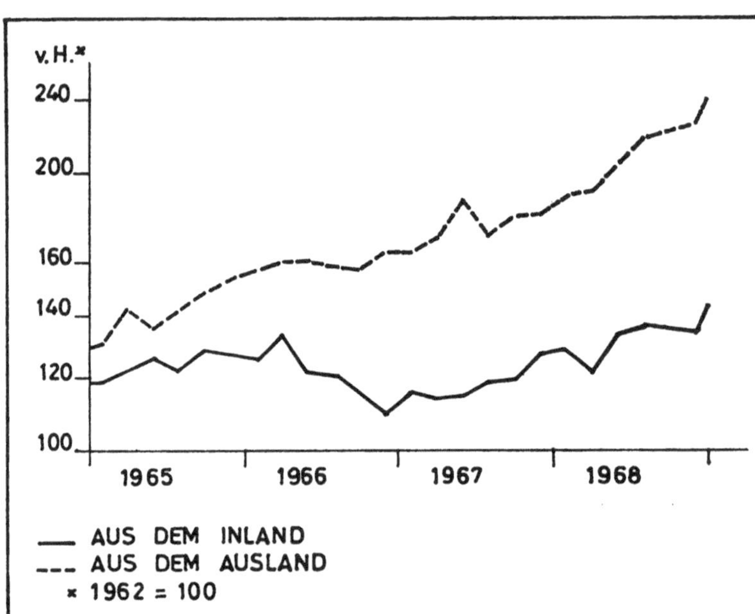

a) Logarithmischer Maßstab; Inlandsaufträge bis Ende 1967 einschließlich Umsatzsteuer, ab 1968 ohne Mehrwertsteuer; Auslandsaufträge ohne Umsatz- bzw. Mehrwertsteuer.

Quelle: Statistische Beihefte zu den Monatsberichten der DBB, R. 4, Nr. 12/1969, Abb. 9.

[15] Vgl. Monatsberichte der DBB, Nr. 2/1967, S. 13, Nr. 2/1968, S. 12, Nr. 3/1969, S. 13.

Entsprechende Auswirkungen ergaben sich für die Nachfrage des privaten Verbrauchs. Der Einzelhandel verzeichnete ein stagnierendes Umsatzvolumen trotz zunächst noch steigender Preise, d. h. tatsächlich nahmen die Verbrauchsausgaben für zahlreiche — insbesondere dauerhafte — Konsumgüter absolut ab[16]. An der Zahl der Neuzulassungen von Personenkraftwagen wird das besonders gut sichtbar: Während im ersten Quartal 1966 noch 394 742 Pkw's neu zugelassen wurden, sank diese Zahl im ersten Quartal 1967 auf 303 296 Pkw's, also um 23,1 v. H., ab[17].

Die verschlechterte Absatzlage und die verbleibenden Lagerbestände bewirkten eine schrumpfende Produktion und einen verminderten Auftragseingang in der Verbrauchsgüterindustrie, der in Teilbereichen noch stärker war als bei der Investitionsgüterindustrie, obwohl die Auslandsaufträge auch hier der binnenwirtschaftlichen Entwicklung nicht folgten. Trotz der zunächst noch gleich bleibenden Einkomenszuwächse mußten die stärksten Einbußen beim Auftragseingang schon im letzten Quartal des Jahres 1966 hingenommen werden, so daß die beiden Tiefpunkte des Auftragseingangs bei der Konsum- und Investitionsgüterindustrie zeitlich kaum voneinander abwichen.

6. Gebremster Preisanstieg

Die Nachfrageverminderungen hatten auf sämtlichen Märkten eine Preisberuhigung und zum Teil auch Preisreduzierungen zur Folge; der Anstieg der Erzeugerpreise für Investitionsgüter stagnierte ebenso wie der bei den Verbrauchsgütern und den Nahrungs- und Genußmitteln. Auch die Preise im Hochbau, die Anfang 1966 noch leicht gestiegen waren, konnten in den weiteren Monaten — insbesondere im ersten Halbjahr 1967 — nicht gehalten werden; sie waren im ganzen Jahr 1967 um 2 v. H. niedriger als die des Vorjahres. Noch stärkere Preiseinbußen mußte der Straßen- und Tiefbau mit 4,7 v. H. hinnehmen[18].

Das Ausmaß der Preisberuhigung läßt sich am Preisindex für die Lebenshaltungskosten gut erkennen: Nach einer durchschnittlichen Steigerung um 3,7 v. H. im Jahr 1966 verlangsamte sich der Preisauftrieb im Jahr 1967 auf 1,7 v. H.[19], was vor allem auf die Preisstabilisierung in der zweiten Jahreshälfte zurückzuführen war. Diese Zu-

[16] Vgl. JG des Sachverständigenrates 1967/68, Ziff. 122 ff.

[17] Vom Verfasser errechnet nach Angaben in: Wirtschaft und Statistik (hrsg. v. Statistischen Bundesamt, Wiesbaden) 1966, S. 847* und 1967, S. 864*.

[18] Siehe Monatsberichte der DBB, Nr. 12/1969, S. 63*.

[19] Ebenda.

wächse wären noch geringer ausgefallen, wenn die liberalisierten Wohnungsmieten nicht stärkere Erhöhungen zu verzeichnen gehabt hätten[20].

Es kann also festgestellt werden, daß um die Jahreswende 1966/1967 die wirtschaftliche Lage in der Bundesrepublik von einem „sich selbst verstärkenden Prozeß schrumpfender Beschäftigung, schrumpfenden Einkommens und schrumpfender Nachfrage“[21] gekennzeichnet ist. Die Auswirkungen dieser Entwicklung sind in den folgenden Monaten so stark, daß der Sachverständigenrat den Ausfall von Gütern und Dienstleistungen aufgrund unterbeschäftigter Kapazitäten und bei dem gegebenen Arbeitskräftepotential mit einem Wert von 30 Mrd. DM veranschlagt[22].

Die wirtschaftliche Situation kann zusammenfassend an der Darstellung des vom IFO-Institut ermittelten Geschäftsklimas in der Industrie verdeutlicht werden[23].

Abbildung 5

Geschäftsklima in der Industrie[a)]

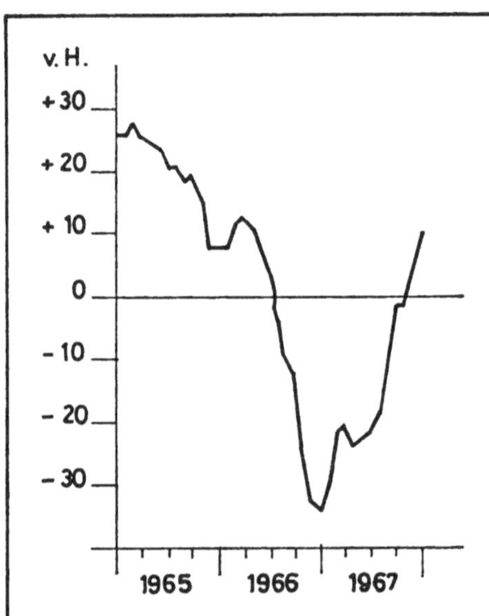

a) Saldo der Firmenmeldungen; Beurteilung dere gegenwärtigen und der zukünftigen Geschäftsentwicklung in der verarbeitenden Industrie.
Quelle: BTag-Drucksache V/3630, S. 4.

[20] Vgl. Geschäftsbericht der DBB 1966, S. 87.
[21] JG des Sachverständigenrates 1967/68, Ziff. 5.
[22] Vgl. JG des Sachverständigenrates 1967/68, Ziff. 83.
[23] Siehe dazu auch *Seuss*, W.: Wie es 1966 zur Rezession kam, in: Frankfurter Allgemeine Zeitung, Nr. 275/27. 11. 1970, S. 18 und Nr. 276/28. 11. 1970, S. 23.

Die Verschlechterung in der Beurteilung der Lage und der zukünftigen Entwicklung beginnt im Frühsommer 1965 und setzt sich nach einer kurzen optimistischen Phase im Frühjahr 1966 fort bis zum Tiefpunkt um die Jahreswende 1966/1967, in dem die Binnenwirtschaft allerdings nicht lange verweilt. Schon nach kurzer Zeit — im Frühjahr 1967 — breitet sich Optimismus aus, der zu einer spürbaren Verbesserung des Geschäftsklimas in den Jahren 1967 und 1968 beiträgt; die Hochkonjunktur 1969/1970 bahnt sich an.

II. Die prozyklische Haushaltspolitik der öffentlichen Hand

Die Haushaltsgebarung der einzelnen Gebietskörperschaften und ihr Einfluß auf den konjunkturellen Ablauf sind vor dem Hintergrund der Entwicklung des öffentlichen Gesamthaushalts[24] zu betrachten. Die Ausgaben von Bund, Ländern, Gemeinden, Lastenausgleichsfonds, ERP-Sondervermögen und Öffa stiegen im Jahre 1965 ebenso wie im Jahre 1964 um 9,7 v. H. auf 138,9 Mrd. DM. Jedoch täuscht diese Stabilität des Ausgabenwachstums über die tatsächlichen, von der Haushaltspolitik ausgehenden Wirkungen hinweg[25]. Das nominale Bruttosozialprodukt erhöhte sich nämlich in der gleichen Zeit nur um 9,4 v. H. Zudem hielt trotz der bestehenden inflationistischen Tendenzen die Einnahmeentwicklung mit der Ausgabensteigerung nicht Schritt. Die Einnahmen wuchsen nur um 6,9 v. H. auf 128,4 Mrd. DM mit der Folge, daß der Nettofinanzierungssaldo von 6,4 Mrd. DM im Jahre 1964 auf 10,5 Mrd. DM im Jahre 1965 anstieg. Während die Bundesbank ihre kontraktive Politik[26] zur Dämpfung der Nachfrage und der Preissteigerungen fortsetzte, konterkarierte die öffentliche Hand diese Politik durch ein forciertes Wachstum ihrer Ausgaben[27]. Selbst das Finanzministerium kommt nicht umhin, festzustellen, daß „die erhebliche Zunahme des ‚over-all-deficits' vor allem in dem Jahre 1965, das von starken konjunkturellen Spannungen gekennzeichnet war, unter konjunkturpolitischen Gesichtspunkten als bedenklich"[28] zu bezeichnen ist.

---

[24] Siehe dazu auch Finanzbericht 1966, S. 38 ff.; Finanzbericht 1967, S. 32 ff.; *Hagemann*, G.: Die staatliche Tätigkeit in der Bundesrepublik Deutschland 1965—1967, in: Finanzarchiv, N. F. Bd. 28/1969, S. 300 ff.

[25] Auf die Problematik solcher globaler Vergleichszahlen wird u. a. hingewiesen vom Karl-Bräuer-Institut des Bundes der Steuerzahler: Bundeshaushalt 1966, o.O., 1966, S. 10; „Es ist kein Geheimnis, daß es für die Haushaltsexperten ... ein leichtes ist, durch ‚immer neue Höchstleistungen der Zahlenequilibristik' den Umfang eines Haushaltes weitgehend zu manipulieren."

[26] Siehe unten 1. Kap., III.

[27] Vgl. JG des Sachverständigenrates 1965/66, Ziff. 139 ff.

[28] Finanzbericht 1966, S. 39.

Als Ende 1965 die Gefahren dieser prozyklischen Politik erkannt wurden, wurde das Steuer der Haushaltspolitik herumgeworfen: Die Ausgaben der öffentlichen Haushalte erhöhten sich nur noch um 4,5 v.H. auf 145,1 Mrd. DM. Sie lagen damit weit unter dem mit 6,6 v.H. bereits verminderten Anstieg des nominalen Bruttosozialprodukts. Da die Einnahmen fast mit einem gleichen Prozentsatz, nämlich um 6,2 v. H. auf 136,4 Mrd. DM stiegen, verringerte sich das Nettofinanzierungsdefizit auf 8,8 Mrd. DM. Das Bemühen der öffentlichen Hand um einen ausgeglichenen Gesamthaushalt erfolgte jedoch erneut ohne ausreichende Beachtung konjunkturpolitischer Erfordernisse, d. h. es fiel mit der rückläufigen Binnenkonjunktur zusammen, so daß wiederum von einer prozyklischen Haushaltspolitik gesprochen werden muß. Beendet wurde dieses erneute finanz- und konjunkturpolitische Fehlverhalten[29] durch den Sturz der erst im September 1965 gewählten Regierung Erhard und die Bildung der Großen Koalition unter Bundeskanzler K. G. Kiesinger.

1. Die öffentlichen Haushalte in Bedrängnis[30] — das Haushaltsjahr 1965

a) *Vergebliches Stabilitätsbemühen im Bundeshaushalt*[31]

Am 13. Oktober 1964 legte Bundesfinanzminister R. Dahlgrün dem Deutschen Bundestag seinen Etatentwurf für das Rechnungsjahr 1965 als „Haushalt der Bewährung und Bewahrung“[32] vor. In Erwartung einer Steigerung des nominalen Bruttosozialprodukts um 8,0 v. H. war das Volumen des Bundeshaushalts auf 63,9 Mrd. DM festgelegt worden. Der Etat sollte damit um 3,6 Mrd. DM oder um 5,9 v. H. über dem Ansatz des Vorjahres liegen. Die Bundesregierung richtete sich — so schien es — nach den Empfehlungen des EWG-Ministerrats vom 14. April 1964; nämlich den Ausgabenanstieg im Rahmen des erwarteten realen Bruttosozialproduktzuwachses von 5,0 v. H. zu halten.

Trotz der schon eingeplanten Ausweitung des Haushaltsvolumens zwangen weitere Ressortanforderungen den Finanzminister, Minderausgaben bei verschiedenen Einzelplänen und globale Minderausgaben für den Gesamtetat zu veranschlagen, um eine Deckungslücke von 2,2 Mrd.

---

[29] Vgl. *Pöhl*, K. O.: Anatomie einer Rezession, in: Der Volkswirt, Nr. 35/1967, S. 1894.

[30] Siehe dazu auch *Krumper*, A.: Öffentliche Haushalte in der Bedrängnis, in: Wirtschaftskonjunktur, H. 4/1966, S. 30 ff.

[31] Siehe Finanzbericht 1967, S. 247 ff.; Institut Finanzen und Steuern: Der Bundeshaushalt, H. 15, Bd. 14, Bonn 1964; *Katterle*, S.: Zum Bundeshaushalt für das Rechnungsjahr 1965, in: WWI-Mitteilungen, H. 4/1965, S. 77 ff.

[32] Bundesministerium der Finanzen: Bewährung und Bewahrung — Der Bundeshaushalt 1965, Bonn 1964.

DM schließen und den ursprünglichen Planansatz halten zu können[33]. Das gelang schließlich nur unter Ausnutzung zweifelhafter haushaltstechnischer Kunstgriffe: Zwangsläufig zu erwartende Mehrausgaben wurden zu knapp bemessen oder betragsmäßig durch die Einstellung von Leertiteln nicht ausgewiesen, zudem wurden Bindungsermächtigungen im Vorgriff auf zukünftige Jahre großzügig zugelassen[34].

Nahezu zwangsläufig konnten jedoch im Laufe des Jahres 1965 die Bemühungen um eine konjunkturgerechte Haushaltspolitik nicht beibehalten werden. Neben den aus den Leertiteln erwachsenden Ausgaben glaubte sich die Regierung aus rechtlichen und politischen Gründen — für den 19. September 1965 waren Bundestagswahlen angesetzt — den zusätzlichen Anforderungen nicht entziehen zu können. Die Ausgaben lagen infolgedessen in den ersten drei Quartalen erheblich über denen in der gleichen Zeit des Vorjahres. Erst im vierten Quartal gelang es — als man die Gefahren konjunkturpolitischen Fehlverhaltens erkannte —, die Ausgaben durch drastische Bewirtschaftungsmaßnahmen[35] einzuschränken. Dennoch ist für das ganze Jahr 1965 bei Gesamtausgaben in Höhe von 67,5 Mrd. DM eine Steigerung der Ausgaben von 7,3 v. H. (4,6 Mrd. DM) zu errechnen, während das reale Bruttosozialprodukt nur noch um 5,0 v. H. zunahm.

Entscheidenden Einfluß auf diese Ausgabenexpansion hatten die stark erhöhten laufenden Ausgaben: So waren neben einer zusätzlichen Liquiditätshilfe an die Deutsche Bundesbahn in Höhe von 1,5 Mrd. DM beispielsweise für Sozialleistungen 2,3 Mrd. DM (15,5 v. H.)[36], für Ausgaben im Rahmen des Grünen Planes 0,7 Mrd. DM (28,1 v. H.)[37] und für Personalausgaben 0,8 Mrd. DM (13,1 v. H.) mehr aufzubringen als im Jahre 1964. Dagegen blieben die Ausgaben für Investitionen und Investitionsförderungsmaßnahmen mit einer Verminderung um 0,5 Mrd. DM (6,3 v. H.) weit hinter dem gesamten durchschnittlichen Ausgabenwachstum zurück.

Auf der Einnahmeseite ging die Planung für den Bundeshaushalt von um 6 v. H. erhöhten Steuereinnahmen aus. In dieser Schätzung waren die Einnahmeausfälle aufgrund der Steueränderungsgesetze vom 16. No-

---

33 Vgl. Finanzbericht 1966, S. 291.

34 Vgl. JG des Sachverständigenrates 1964/65 (Stabiles Geld — Stetiges Wachstum), Ziff. 206; Institut Finanzen und Steuern: Die Ausgangslage für den Bundeshaushalt 1966, Bonn 1966, S. 39 ff.

35 Siehe dazu §§ 7, 8, 9 Haushaltsgesetz 1965 v. 18. 3. 1965 (BGBl. II, S. 193) und Finanzbericht 1966, S. 8, 296.

36 Ohne Zuteilung von Schuldbuchforderungen in Höhe von 750Mill. DM an die Rentenversicherungsträger; vgl. dazu Monatsberichte der DBB, Nr. 1/1965, S. 24 f.

37 Vgl. Finanzbericht 1967, S. 250 ff.

vember 1964 und vom 14. Mai 1965[38] schon enthalten. Die tatsächlichen Steuereinnahmen des Bundes in Höhe von 59,0 Mrd. DM lagen dann bei einem Anstieg um 8,3 v. H. sogar über dem Planansatz[39]; allerdings waren sie längst nicht mehr so stark gestiegen wie im Jahr zuvor. Zwar wurden die spürbaren Mindereinnahmen bei der veranlagten Einkommen- und Körperschaftsteuer aufgrund der geringen Abschlußzahlungen für das gewinnschwache Jahr 1963 durch die mit den Preissteigerungen verbundenen und durch den gestiegenen Import erhöhten Umsatzsteuereinnahmen mehr als ausgeglichen. Trotz dieser Mehreinnahmen und nicht eingeplanter Sondereinnahmen — wie z. B. der Erlös aus der Privatisierung der VEBA-Aktien in Höhe von 0,5 Mrd. DM — konnten aber die Mehrausgaben durch die Aufnahme von Krediten nicht abgedeckt werden. Mit einer Nettoverschuldung von 1,0 Mrd. DM blieb der Bund zwar unter dem Planansatz; das war aber weniger auf eine konjunkturpolitische Zielsetzung, denn auf die erhöhten Finanzierungsschwierigkeiten bei der Schuldaufnahme auf dem Rentenmarkt zurückzuführen. Der Haushalt schloß am Jahresende mit einem Kassendefizit in Höhe von 0,7 Mrd. DM ab, während im Vorjahr noch ein Überschuß von 0,5 Mrd. DM erzielt wurde. Einschließlich der vorzutragenden Haushaltsreste in Höhe von 3,7 Mrd. DM belastete der Bund die zukünftigen Haushalte mit einer Hypothek von rund 4,5 Mrd. DM[40].

b) *Hohe Personalausgaben in den Länderhaushalten*[41]

Während sich der Bundeshaushalt zumindest noch dem äußeren Schein nach annähernd an der Zuwachsrate des realen Bruttosozialprodukts „als eine(r) Leitlinie für eine konjunkturneutrale Zunahme der öffentlichen Ausgaben"[42] orientierte, gaben die Haushaltspläne der Länder bei den Ausgaben sogar eine Zuwachsrate von 8,5 v. H. an. Da das Stabilitätsgesetz zu dieser Zeit noch nicht verabschiedet worden war, besaß der Bund auch keine durchgreifenden Einwirkungsmöglichkeiten, um die Ausgabenexpansion bei den Ländern zu begrenzen. Weil der Bund zudem beim Vollzug des eigenen Haushaltsplanes kein Vorbild abgegeben hatte[43], unterwarfen sich auch die Länder keiner konjunkturpolitischen Zielsetzung.

---

[38] BGBl. 1964 I, S. 885 und BGBl. 1965 I, S. 377; siehe auch Finanzbericht 1966, S. 111, 206 ff.

[39] Siehe Finanzbericht 1967, S. 279.

[40] Ebenda, S. 278.

[41] Die Ausführungen beziehen sich auf die Gesamtheit der Länder. Im einzelnen können sich Abweichungen ergeben, die bei dieser globalen Betrachtung nicht miterfaßt werden können.

[42] Monatsberichte der DBB, Nr. 10/1965, S. 21.

[43] Vgl. Finanzbericht 1966, S. 113.

Ihre Ausgaben lagen am Jahresende erheblich über den Plansätzen[44]; die Gesamtausgaben stiegen von rund 50,7 Mrd. DM auf 55,2 Mrd. DM oder um 8,9 v. H. gegenüber dem Vorjahr an. Noch stärker als beim Bund machten sich dabei die erhöhten Personalaufwendungen bemerkbar, die allein fast die Hälfte des Ausgabenzuwachses von 4,5 Mrd. DM und mit 18,3 Mrd. DM nahezu ein Drittel der gesamten Ausgaben beanspruchten[45]. Zusätzliche Ausgaben fielen ferner bei den Zuweisungen an die Gemeinden an, die um 0,8 Mrd. DM (8,3 v. H.) stiegen. Schließlich machte sich bei den Ausgaben der Abbau von in den Vorjahren angesammelten Haushaltsresten bemerkbar. — Wegen der Expansion der laufenden Ausgaben (11,0 v. H.) versuchten auch die Länder, ihre Investitionen und Investitionsförderungsmaßnahmen, der einzigen Stelle, an der es möglich schien, einzuschränken[46]: So wurden die Investitionsausgaben nur noch um 2,2 v. H. gegenüber dem Vorjahr erhöht, während 1964 noch ein Anstieg um 13,9 v. H. zu registrieren war. Eine stärkere Reduzierung[47] war nicht möglich, da früher begonnene Investitionsprogramme sich erst zu dieser Zeit kassenmäßig auszuwirken begannen[48].

Diese Einschränkungen reichten aber nicht aus, um den von 1,8 Mrd. DM des Vorjahres auf 4,1 Mrd. DM mehr als verdoppelten Nettofinanzierungssaldo abzudecken[49]. Die Steuereinnahmen blieben mit etwa 0,7 Mrd. DM hinter den Sollansätzen zurück, da die Einnahmeausfälle aufgrund der Steueränderungsgesetze, von denen die Länder wegen ihres höheren Anteils (61 v. H.) am Steuerverbund stärker als der Bund betroffen wurden, doch höher und die Restzahlungen für das Jahr 1963 niedriger waren, als erwartet. So sahen sich die Länder gezwungen, ihre in den vergangenen Jahren angesammelten Kassenbestände anzugreifen; innerhalb eines Jahres verringerten sie ihre flüssigen Mittel um 1,2 Mrd. DM[50]. Darüber hinaus verschuldeten sie sich netto in Höhe von 2,7 Mrd. DM. Während sie sich aber die Fremdmittel in der ersten Jahreshälfte noch durch die Emission von Anleihen auf dem Rentenmarkt beschaffen konnten, mußten sie in der zweiten Jahreshälfte wegen der Überbeanspruchung des Rentenmarktes und des daraufhin im Juli 1965 ausgesprochenen begrenzten Emissionsstopps[51] vor allem kurzfristige Kredite aufnehmen. Das Ausmaß der Finanzierungsschwierigkeiten

---

[44] Siehe Finanzbericht 1966, S. 38.
[45] Vgl. ebenda, S. 49.
[46] Vgl. Monatsberichte der DBB, Nr. 1/1965, S. 28.
[47] Siehe ebenda, Nr. 5/1965, S. 29.
[48] Siehe Geschäftsbericht der DBB 1965, S. 79.
[49] Vgl. Finanzbericht 1969, S. 32.
[50] Vgl. Geschäftsbericht der DBB 1965, S. 78.
[51] Siehe o. V.: Chamäleon § 795 BGB, in: ZfgK, H. 16/1965, S. 787.

wurde kenntlich an der zunehmenden Inanspruchnahme von Kassenkrediten bei der Bundesbank. Einige Länder stießen dabei — was in den Jahren zuvor kaum der Fall war — sogar zeitweilig bis an die zulässige Höchstgrenze ihres Plafonds vor[52].

c) *Beträchtliche Verschuldung der Gemeindehaushalte*[53]

Die Gemeindehaushalte orientierten sich bei ihrer Haushaltsgebarung noch weniger als der Bund und die Länder an konjunkturpolitischen Zielen. In ihren Haushaltsplänen veranschlagten sie ein um 12,7 v. H. gegenüber dem Vorjahr gestiegenes Ausgabevolumen[54]. Abgesehen von der dann tatsächlich erfolgten starken Erhöhung der Gesamtausgaben um 3,9 Mrd. DM auf 43,0 Mrd. DM oder um 10,0 v. H. ist im übrigen eine ähnliche Entwicklung wie bei den Ländern zu konstatieren: Die laufenden Ausgaben der Gemeinden stiegen mit 13,4 v. H. am kräftigsten von allen drei Gebietskörperschaften. Insbesondere machten sich wiederum die Personalausgaben, die mit 9,2 Mrd. DM rund ein Drittel aller Ausgaben beanspruchten, mit einem Anstieg um 1,0 Mrd. DM (12,2 v. H.) stark bemerkbar. Dagegen blieben die Ausgaben für Investitionszwecke bei weitem hinter den Planansätzen zurück; während im Jahre 1964 noch ein Zuwachs von 18,3 v. H. zu verzeichnen war, verminderte sich diese Zuwachsrate für das Jahr 1965 auf 4,3 v. H. Diese Entwicklung ist weniger auf die schlechte Witterung zu Beginn des Jahres und auch nicht auf die Mahnungen der Bundesregierung, die Investitionsausgaben zu strecken[55], zurückzuführen, sondern vor allem auf die wachsenden Finanzierungsschwierigkeiten.

Die Kürzung der Investitionsausgaben wurde erforderlich, weil bei den laufenden Ausgaben nur wenig Spielraum für eine Beschränkung zu finden war und weil den zusätzlichen Ausgaben nur in geringerem Maße gestiegene Einnahmen gegenüberstanden. So blieben die Steuereinnahmen mit einem Zuwachs um 4,4 v. H. auf 11,9 Mrd. DM hinter den Erwartungen zurück, während sie sich im Vorjahr noch um 6,6 v. H. erhöht hatten. Der Einnahmerückgang war auf die niedriger als erwartet eingehenden Abschlußzahlungen bei der Gewerbesteuer für das Jahr 1963 und auf die Erstattungszahlungen der als verfassungswidrig erklärten Zweigstellensteuer[56] zurückzuführen. Da zudem auch die allgemeinen und speziellen Zweckzuweisungen der Länder nur gering-

---

52 Vgl. Monatsberichte der DBB, Nr. 10/1965, S. 25.

53 Siehe dazu auch Monatsberichte der DBB, Nr. 11/12 1968, S. 14 ff. (Neuere Entwicklungstendenzen der kommunalen Finanzen).

54 Vgl. JG des Sachverständigenrates 1965/66, Ziff. 141.

55 Vgl. Monatsberichte der DBB, Nr. 8/1965, S. 30.

56 Siehe *Grobe*, H. J.: Schrittmacher der Finanzreform, in: Der Volkswirt, Nr. 36/1965, S. 2026.

fügig höher als in den Vorjahren ausgefallen waren[57], nahmen auch die Gemeinden erhöhte Kredite in Anspruch. Ihre Nettoverschuldung in Höhe von 4,1 Mrd. DM stieg um 20,6 v. H. gegenüber dem Vorjahr (3,4 Mrd. DM) an und entsprach damit in etwa der Verschuldungszunahme von Bund und Ländern zusammengenommen.

Zusammenfassend kann die Haushaltspolitik der öffentlichen Hand im Jahre 1965 mit dem Sachverständigenrat in der Weise kritisiert werden, „daß die tatsächlichen Ausgaben weit stärker gestiegen sind als die geplanten, daß (schon, der Ver.) die geplanten Ausgaben größer sind als die veranschlagten laufenden Einnahmen, daß die tatsächlichen Einnahmen zwar über die veranschlagten hinausgehen, aber sehr viel weniger als sonst in Aufschwungjahren, und daß mithin das Kassendefizit des Staates weit größer ist als erwartet"[58].

Diese unter den konjunkturellen Umständen unsolide Haushaltspolitik führte nicht nur dazu, daß inflationsbedingte Mehreinnahmen, die bei einer an der Preisstabilität orientierten Haushaltspolitik hätten stillgelegt werden müssen[59], voll wieder verausgabt wurden, sondern auch dazu, daß der Einsatz von Kassen- und Rücklagenbeständen sowie die Aufnahme von zusätzlichen Krediten die expansive Wirtschaftsentwicklung verstärkt haben[60]. So stellt der Sachverständigenrat weiter fest, „daß das Ausmaß der staatlichen Ausgabensteigerung (rund 10 v. H.) im Vergleich zum Wachstum des realen Bruttosozialproduktes (5 v. H.) Ausdruck dafür ist, wie stark der Staat 1965 zum Fortgang der schleichenden Inflation ... beigetragen hat"[61].

Jedoch nicht nur das überhöhte Volumen der Ausgaben, sondern auch die Struktur dieser Ausgaben haben preissteigernde Wirkungen gehabt. Denn die hohen laufenden Ausgaben (insbesondere die über dem Durchschnitt steigenden Personalaufwendungen und Transferzahlungen) trugen zu einem Nachfrageboom bei den privaten Verbrauchsausgaben mit entsprechenden Preissteigerungen bei[62]. Darüber hinaus verzichteten Bund und Länder durch die Steueränderungsgesetze im ersten Jahr ihrer Gültigkeit auf Steuereinahmen in Höhe von rund 3,3 Mrd. DM[63], was ebenfalls mit preissteigernden Wirkungen verbunden war.

---

[57] Vgl. Finanzbericht 1966, S. 49.

[58] JG des Sachverständigenrates 1965/66, Ziff. 143.

[59] Vgl. ebenda.

[60] Siehe Finanzbericht 1965, S. 35; Monatsberichte der DBB, Nr. 5/1965, S. 21 und Nr. 8/1965, S. 27; *Katterle*, S.: Zum Bundeshaushalt für das Rechnungsjahr 1965, a.a.O., S. 79; Ders.: Haushaltsplanung und Wirtschaftspolitik, in: WWI-Mitteilungen, H. 4/5, 1966, S. 89.

[61] JG des Sachverständigenrates 1965/66, Ziff. 150.

[62] Vgl. Finanzbericht 1966, S. 7.

[63] Vgl. ebenda, S. 228 f.

Andererseits wurde der derart angeheizte Preisanstieg im Konsumgüterbereich von verminderten Investitionsausgaben bei einer bereits nachlassenden Investionsneigung der Unternehmer begleitet, d. h. die Investitionstätigkeit der öffentlichen Hand, die sich vornehmlich an fiskalpolitiischen Gesichtspunkten orientierte[64], setzte in diesem Bereich ebenfalls prozyklische Signale[65].

2. Die öffentlichen Haushalte auf traditionellem Kurs — das Haushaltsjahr 1966

a) *Keine antizyklische Zielsetzung im Bundeshaushalt*[66]

Am Ende der vierten Legislaturperiode summierten sich die Anforderungen an den Bundesetat 1966 als Folge der Angabefreudigkeit von Parlament und Regierung — insbesondere nach den Wahlgeschenken des Wahljahres 1965 — auf rund 77,0 Mrd. DM. Diese Erhöhung der Ausgaben um rund 13,0 Mrd. DM gegenüber dem Haushaltsplan des Vorjahres stand jedoch neben den nicht zu überwindenden Problemen einer Deckung im Gegensatz zu den Bekenntnissen der Regierung zu einer konjunkturgerechten Haushaltspolitik.

Die neugebildete Bundesregierung unter Bundeskanzler L. Erhard setzte, um ihre Versprechen einzulösen, am 27. Oktober 1965 das aus vier Ministern bestehende „Streichquartett" ein. Es hatte die Aufgabe, die Anforderungen auf das im Regierungsentwurf festgesetzte Haushaltsvolumen in Höhe von 69,2 Mrd. DM zu beschneiden: Zwar gelang es, beeinflußbare Ausgaben durch Kabinettsentscheidung um 2,3 Mrd. DM zu kürzen, durch Ressortverhandlungen 2,1 Mrd. DM einzusparen und durch das Haushaltssicherungsgesetz[67] ausgabewirksame Gesetze aufzuheben oder aufzuschieben und den Bundeshaushalt einschließlich der Erhöhung der Branntwein- und Schaumweinsteuer mit erwarteten Mehreinnahmen von 0,3 Mrd. DM um 3,1 Mrd. DM zu entlasten. Von einem konjunkturneutralen oder gar von einem antizyklischen Budget konnte aber wiederum nicht die Rede sein, da das Bemühen um einen *ausgeglichenen* Haushalt dominierte. Konjunkturelle Auswirkungen waren mit diesen Kürzungen im Etatentwurf — wenn von einer zuneh-

---

[64] Siehe *Hoffmann*, U.: Struktur und Wachstum der öffentlichen Investitionen, in: Wirtschaftskonjunktur, H. 2/1967, S. 32.

[65] Siehe ders.: Struktur und Wachstum der kommunalen Investitionen, in: Wirtschaftskonjunktur, H. 4/1969, S. 26; *Adami*, N.: Die Haushaltspolitik des Bundes von 1955 bis 1965, Schriftenreihe des Bundesministeriums der Finanzen, H. 14, Bonn 1970, S. 74 ff.

[66] Siehe dazu auch Finanzbericht 1968, S. 249 ff.

[67] Gesetz zur Sicherung des Haushaltsausgleiches vom 20. 12. 1965 (BGBl. 1965 I, S. 2065); vgl. dazu auch Finanzbericht 1968, S. 173.

menden Unsicherheit über die Finanzpolitik des Bundes in der Öffentlichkeit einmal abgesehen wird — nicht verbunden, da die Ausgaben nicht verringert und erst recht nicht in ihrer Struktur geändert wurden[68]. Vermieden wurden nur zusätzliche Ausgaben, bei denen die Regierung zuvor den Art. 113 GG nicht hatte anwenden wollen[69]. Insofern entsprach das nach den Etatberatungen endgültig festgestellte Haushaltsvolumen mit 68,9 Mrd. DM nicht der von der Regierung angestrebten zurückhaltenden Ausgabenpolitik[70]; gegenüber dem Soll-Ansatz des Vorjahres verblieb eine Steigerung um 7,7 v. H., die also über der vom Sachverständigenrat als zulässig erachteten Steigerungsrate von 6 v. H. lag[71]. Zwar errechnet sich im Vergleich mit den Istausgaben ein niedrigerer Prozentsatz[72], wobei jedoch zu beachten ist, daß es sich bei dieser Berechnungsgrundlage bereits um stabilitätswidrige Ausgaben[73] handelt.

Dementsprechend änderte sich beim Vollzug des Haushaltsplanes gegenüber dem Vorjahr nichts Wesentliches, auch wenn die Ausgaben letztlich nur noch um 4,7 v. H. gestiegen sind. Ausgabenerhöhend machten sich wiederum die laufenden Ausgaben bemerkbar; so erhöhten sich beispielsweise die Sozialleistungen um 1,0 Mrd. DM (7,1 v. H.), die Personalausgaben um 0,9 Mrd. DM (13,0 v. H.) und der Schuldendienst um 0,8 Mrd. DM (33,7 v. H.). Zwar wurden die Ausgaben für Investitionen und Investitionsförderungsmaßnahmen um 0,8 Mrd. DM (10,8 v. H.) stärker erhöht, als es das durchschnittliche Ausgabenwachstum anzeigt, diese Ausgaben hatten aber bei dem großen Block der laufenden Ausgaben kaum eine Bedeutung.

Aus diesen Angaben sind die haushaltspolitischen Schwierigkeiten des Bundes tendenziell abzuleiten. Die Einnahmen stiegen nur noch geringfügig; insbesondere ergaben sich bei einem Steueraufkommen von 62,3 Mrd. DM (plus 5,6 v. H.) unerwartete Mindereinnahmen in Höhe von 1,7 Mrd. DM[74]. Aufgrund der rückläufigen Binnenkonjunktur mit verminderten Inlandsumsätzen, abnehmenden Importen und steigenden Exporten blieben die gesamten Umsatzsteuereinnahmen ebenso wie die Steuervorauszahlungen wegen der rückläufigen Gewinne hinter den —

---

[68] Vgl. Karl-Bräuer-Institut des Bundes der Steuerzahler: Bundeshaushalt 1966, a.a.O., S. 61.

[69] Siehe dazu Institut Finanzen und Steuern: Parlament und Haushalt, Bonn 1965, S. 25 ff.; JG des Sachverständigenrates 1965/66, Ziff. 155.

[70] Vgl. Bulletin Nr. 201/28. 12. 1965, S. 1624; Nr. 4/11. 1. 1966, S. 29.

[71] JG des Sachverständigenrates 1965/66, Ziff. 157, 167, 191, 193.

[72] Siehe zu den Problemen der Berechnung Institut Finanzen und Steuern: Die Ausgangslage für den Bundeshaushalt 1966, a.a.O., S. 76.

[73] Vgl. Karl-Bräuer-Institut des Bundes der Steuerzahler: Bundeshaushalt 1966, a.a.O., S. 37.

[74] Vgl. Finanzbericht 1968, S. 281.

zu optimistischen[75] — Erwartungen zurück. Nur das in der ersten Hälfte des Jahres erhöhte Lohnsteueraufkommen verhinderte noch höhere Einnahmeausfälle[76]. Die auf diese Weise entstandenen Finanzierungsschwierigkeiten wurden durch zusätzliche Anforderungen, die weitere Sozialausgaben und den seit 1965 verschleppten Devisenausgleich mit den Vereinigten Staaten[77] betrafen, erhöht.

Diese Mehrausgaben wurden im Dezember mit einem Nachtragshaushalt[78] in Höhe von 2,06 Mrd. DM eingebracht. Seine Finanzierung erfolgte durch nicht nachgewiesene globale Minderausgaben (1,06 Mrd. DM) und die Aufnahme von Geldmarktkrediten (1,0 Mrd. DM), da der weitgehend ausgetrocknete Rentenmarkt eine langfristige Verschuldung nicht mehr zuließ. Aus diesem Grunde konnten auch nur Kreditmittel in Höhe von 1,8 Mrd. DM netto aufgenommen werden, so daß die Haushaltsrechnung des Bundes mit Mehrausgaben von 0,8 Mrd. DM abschloß. Mit den auf 3,4 Mrd. DM kaum verringerten Haushaltsresten erhöhte sich so der rechnungsmäßig vorzutragende Gesamtfehlbetrag auf insgesamt 5,0 Mrd. DM[79], worin die durch das Haushaltssicherungsgesetz aufgeschobenen ausgabewirksamen Gesetze noch nicht enthalten sind.

b) Finanzierungsschwierigkeiten bei den Länderhaushalten

Kaum anders als der Bund verhielten sich die Länder in ihrer Haushaltspolitik. In dem Bemühen, ausgeglichene Haushaltspläne mit nur geringfügigen Ausgabenerhöhungen vorzulegen, orientierten sie sich einseitig an der Veränderung des Ausgabenvolumens und beachteten zu wenig die Bedeutung der Ausgabenstruktur für die konjunkturelle Entwicklung. Zudem hatten weitere Anforderungen an die Etats aufgrund gesetzlicher Verpflichtungen das geplante Ausgabenvolumen dennoch auf 57,0 Mrd. DM ansteigen lassen, wobei insbesondere wiederum die laufenden Ausgaben nicht eingeschränkt werden konnten. Der Anstieg der Ausgaben lag mit 8,3 v. H. zwar geringfügig unter dem des Vorjahres[80], aber noch über dem des Bundes.

---

[75] Das Institut Finanzen und Steuern: Der Bundeshaushalt, H. 15, Bd. 15, Bonn 1966, S. 25, spricht von einem „inflationsgetränkten Steueroptimismus"; siehe dazu auch Bulletin, Nr. 28/1966, S. 217.

[76] Vgl. Monatsberichte der DBB, Nr. 10/1966, S. 23.

[77] Siehe BTag-Drucksache V/1110; *Trautmann*, W.: Mit schwerem Gepäck nach Washington, in: Der Volkswirt, Nr. 38/1966, S. 1883; Monatsberichte der DBB, Nr. 5/1966, S. 25, Nr. 10/1966, S. 24, Nr. 1/1967, S. 24.

[78] Vgl. Institut Finanzen und Steuern: Der Bundeshaushalt, H.15, Bd. 16, Bonn 1967, S. 8 ff.

[79] Vgl. Finanzbericht 1968, S. 280.

[80] Vgl. Finanzbericht 1966, S. 53.

Beim Haushaltsvollzug scheint das Bild auf den ersten Blick günstiger zu sein: die Gesamtausgaben fielen mit 58,7 Mrd. DM zwar höher aus als geplant, der Anstieg gegenüber dem Vorjahr war aber mit 6,3 v. H. weit niedriger. Die um 3,5 Mrd. DM erhöhten Ausgaben gingen allerdings zum größten Teil auf das Konto zusätzlicher laufender Ausgaben, die überdurchschnittlich um 8,7 v. H. stiegen. So beanspruchten beispielsweise die Personalausgaben mit 20,2 Mrd. DM noch einmal 1,9 Mrd. DM (10,4 v. H.) mehr als im Jahr zuvor. Im Gegensatz dazu wurden die Investitionen sogar um 0,5 Mrd. DM (5,4 v. H.) auf 8,7 Mrd. DM vermindert, um Mittel zugunsten der laufenden Ausgaben freizusetzen.

Dennoch konnten die Finanzierungsschwierigkeiten der Länder dadurch nicht behoben werden. Zwar stiegen die Steuereinnahmen in den ersten drei Quartalen des Jahres stärker als erwartet, da die Länder wegen ihres Anteils am Steuerverbund mit 61 v. H. höher als der Bund an den Abschlußzahlungen für das gewinnstarke Jahr 1964 und an dem zunächst noch steigenden Lohnsteueraufkommen beteiligt waren. Zum Jahresschluß aber machten sich auch bei den Ländern die aufgrund der konjunkturellen Entwicklung sinkenden Steuereinnahmen bemerkbar. Auch wenn die Steuereinnahmen um 2,6 Mrd. DM auf 36,3 Mrd. DM oder mit 7,7 v. H. relativ am stärksten gegenüber den anderen beiden Gebietskörperschaften zunahmen, blieb der Nettofinanzierungssaldo mit 3,8 Mrd. DM auf nahezu gleicher Höhe wie 1965[81]. Da die Länder zu seiner Finanzierung mit 0,7 Mrd. DM nur noch auf bereits verringerte Kassenreserven und Rücklagen zurückgreifen konnten, lag die zusätzliche Nettoverschuldung mit 2,6 Mrd. DM mit zum größten Teil kurzfristigen Laufzeiten nur um 0,1 Mrd. DM unter der des Vorjahres. Von einer Konsolidierung der Länderfinanzen konnte unter diesen Umständen keine Rede sein.

c) *Absolut verminderte Investitionsausgaben in den Gemeindehaushalten*[82]

Die bereits im Vorjahr einsetzende Verschlechterung der haushaltspolitischen Situation traf die Gemeinden ganz besonders. Sie zogen daraus ihre Konsequenzen, indem sie den Anstieg des geplanten Ausgabenvolumens, das sie 1965 noch um 12,7 v. H. erhöht hatten, nun um fast die Hälfte auf 6,3 v. H. verkürzten.

Das Ziel, wie Bund und Länder einen ausgeglichenen Jahresabschluß zu realisieren, konnten die Gemeinden durch ihre Haushaltspolitik nahezu verwirklichen. Ihre Gesamtausgaben stiegen von 43,0 Mrd. DM auf

---

[81] Vgl. Finanzbericht 1968, S. 45.

[82] Siehe auch Monatsberichte der DBB, Nr. 11/12 1968, S. 14 ff. (Neuere Entwicklungen der kommunalen Finanzen); *Timm*, H.: Gemeindefinanzpolitik in den Wachstumszyklen, in: Finanzarchiv, N. F. Bd. 28/1969, S. 441 ff.

45,5 Mrd. DM oder um 5,8 v. H. Führend waren auch hier die laufenden Ausgaben, die mit 2,4 Mrd. DM (11,4 v. H.) den Anstieg der Gesamtausgaben fast allein verursachten; wovon die Personalausgaben mit einer Erhöhung um 1,1 Mrd. DM (12,0 v. H.) den größten Raum einnahmen.

Zur Finanzierung schränkten die Gemeinden ihre Investitionen, die 1965 mit 16,9 Mrd. DM ihren Höchststand erreicht hatten, um 0,6 Mrd. DM (3,6 v. H.) ein. Das führte dazu, daß nicht nur geplante Investitionsvorhaben zurückgestellt, sondern auch wie bei den Ländern in der Durchführung befindliche Projekte stillgelegt werden mußten (Stabilitätsruinen). Dies war eine Folge der äußerst gespannten Finanzlage zahlreicher Gemeinden[83], die auch durch die gegenüber dem Vorjahr um 0,8 Mrd. DM (6,7 v. H.) auf 12,7 Mrd. DM gestiegenen Steuereinnahmen nicht wesentlich erleichtert wurde. Die Zuweisungen der Länder, die im Durchschnitt der Vorjahre um 23 v. H. erhöht worden waren, verzeichneten jetzt nur noch einen Zuwachs um 0,9 Mrd. DM auf 11,8 Mrd. DM (7,0 v. H.), d. h. die verschlechterte Finanzlage der Länder übertrug sich auf die Gemeinden[84]. Aus den zum Teil bereits erschöpften Kassenreserven konnten nur noch 0,5 Mrd. DM entnommen werden. Schließlich war die Aufnahme von Krediten aufgrund der Rentenmarktmisere und bei einzelnen Gemeinden auch wegen des Erreichens der Verschuldungsgrenze sehr erschwert[85]: Die Nettokreditaufnahme ermäßigte sich infolgedessen um fast 1,0 Mrd. DM auf 3,1 Mrd. DM. Eine wesentliche Verbesserung der haushaltspolitischen Lage ergab sich dadurch für die Gemeinden jedoch nicht.

Die finanzpolitische Diskussion des Jahres 1966 ist also vor allem dadurch gekennzeichnet, daß „nur noch von der Deckungslücke und dem Ausgleich des Haushalts die Rede ist, daß hingegen von einer bewußten konjunktur- und währungspolitisch orientierten Haushalts- und Finanzpolitik nicht mehr oder nur sehr vage gesprochen wird“[86]. Die öffentliche Hand bemüht sich, den unsoliden Haushaltsvollzug mit überaus hohen Ausgabesteigerungen und entsprechend prozyklischen Wirkungen auf ein normales Maß zurückzuführen und eine ausgeglichene Haushaltsrechnung vorzulegen.

Zwar gelingt es, den Anstieg der laufenden Ausgaben zu bremsen, eine erforderliche Einschränkung bleibt aber im Ansatz stecken. Erst gegen Schluß des Jahres, als die Finanzierungsschwierigkeiten keine

---

[83] Vgl. *Weise*, K.: Das Beispiel Frankfurt, in: Der Volkswirt, Nr. 41/1965, S. 2275 ff.

[84] Vgl. Monatsberichte der DBB, Nr. 8/1966, S. 25.

[85] Vgl. Monatsberichte der DBB, Nr. 11/12 1968, S. 14.

[86] Bund der Steuerzahler: Acht Milliarden streichen!, Einzeldarstellung, Nr. 75, Wiesbaden 1965, S. 3.

andere Wahl mehr lassen, kommt es zu einer Reduzierung der laufenden Ausgaben. Weit früher aber werden die unmittelbaren und mittelbaren Investitionsausgaben auf breiter Front gekürzt[87], was bei einer bereits abgeschwächten Binnenkonjunktur und abnehmenden privaten Investitionen die rezessive Entwicklung prozyklisch verstärkt. Eine wesentliche Verminderung des hohen Verschuldungsbedarfs wird dadurch jedoch nicht erreicht[88], zumal die Steuereinnahmen durch die konjunkturelle Entwicklung relativ schnell in Mitleidenschaft gezogen werden. So ist nicht nur die angestrebte Konsolidierung der öffentlichen Finanzen am Jahresende, sondern auch eine Stabilisierung der konjunkturellen Entwicklung gescheitert.

Infolgedessen stehen die Haushaltsplanungen der drei Gebietskörperschaften für das Jahr 1967 vor einem doppelten Dilemma[89]: Einerseits benötigen sie zum Haushaltsjahr 1967 zusätzliche Einnahmen, um ihre Finanzen zu sanieren, was aber bei weiterer Verschlechterung der Binnenkonjunktur mit sinkenden Steuereinnahmen unmöglich erscheint. Andererseits müssen sie zusätzliche Ausgaben tätigen, um die konjunkturelle Entwicklung wieder anzuregen, was bei sinkenden Einnahmen die Sanierung der Finanzen verhindert. Mit der bisherigen traditionellen Haushaltspolitik kann dieser „circulus vitiosus" jedoch nicht durchbrochen werden[90].

III. Der restriktive Kurs der Deutschen Bundesbank

Da die öffentliche Hand erst zum Jahresende 1966 die konjunkturelle Fehlentwicklung erkannt hat und/oder bereit war, ihre prozyklische Haushaltsgebarung einer entsprechenden Revision zu unterziehen, versuchte die Notenbank, mit den ihr zur Verfügung stehenden geldpolitischen Instrumenten einen konjunkturpolitischen Gegenkurs allein zu steuern[91], um das ihr vorgegebene Ziel der „Sicherung der Währung" durch die Beeinflussung der monetären Gesamtnachfrage einzuhalten.

---

[87] Vgl. Geschäftsbericht der DBB 1966, S. 65 f.; JG des Sachverständigenrates 1966/67, Ziff. 130.

[88] Vgl. Geschäftsbericht der DBB 1966, S. 67; Ansprache des Präsidenten der Deutschen Bundesbank, K. Blessing, anläßlich der Verleihung des Karl-Bräuer-Preises des Bundes der Steuerzahler, am 5. 4. 1967 in Frankfurt, abgedr. in: DBB, Auszüge aus Presseartikeln, Nr. 25/1967, S. 3.

[89] Vgl. Finanzbericht 1967, S. 33; *Hagemann*, G.: Die staatliche Tätigkeit ..., a.a.O., S. 309 f.

[90] Vgl. Finanzbericht 1967, S. 33.

[91] Die Bundesbank wird mit Winkelried, der die gegnerischen Speere auf seine Brust zieht, verglichen. Vgl. *Trautmann*, W.: Winkelried und die Speere der Banken, in: Der Volkswirt, Nr. 27/1965, S. 1437 f.

Das hatte schließlich zur Folge, daß die restriktiven Maßnahmen in ihrem Ausmaß schärfer auffielen und länger durchgehalten wurden, als es bei einer konjunkturgerechten Haushaltspolitik der öffentlichen Hand der Fall gewesen wäre. So aber wurden die Wendemarke zur Beendigung des restriktiven Kurses und der Wechsel zu einer expansiven Geldpolitik verpaßt. Noch Mitte Dezember 1966, als die Binnenkonjunktur ihren Tiefpunkt bereits erreicht hatte, verteidigte Bundesbankpräsident K. Blessing bei einem Vortrag in Hagen die zu diesem Zeitpunkt schon von vielen Seiten kritisierte Politik der Notenbank und stellte fest: „Die Restriktionen der Bundesbank haben den Anstoß zu der Entschleierung der wahren Lage gegeben ... Die Ernüchterung sowohl bei den Sozialpartnern als auch bei den öffentlichen Stellen ist da; es wäre ... falsch, die Ernüchterung mit inflatorischen Maßnahmen wieder aufzuheben[92,93]."

1. Gelungene außenwirtschaftliche Absicherung

Während die Bundesbank in den Jahren 1962/1963 gegenüber der konjunkturellen Entwicklung eine eher abwartende Haltung eingenommen hatte, änderte sie zu Beginn des Jahres 1964 ihre Einstellung. Der Liquiditätsstrom aus dem Ausland, der bereits im Vorjahr mit wachsenden Überschüssen in der Bilanz der laufenden Posten und in der Kapitalbilanz[94] eingesetzt hatte, stieg sprunghaft an und ließ die Gefahren einer importierten Inflation entstehen. Um den Zahlungsbilanzüberschuß in Grenzen zu halten und um zugleich den durch den Liquiditätszufluß erweiterten Kreditspielraum der Kreditinstitute in den Griff zu bekommen, versuchte die Bundesbank weitere Liquiditätsanreicherungen zu unterbinden, indem sie gleichzeitig den Geldimport „teurer" machte und den Geldexport förderte.

Die Maßnahmen des Zentralbankrates, die durch ein gegenüber dem Ausland bestehendes niedrigeres inländisches Zinsniveau begünstigt wurden[95], sahen folgendes vor:

---

[92] Vortrag des Präsidenten der Deutschen Bundesbank K. Blessing vor der Südwestfälischen Industrie- und Handelskammer, Hagen, am 13. Dezember 1966, abgedr. in: DBB, Auszüge aus Presseartikeln, Nr. 92/1966, S. 1, 3.

[93] Siehe dazu auch *Müller*, H.: Die Politik der deutschen Zentralbank 1948—1967, Kieler Studien, Bd. 96, hrsg. v. E. Schneider, Tübingen 1969, S. 57 ff.; *Littich*, E.: Die monetären und konjunkturellen Wirkungen des Restriktionskurses der Bundesbank von 1964 bis 1966, in: Wirtschaftskonjunktur, H. 1/1968, S. 43 ff.; *Kleinewefers*, H.: Die Politik der Deutschen Bundesbank in dem Konjunkturzyklus 1964 bis 1968, in: Kredit und Kapital, H. 1/1970, S. 40 ff.

[94] Zu diesem Liquiditätsfluß kommt es trotz eines gegenüber dem Ausland niedrigeren inländischen Zinsniveaus, weil bei der Anlageentscheidung neben dem Zins auch andere Anlagemotive (z. B. Steuerflucht) eine Rolle spielen.

[95] Vgl. JG des Sachverständigenrates 1965/66, Ziff. 125.

Zum 1. April 1964 wurden die Mindestreservesätze für die Verbindlichkeiten der Banken gegenüber Gebietsfremden auf die gesetzlich zulässigen Höchstsätze[96] angehoben. Zugleich wurden die Genehmigungen zur Verzinsung der Einlagen (mit Ausnahme der Spareinlagen) ausländischer Anleger widerrufen. Darüber hinaus wurde die Kompensationsmöglichkeit von Verbindlichkeiten gegenüber Gebietsfremden mit Guthaben und Geldmarktanlagen der Kreditinstitute im Ausland bei der Ermittlung des Mindestreservesolls beibehalten[97]. Dieses sog. Kompensationsprivileg regte bei den erhöhten Mindestreservesätzen den Geldexport an[98]. Zur Unterstützung dieser Politik wurden zusätzlich auch die Swapvereinbarungen forciert, bei denen die Bundesbank für den Kauf von amerikanischen Schatzwechseln niedrigere Kurssicherungskosten als der Markt in Rechnung stellte.

Neben diesen auf kurzfristige Geldtransaktionen zielenden Maßnahmen kündigte die Bundesregierung im Einvernehmen mit der Bundesbank am 23. März 1964 die Einführung der sog. Kuponsteuer an, die Zinserträge aus festverzinslichen Wertpapieren im Besitz von Gebietsfremden mit einer 25prozentigen Kapitalertragsteuer belegen sollte[99]. Die unerwünschte Alimentierung des Kapitalmarktes, insbesondere des Rentenmarktes, durch ausländische Anleger sollte damit reduziert werden, „um dem zunehmenden Ungleichgewicht der deutschen Zahlungsbilanz und den störenden internationalen Kapitalfluktuationen entgegenzuwirken“[100]. Zugleich sollte damit die Ergiebigkeit des Rentenmarktes an die binnenwirtschaftliche Geldkapitalbildung angepaßt werden, um den mit Fremdkapital finanzierten Investitionsaufschwung zu bremsen[101].

Mit dem Einsatz dieser zum größten Teil quantitativen Maßnahmen gelang es der Notenbank, die Zahlungsbilanz — bezogen auf das ganze Jahr 1964 — zum Ausgleich zu bringen. Durch die erfolgreiche Abwehr der störenden Liquiditätszuflüsse aus dem Ausland verschaffte sich

---

[96] Siehe § 16 BBkG.

[97] Siehe § 2 Abs. 4, Anweisungen der Deutschen Bundesbank über Mindestreserven (AMR), in d. F. v. 22. 3. 1963, in: Geschäftsbericht der DBB 1964, S. 111.

[98] Vgl. Geschäftsbericht der DBB 1963, S. 20.

[99] Das „Gesetz zur Änderung und Ergänzung des Einkommensteuergesetzes, des Körperschaftsteuergesetzes und Kapitalverkehrsteuergesetzes“ v. 27. 3. 1965 (BGBl. I, S. 147) tritt allerdings erst ein Jahr nach dieser Ankündigung in Kraft; die beabsichtigten Wirkungen waren zu diesem Zeitpunkt bereits erzielt.

[100] Monatsberichte der DBB, Nr. 6/1965, S. 3 (Die Auswirkungen des Kuponsteuergesetzes).

[101] Vgl. *Benning*, B.: Nationale und internationale Aspekte des deutschen Kapitalmarktes, in: DBB, Auszüge aus Presseartikeln, Nr. 44/1964, S. 5.

die Notenbank einen breiteren Handlungsspielraum, den sie für ihre binnenwirtschaftlich orientierte Stabilisierungspolitik benötigte[102].

2. Binnenwirtschaftliche Stabilisierungspolitik mit langem Bremsweg[103]

Eine restriktive Politik aber wurde erforderlich, weil sich die Binnenkonjunktur zwischenzeitlich grundlegend geändert hatte: Die vom vorherigen Exportboom ausgegangenen Impulse hatten die Binnenkonjunktur angeregt; neben steigender Investitionstätigkeit der Unternehmer aufgrund verbesserter Gewinnaussichten trug die ungebremste Ausgabenpolitik der öffentlichen Hand zu einer vermehrten Inlandsnachfrage bei.

Der aus dieser Entwicklung resultierende höhere Kreditbedarf mußte — nachdem der Liquiditätszufluß aus dem Ausland versiegt war — aus inländischen Geldquellen finanziert werden. In der Zeit von Januar bis Dezember 1964 stieg das Kreditvolumen der Banken um fast 4,0 Mrd. DM (11,8 v. H.), woran insbesondere die Aufstockung der langfristigen Kredite einen wesentlichen Anteil hatte. Jedoch hatten die Kreditinstitute nicht nur die vermehrten Kreditwünsche zu erfüllen, sondern sie mußten darüber hinaus den mit wachsenden ökonomischen Aktivitäten steigenden Bargeldumlauf und die bei zunehmenden Einlagen erhöhten Mindestreserveverpflichtungen liquiditätsmäßig verkraften. Wegen des niedrigen Diskontsatzes von 3 v. H. refinanzierten sich die Kreditinstitute vor allem durch die Rediskontierung von Wechseln und die Rückgabe von Offenmarktmitteln bei der Bundesbank, während sie gleichzeitig ihre kurzfristigen Anlagen im Ausland wegen der dort zu erzielenden höheren Verzinsung noch aufstockten.

Um die Kreditausweitung im Inland im Griff zu behalten, beschloß der Zentralbankrat als „vorbeugende Maßnahme"[104], die Mindestreservesätze für reservepflichtige Verbindlichkeiten gegenüber Gebietsansässigen um 10 v. H. zu erhöhen; dadurch wurde den Kreditinstituten Liquidität in Höhe von 1,2 Mrd. DM entzogen. Um zu vermeiden, daß die Banken eventuell versuchten, diesen Liquiditätsverlust durch eine Kreditaufnahme im Ausland zu kompensieren, wurden zusätzlich die Rediskont-Kontingente in der Weise gekürzt, daß die im Ausland aufgenommenen Kredite nach einem bestimmten Berechnungsverfahren

[102] Vgl. Geschäftsbericht der DBB 1964, S. 20; *Blessing*, K.: Probleme der Währung, in: DBB, Auszüge aus Presseartikeln, Nr. 68/1964, S. 4.

[103] Siehe *Blessing*, K., Die heutige währungspolitische Lage, Vortrag vor den Mitgliedern des Übersee-Clubs in Hamburg am 3. Juni 1966, abgedr. in: DBB, Auszüge aus Presseartikeln, Nr. 38/1966, S. 2; Geschäftsbericht der DBB 1965, S. 14 ff.

[104] Monatsberichte der DBB, Nr. 6/1964, S. 3.

Tabelle 1

Kredite der monatlich berichtenden Kreditinstitute an Nichtbanken [a] 1964—1966

	Kurzfristige Kredite (1)	Mittelfristige Kredite [b] (2)	Langfristige Kredite (3)	Summe (4)
	— in Mrd. DM —			
1963	+ 4,099	+ 2,563	+ 18,344	+ 25,006
1964	+ 5,734	+ 2,103	+ 21,159	+ 28,996
1. Vj.	+ 1,313	− 0,047	+ 3,961	(+ 11,8 v. H.) [c]
2. Vj.	+ 2,193	+ 0,808	+ 4,705	
3. Vj.	+ 0,309	+ 0,740	+ 5,714	
4. Vj.	+ 1,919	+ 0,602	+ 6,779	
1965	+ 7,859	+ 4,211	+ 20,826	+ 32,896
1. Vj.	+ 2,348	+ 0,137	+ 4,552	(+ 13,4 v. H.) [c]
2. Vj.	+ 3,026	+ 1,260	+ 4,417	
3. Vj.	+ 0,139	+ 1,632	+ 5,856	
4. Vj.	+ 2,346	+ 1,182	+ 6,001	
1966	+ 5,361	+ 5,304	+ 15,640	+ 26,305
1. Vj.	+ 1,452	+ 1,341	+ 3,815	(− 20,0 v. H.) [c]
2. Vj.	+ 2,859	+ 1,545	+ 3,404	
3. Vj.	+ 0,197	+ 1,330	+ 4,229	
4. Vj.	+ 0,853	+ 1,088	+ 4,192	

a) Einschließlich Nichtbanken des Auslandes. — b) Einschließlich Erwerb von Wertpapieren. — c) Prozentuale Veränderung gegenüber dem Vorjahr.

Quelle: Geschäftsbericht der DBB 1965, S. 56, 1966, S. 48.

auf das Rediskont-Kontingent angerechnet wurden. D. h. die freien Liquiditätsreserven wurden, soweit sie aus rediskontierbaren Wechseln bestanden, entsprechend vermindert[105].

Mit diesem maßvollen Einsatz des geldpolitischen Instrumentariums, dem wohl mehr psychologische, denn eine materiell restriktive Bedeutung zukommen konnte, waren die Kreditinstitute jedoch kaum zu beeindrucken. Zwar verminderten sich aufgrund der genannten ver-

[105] Vgl. Geschäftsbericht der DBB 1964, S. 16.

schiedenen Einflußfaktoren die freien Liquiditätsreserven des Bankensystems von 12,9 v. H. des Einlagenvolumens (1963) auf 11,0 v. H. Ende 1964; die Kreditausweitung blieb aber von dieser verringerten Liquiditätsquote noch unberührt.

Tabelle 2

Liquiditätsdispositionen der Kreditinstitute 1964—1966

	Erwerb (–) bzw. Rückgabe (+) von Geldmarktpapieren im Rahmen von Offenmarktgeschäften mit der Bundesbank (1)	Bildung (–) bzw. Repatriierung (+) kurzfristiger Auslandsanlagen (2)	Abdeckung (–) bzw. Aufnahme (+) von Refinanzierungskrediten bei der Bundesbank (3)	Summe (1) bis (3) (4)
	— in Mrd. DM —			
1963	– 0,704	– 0,376	– 0,196	– 1,276
1964	+ 2,231	– 0,888	+ 1,973	+ 3,316
1. Vj.	– 0,439	– 0,461	+ 0,511	– 0,389
2. Vj.	+ 0,863	– 0,134	+ 0,491	+ 1,220
3. Vj.	+ 1,285	– 0,058	+ 1,118	+ 2,345
4. Vj.	+ 0,522	– 0,235	– 0,147	+ 0,140
1965	+ 1,870	+ 0,153	+ 1,642	+ 3,665
1. Vj.	– 0,008	– 0,333	+ 0,699	+ 0,358
2. Vj.	+ 0,970	+ 0,206	+ 0,598	+ 1,774
3. Vj.	+ 0,492	+ 0,620	+ 0,993	+ 2,105
4. Vj.	+ 0,416	– 0,340	– 0,648	– 0,572
1966	+ 0,358	– 0,876	– 0,760	+ 0,242
1. Vj.	+ 0,308	– 0,016	+ 2,355	+ 2,647
2. Vj.	+ 0,134	+ 0,057	+ 0,254	+ 0,445
3. Vj.	+ 0,130	– 0,426	– 1,149	– 1,445
4. Vj.	– 0,214	– 0,491	– 0,700	– 1,405

Quelle: Geschäftsbericht der DBB 1964, S. 43; 1965, S. 50; 1966, S. 39.

Tabelle 3: **„Liquiditätsquoten" der Kreditinstitute 1964—1966**

	Bestände an Offenmarkttiteln inländ. öffentlicher Emittenten (1)	Bestände an Vorratsstellenwechseln und Privatdiskonten [a] (2)	Kurzfristige Guthaben und Geldmarktanlagen im Ausland (3)	Summe [b] (1) bis (3) (4)	Liquiditätsanlagen [c] (5)	Liquiditätsreserven [d] (6)
	— in Mrd. DM —				— in v. H. des Einlagenvolumens [e]	
1963	5,3	0,5	2,5	8,4	5,5	12,9
1964						
1. Vierteljahr	5,8	0,5	3,6	10,0	6,6	
2. Vierteljahr	5,3	0,9	3,5	9,7	6,2	
3. Vierteljahr	3,7	0,9	3,6	8,2	5,2	
4. Vierteljahr	3,2	0,8	3,3	7,3	4,3	11,0
1965						
1. Vierteljahr	4,0	0,6	4,0	8,6	5,1	10,8
2. Vierteljahr	3,1	0,7	3,9	7,6	4,3	9,9
3. Vierteljahr	3,3	0,3	3,4	7,1	4,0	8,4 [f]
4. Vierteljahr	2,6	0,6	3,6	6,8	3,6	8,7
1966						
1. Vierteljahr	2,8	0,2	3,7	6,8	3,6	7,5
2. Vierteljahr	2,2	0,4	3,9	6,5	3,3	7,1 [f]
3. Vierteljahr	1,9	0,4	4,4	6,7	3,4	7,7
4. Vierteljahr	3,4	0,5	3,5	7,4	3,5	8,6

a) Zum Teil geschätzt. — b) Differenzen durch Runden der Zahlen. — c) Entspricht (4). — d) Liquiditätsanlagen zuzüglich unausgenutzter Rediskont-Kontingente. — e) Ohne inländische Interbankeinlagen. — f) Unter Berücksichtigung der Kürzung der Rediskont-Kontingente mit Wirkung zum 1. 10. 1965 bzw. 1. 5. 1966.

Quelle: Geschäftsbericht der DBB 1966, S. 42; Monatsberichte der DBB, Nr. 6/1967, S. 63.

Deswegen zielten die weiteren Maßnahmen der Bundesbank nach der Einschränkung des Kreditangebots nunmehr auf eine Einengung der Kreditnachfrage, indem nämlich den Kreditinstituten der Zugang zum Notenbankkredit erschwert und verteuert wurde. Steigende Zinskosten aber, die für das nachgefragte Fremdkapital aufzubringen waren, sollten sowohl die Investitionstätigkeit der Unternehmer als auch die Ausgabefreudigkeit der öffentlichen Hand bremsen[106].

Zu diesem Zweck erhöhte der Zentralbankrat in zwei Schritten am 22. Januar und am 13. August 1965 den seit 1961 unveränderten Diskontsatz von 3 v. H. über 3,5 v. H. auf 4 v. H. Neben der damit gleichzeitig verbundenen Erhöhung des Lombardsatzes auf 5 v. H. forcierte die Bundesbank durch eine dem veränderten Zinsniveau entsprechende Anhebung der Abgabesätze für Mobilisierungspapiere ihre Offenmarktpolitik. Unterstützt wurden diese Maßnahmen durch die am 1. März 1965 in Kraft getretene Neuregelung der Zinsverordnung nach § 23 Kreditwesengesetz[107]. Die Bundesbank glaubte, durch die gesetzliche Bindung der Soll- und Habenzinsen an den Diskontsatz ein stärkeres Durchschlagen der Diskontpolitik auf die Kreditzinsen bewirken zu können[108].

Übersicht 1

Geld- und kapitalmarktpolitische Maßnahmen 1964—1966

1964	
9. März	Übernahme von Kurssicherungskosten beim Kauf amerikanischer Schatzwechsel
23. März	Ankündigung der Kuponsteuer und Abschaffung der Wertpapiersteuer

[106] „Die importierte Inflation, der wir lange Zeit ausgesetzt waren, hat ein Treibhausklima erzeugt, das den Sinn für das, was möglich und was unmöglich ist, vernebelt hat. Wieder einmal stellt sich heraus, daß die öffentlichen und privaten Investitionen sowie der öffentliche und private Verbrauch größer sind als die voraussichtliche reale Steigerung des Sozialprodukts; wieder einmal werden Löhne und Gehälter über den Produktivitätsfortschritt hinaus erhöht". Ansprache des Präsidenten der Deutschen Bundesbank K. Blessing am 22. Januar 1965 vor der Berliner Börse, abgedr. in: DBB, Auszüge aus Presseartikeln, Nr. 6/1965, S. 3 f.

[107] Siehe dazu die „Verordnung über die Bedingungen, zu denen Kreditinstitute Kredite gewähren und Einlagen entgegennehmen dürfen (Zins-Verordnung)" v. 20. 2. 1965 (BGBl. I, S. 33); Monatsberichte der DBB, Nr. 3/1965, S. 3 ff. (Die Regelung der Bankkonditionen nach § 23 KWG-Zinsverordnung).

[108] Vgl. *Könneker*, W.: Die Bankkonditionen zwischen Freiheit und Bindung, in: ZfgK, H. 5/1965, S. 169 f.

Übersicht 1 (Fortsetzung)

1. April	Erhöhung der Mindestreservesätze für Verbindlichkeiten Gebietsfremder; Liquiditätsbindung: 0,2 Mrd. DM Verzinsungsverbot für Sicht- und Termineinlagen von Gebietsfremden Beibehaltung des Kompensationsprivilegs
13. Juli	Senkung der Kurssicherungskosten
1. August	Kürzung der Rediskont-Kontingente durch Einbeziehung von Auslandskrediten Erhöhung der Mindestreservesätze für Verbindlichkeiten gegenüber Gebietsansässigen um 10 v. H.; Liquiditätsbindung: 1,2 Mrd. DM
10.—31. Dezember	Senkung des Lombardsatzes um 3/4 v. H.
1965	
22. Januar	Erhöhung des Diskontsatzes von 3 v. H. auf 3,5 v. H. Erhöhung des Lombardsatzes von 4 v. H. auf 4, 5 v.H. Erhöhung der Abgabesätze für Offenmarktpapiere
1. März	Neuregelung der Zinsverordnung
4. März	Beschluß der Kürzung der Rediskont-Kontingente zum 1. Oktober
28. März	Einführung der Kuponsteuer
1. Juli	Umstellung bei der Einbeziehung reservepflichtiger Verbindlichkeiten; Liquiditätsbindung: 0,4 Mrd. DM
28. Juli	Kabinett beschließt Genehmigungsstopp für Inhaberschuldverschreibungen
5. August	Erstes Gespräch am „Runden Tisch"
13. August	Erhöhung des Diskontsatzes von 3,5 v. H. auf 4 v. H. Erhöhung des Lombardsatzes von 4,5 v. H. auf 5 v. H. Erhöhung der Abgabesätze für Offenmarktpapiere
10. September	Genehmigungsstopp vom 28. 7. 1965 aufgehoben
1. Oktober	Kürzung der Rediskont-Kontingente um die Hälfte des ursprünglich vorgesehenen Betrages; Kürzung der Fazilitäten: 1,2 Mrd. DM
1. November	Aufstockung des A-Plafonds der AKA-Ausfuhr-Kredit GmbH um 0,3 Mrd. DM auf 1,0 Mrd. DM
1.—31. Dezember	Senkung der Mindestreservesätze für Sicht- und Terminverbindlichkeiten gegenüber Gebietsansässigen um 9 v. H.; Liquiditätsfreisetzung: 0,8 Mrd. DM
1966	
7. Januar	Erhöhung der Abgabesätze für Offenmarktpapiere Übernahme von Kurssicherungskosten eingestellt

Übersicht 1 (Fortsetzung)

23. Februar	Erhöhung der Abgabesätze für Offenmarktpapiere
4. März	Erhöhung der Abgabesätze für Offenmarktpapiere
1. Mai	Kürzung der Rediskont-Kontingente um die zweite Hälfte des ursprünglich vorgesehenen Betrages: Kürzung der Fazilitäten: 1,3 Mrd. DM
3. Mai	Begrenzung des Rediskont-Kontingents der Privatdiskont-AG auf 1,0 Mrd. DM
5. Mai	„Runder Tisch" beschließt Emissionsstopp bis zum 30. Juni für öffentliche Anleihen
27. Mai	Erhöhung des Diskontsatzes von 4 v. H. auf 5 v. H. Erhöhung des Lombardsatzes von 5 v. H. auf 6,25 v. H. Erhöhung der Abgabesätze für Offenmarktpapiere
23. Juni	„Runder Tisch" verlängert Emissionsstopp
4. Juli	Kabinett billigt Gesetzentwurf zum Stabilitätsgesetz
22. Juli	Aufstockung des B-Plafonds der AKA Ausfuhrkredit GmbH um 0,6 Mrd. DM auf 0,9 Mrd. DM
2. September	„Runder Tisch" verlängert Emissionsstopp
1.—31. Dezember	Senkung der Mindestreservesätze für Sicht- und Terminverbindlichkeiten gegenüber Gebietsansässigen um 9 v. H.; Liquiditätsfreisetzung: O,8 Mrd. DM
7. Dezember	„Runder Tisch" verlängert noch einmal Emissionsstopp
15. Dezember	Zentralbankrat diskutiert mit Vertretern der neuen Bundesregierung die liquiditätspolitische Lage

Quelle: Monatsberichte der DBB 1964—1966; DBB, Auszüge aus Presseartikeln 1964—1966.

Jedoch konnten mit diesen Maßnahmen die gewünschten Wirkungen kaum erzielt werden. Die Kreditinstitute gaben statt einer Anlage ihrer Mittel in Mobilisierungspapieren solche Titel — trotz erhöhter Rücknahmesätze — aus ihrem in den Vorjahren aufgebauten reichlichen Liquiditätspolster an die Notenbank zurück, um die weiterhin ungebrochene Kreditnachfrage ihrer Kunden erfüllen zu können. Da auch bei der Inanspruchnahme der Rediskontkredite eine Einschränkung nicht zu verzeichnen war, kürzte der Zentralbankrat zum 1. Oktober 1965 die Rediskont-Kontingente um 1,2 Mrd. DM. Gestützt wurde die damit erzielte Verminderung der freien Liquiditätsreserven der Banken neben einer Umstellung bei der Einbeziehung der mindestreservepflichtigen Verbindlichkeiten, die einen weiteren Liquiditätsabzug in Höhe von 0,4 Mrd. DM zur Folge hatte[109], vor allem durch die defizitäre

[109] Die Freistellung der Einlagen von Kreditinstituten mit überwiegend langfristigem Kreditgeschäft bei anderen Kreditinstituten wird aufgehoben. Siehe dazu Monatsberichte der DBB, Nr. 5/1965, S. 61.

Entwicklung der Zahlungsbilanz. Die Grundbilanz verzeichnete Ende 1965 ein Defizit von 5,3 Mrd. DM; die Devisenreserven der Notenbank verringerten sich um 1,5 Mrd. DM. Wenn auch die Bundesbank einerseits die aus dem Tempo und dem Umfang dieser Entwicklung entstehenden gesamtwirtschaftlichen Gefahren nicht übersah, „da für die Bundesrepublik nicht nur ein Gleichgewicht in der laufenden Rechnung der Zahlungsbilanz anzustreben wäre, sogar eher ein Überschuß ... so sehr (waren) andererseits die Wirkungen dieses Umschwungs vom binnenwirtschaftlichen Standpunkt aus positiv zu bewerten. Das (galt) nicht nur für den anti-inflatorischen Effekt, den ein Defizit in den laufenden Posten der Zahlungsbilanz stets auf die Gütermärkte ausübt, sondern (traf) im Prinzip auch für die monetäre Sphäre zu“[110].

Trotz der damit verbundenen Einschränkung der freien Liquiditätsanlagen der Kreditinstitute, die seit Anfang 1964 bis Ende 1965 um 3,2 Mrd. DM abgebaut wurden, und des bei zunehmender Liquiditätsknappheit steigenden Zinsniveaus blieben der Restriktionspolitik nachhaltige Erfolge weiterhin versagt[111]. Auch im Jahre 1965 stieg das Kreditvolumen um rund 4,0 Mrd. DM, wobei diesmal die kurz- und mittelfristigen Kredite stärker in Anspruch genommen wurden als die langfristigen Kredite. Das verschlechterte Finanzierungsklima[112] wirkte sich insbesondere auf dem Rentenmarkt aus: Nachdem ausländische Anleger auf die Ankündigung der Kuponsteuer mit Wertpapierverkäufen, die wegen ihres Volumens entsprechende Kursverluste bewirkten[113], reagiert hatten, wurde nun der Rentenmarkt durch die Diskonterhöhungen und die Geldmarktabhängigkeit des Kapitalmarktes zusätzlich belastet, so daß sich auch die privaten Anleger trotz steigender Geldkapitalbildung zunehmend vom Markt zurückzogen. Da sich außerdem die Kreditinstitute als Käufer festverzinslicher Wertpapiere wegen der Liquiditätsverknappung zurückhielten und teilweise auch Wertpapiere verkauften[114], war der erhöhte Finanzierungsbedarf nur unter erheblichen Zinszugeständnissen auf dem Markt zu placieren. Auch die zeitweilige Emissionspause[115], in der die Genehmigung zur Emission von

[110] Geschäftsbericht der DBB 1965, S. 14 f.

[111] Vgl. *Bröker*, L.: Zur Kreditpolitik der Notenbank, in: DBB, Auszüge aus Presseartikeln, Nr. 87/1965, S. 2.

[112] Vgl. Monatsberichte der DBB, Nr. 1/1965, S. 5.

[113] Vgl. ebenda, Nr. 6/1965, S. 3.

[114] Vgl. *Overhaus*, M.: Die Entwicklung des Kapitalmarktes in der Bundesrepublik Deutschland seit 1958, Kieler Studien, Bd. 103, hrsg. v. H. Giersch, Tübingen 1969, S. 45 ff.; Geschäftsbericht der DBB 1965, S. 65.

[115] Schon im Januar 1965 hatte der Zentrale Kapitalmarktausschuß eine Emissionspause empfohlen, um eine Überforderung des Marktes zu vermeiden; da diese Empfehlung insbesondere von den Realkreditinstituten (Emission von Kommunalobligationen) nicht eingehalten wurde, blieb diese Maßnahme ohne Erfolg. Siehe dazu *Overhaus*, M.: Die Entwicklung des Kapitalmarktes ..., a.a.O., S. 84.

Inhaberschuldverschreibungen nach § 795 BGB vom Wirtschaftsminister „zurückgehalten“ wurden, konnte eine Entlastung des Rentenmarktes letztlich nicht bewirken[116], da die Emissionswünsche nur zeitlich verschoben wurden.

Tabelle 4

Umlaufs- und Emissionsrenditen tarifbesteuerter festverzinslicher Wertpapiere 1964—1966

	Emissionsrendite (1)	Umlaufsrendite (2)
	— in v. H. —	
1964		
1. Vierteljahr	5,9	6,0
2. Vierteljahr	6,2	6,2
3. Vierteljahr	6,2	6,3
4. Vierteljahr	6,3	6,3
1965		
1. Vierteljahr	6,4	6,4
2. Vierteljahr	7,1	6,8
3. Vierteljahr	7,4	7,1
4. Vierteljahr	7,6	7,4
1966		
1. Vierteljahr	7,6	7,4
2. Vierteljahr	8,0	7,9
3. Vierteljahr	8,5	8,1
4. Vierteljahr	7,6	7,6

Quelle: Monatsberichte der DBB, Nr. 1/1966, S. 109; Nr. 1/1967, S. 111.

Durch den Abbau des Emissionsstaus wurden die Emissionsrenditen dann weiter angehoben, sie stiegen von 5,9 v. H. (Anfang 1964) auf 7,6 v. H. (Ende 1965); die Umlaufrenditen lagen nur geringfügig darunter. Nicht zuletzt war das eine Folge der sehr hohen Kreditnachfrage der öffentlichen Hand, die sich — fast unbeeindruckt von den Zinskosten — zur Finanzierung der steigenden Ausgaben weiter verschul-

[116] Vgl. Monatsberichte der DBB, Nr. 10/1965, S.18.

dete[117]. Auch das Bemühen, am „Runden Tisch“[118] eine den Marktverhältnissen entsprechende Emissionspolitik für öffentliche Anleihen zu entwickeln, schaffte kaum eine Abhilfe. Schließlich trug auch die Gewährung von Zinssubventionen[119], die zum Teil sogar noch erhöht wurden, zu einer Überforderung des Marktes und zu einer von der Zinsentwicklung teilweise unberührten Investitionstätigkeit (Bausektor) bei[120].

3. Zu späte Lockerung der Notenbankpolitik

Zwar unterzogen die Unternehmer aufgrund der Entwicklung auf dem Rentenmarkt ihre Investitionsplanungen einer ersten Revision[121], der Konjunkturboom blieb davon jedoch weitgehend unbeeinflußt. Noch immer stiegen die Preise und noch immer lagen die Lohn- und Gehaltsforderungen über dem erzielten Produktivitätsfortschritt. Auch die Vorhaben der öffentlichen Hand für die neuen Haushaltspläne ließen Ansätze zu einer antizyklischen Haushaltspolitik nicht erkennen. Im Gegenteil: Die schwieriger werdende Finanzierung der zusätzlichen Ausgaben hatte einen heftigen Wettbewerb auf dem Rentenmarkt unter den Gebietskörperschaften zur Folge. Mit zunehmender Deroutierung des Rentenmarktes wich man auf kurzfestige Kredite und auf verschiedene Nebenmärkte des Rentenmarktes (Schuldscheindarlehen) aus[122].

So beharrte die Bundesbank — ungeachtet einer vorübergehenden Liquiditätsauflockerung des Bankensystems zur Überbrückung des Jahresultimos 1965 durch eine befristete Senkung der Mindestreservesätze — auf ihrem restriktiven Kurs, um die „Stabilisierung von Preisen und Kosten“[123] zu bewirken. Im Januar, Februar und März 1966 paßte sich der Zentralbankrat der Zinsentwicklung auf dem Geldmarkt an; in drei Schritten wurden die Abgabe- und Rücknahmesätze für Offenmarktpapiere erhöht. Da den Banken trotz der erhöhten Abgabesätze bei dem gegebenen lukrativen Kreditgeschäft kaum Liquidität entzogen werden

---

[117] Sichtbares Zeichen für die Überbeanspruchung des Marktes war die Rücknahme des Emissionskurses für die 6 %ige Anleihe der Deutschen Bundesbahn von 96 % auf 94,5 %. Vgl. dazu DBB, Auszüge aus Presseartikeln, Nr. 34/1965, S. 1.

[118] Dieses Koordinierungsgremium setzt sich aus Vertretern des Bundes, der Länder, der Gemeinden und der Deutschen Bundesbank zusammen. Es ist der Vorläufer des späteren Konjunkturrates.

[119] Siehe dazu Monatsberichte der DBB, Nr. 4/1966, S. 3 ff. (Zinssubventionen der öffentlichen Hand und mit ihnen verbilligte Kreditmittel).

[120] Vgl. Monatsberichte der DBB, Nr. 10/1965, S. 4.

[121] Vgl. Monatsberichte der DBB, Nr. 10/1965, S. 5; Geschäftsbericht der DBB 1965, S. 87 f.

[122] Vgl. auch Monatsberichte der DBB, Nr. 10/1966, S. 17.

[123] Geschäftsbericht der DBB 1966, S. 13.

konnte, wurden zum 1. Mai die Fazilitäten der Rediskont-Kontingente noch einmal um 1,3 Mrd. DM gekürzt. Außerdem wurde kurz darauf für die Einreichung von Privatdiskonten durch die Privatdiskont AG[124], die von den Kreditinstituten zunehmend zur Refinanzierung beansprucht wurde, bei der Notenbank ein Plafond in Höhe von 1,0 Mrd. DM festgelegt. Schließlich wurden noch zum 27. Mai 1966 der Diskontsatz von 4 v. H. auf 5 v. H. und der Lombardsatz sogar von 5 v. H. auf 6,25 v. H. angehoben, weil der Geldmarktzins über dem Diskontsatz angestiegen war und sich die Kreditinstitute weiter bei der Bundesbank als der „billigsten Refinanzierungsquelle“[125] verschuldeten.

Die Wirkungen dieser restriktiven Geldpolitik zeigten sich dann verstärkt ab Mitte des Jahres 1966. Sie gingen vor allem vom Rentenmarkt aus: Nicht nur die privaten Investitionen wurden nun wegen der erschwerten und verteuerten Fremdfinanzierung eingeschränkt, auch die Ausgaben der öffentlichen Hand wurden durch das „Diktat der leeren Kassen“[126] gebremst. Bei den Gebietskörperschaften waren die Verschuldungsgrenzen teilweise erreicht, in Nordrhein-Westfalen wurde für die Schuldaufnahme der Gemeinden ein Zinsstopp verfügt, und am „Runden Tisch“ wurde ein mehrmals verlängerter Emissionsstopp für öffentliche Anleihen vereinbart.

Auch die kurz- und mittelfristigen Kreditanforderungen und entsprechende Refinanzierungstransaktionen der Kreditinstitute bei der Bundesbank schwächten sich ab. Allein im vierten Quartal 1966 blieb die Zunahme der Kredite an inländische Unternehmen und Private mit 1,9 Mrd. DM um fast die Hälfte hinter der der gleichen Vorjahreszeit (3,5 Mrd. DM) zurück. Allerdings kann dabei kaum abgegrenzt werden, ob der damit erzielte Nachfragerückgang hauptsächlich auf die restriktiven Wirkungen der Notenbankpolitik und das verschlechterte Finanzierungsklima oder auf die allgemein ungünstiger werdenden Erwartungen bezüglich der gesamtwirtschaftlichen Entwicklung bei den Unternehmern zurückzuführen ist[127].

Als weiteres Ergebnis ihrer restriktiven Politik kann die Bundesbank zum Herbst 1966 festhalten: Die Liquiditätsanlagen der Kreditinstitute erreichten im August mit 6,4 Mrd. DM oder 3,2 v. H. des Einlagenvolumens ihren tiefsten Stand; allein das Portefeuille an Offenmarktpapieren war im dritten Quartal auf 1,9 Mrd. DM zusammengeschrumpft. Symptomatisch für die erwirkte Liquiditätsanspannung

---

[124] Siehe dazu *v. Spindler*, J., *Becker*, W., *Starke*, O. E.: Die Deutsche Bundesbank, 3. Aufl., Stuttgart, Berlin, Köln, Mainz 1969, S. 264.

[125] Monatsberichte der DBB, Nr. 5/1966, S. 3.

[126] *Emminger*, O.: Kredit-, finanz- und einkommenspolitisches Instrumentarium zur Erhaltung der Geldwertstabilität, in: DBB, Auszüge aus Presseartikeln, Nr. 50/1965, S. 3.

[127] Vgl. Geschäftsbericht der DBB 1966, S. 2 f.; 1967, S. 1 f.

war die Zinsentwicklung auf dem Geldmarkt, der Tagesgeldsatz in Frankfurt lag in dieser Zeit fast immer in der Nähe des Lombardsatzes von 6,25 v. H.[128]. — Darüber hinaus war insbesondere der Rentenmarkt von der restriktiven Politik stark in Mitleidenschaft gezogen worden. Nicht nur die Banken als wichtigste Anlegergruppe auf dem Markt hatten ihre Käufe um fast 2,0 Mrd. DM eingeschränkt, auch das Vertrauen der privaten Anleger hatte unter den hohen Kursverlusten bei den umlaufenden Titeln stark gelitten. Obwohl alle anderen Formen der Geldvermögensbildung ihren Anteil an dem gesamten Vermögenszuwachs zumindest halten konnten[129], blieb der Erwerb festverzinslicher

Tabelle 5

Absatz und Unterbringung inländischer festverzinslicher Wertpapiere 1964—1966

	1964	1965	1966
		— in Mrd. DM —	
I. Absatz			
1. Bruttoabsatz zu Nominalwerten	16,91	14,83	9,40
2. Nettoabsatz zu Kurswerten a)	12,88	11,33	5,01
darunter: Anleihen der öffentlichen Hand b)	(2,89)	(2,83)	(0,62)
Kommunalobligationen	(2,93)	(2,89)	(2,04)
II. Unterbringung			
1. Nettoerwerb durch Inländer	13,51	11,65	5,66
darunter: Kreditinstitute c)	(4,52)	(3,26)	(1,49)
Private Haushalte	(5,36)	(4,51)	(2,88)
2. Nettoerwerb bzw. Veräußerung (−) durch Ausländer	− 0,14	+ 0,07	− 0,13
III. Gesamte Marktbeanspruchung	13,37	11,72	5,53

a) Bruttoabsatz zu Kurswerten abzüglich Tilgungen und Rückflüsse. — b) Einschließlich Anleihen der Bundesbahn und Bundespost. — c) Bilanzwerte; nach Ausschaltung der Abschreibungen aufgrund von Wertminderungen im Jahre 1965.

Quelle: Geschäftsbericht der DBB 1967, S. 70.

[128] Siehe Monatsberichte der DBB, Nr. 1/1967, S. 99.

[129] Siehe Geschäftsbericht der DBB 1966, S. 55.

Wertpapiere durch private Haushalte in Höhe von 2,9 Mrd. DM um 1,7 Mrd. DM hinter dem des Vorjahres zurück. Dementsprechend war das Emissionsvolumen der Rentenwerte mit 5,7 Mrd. DM um über die Hälfte geringer als im Vorjahr (11,7 Mrd. DM). Hauptsächlich betroffen von dieser Entwicklung war die öffentliche Hand; nach der Emission öffentlicher Anleihen im Werte von 2,8 Mrd. DM (1965) konnten im Jahr 1966 nur noch Titel im Werte von 0,6 Mrd. DM untergebracht werden. Die Emissionsrendite für festverzinsliche Wertpapiere erreichte im dritten Quartal 1966 mit 8,5 v. H. ihren höchsten Stand, Schuldscheindarlehen konnten sogar nur mit einer bei 10 v. H. liegen „exotischen" Verzinsung[130] placiert werden.

Während also von der monetären Seite her eine Lockerung der Restriktionsmaßnahmen eingeplant werden konnte und mußte, hielt der Zentralbankrat an dem eingeschlagenen Kurs fest, weil die Preisentwicklung immer noch nicht ganz zur Ruhe gekommen und auch in der Haushaltspolitik der öffentlichen Hand eine grundlegende Wende noch nicht sichtbar geworden war. Der Zentralbankrat war der Ansicht, daß die angestrebte Ausgabenreduzierung bei einer zu frühen Lockerung des restriktiven Kurses nicht gelingen würde. Allerdings tolerierte er bewußt die Liquiditätszuflüsse[131], die ab Mitte Mai 1966 aufgrund der wieder aktiv gewordenen Zahlungsbilanz einsetzten. Die damit zum Ausdruck gebrachte „ambivalente Haltung"[132] der Notenbank zur liquiditätspolitischen Lage war schon durch zwei Aufstockungen der beiden Kreditplafonds für die Ausfuhrkredit GmbH im November 1965 und im Juli 1966 angedeutet worden. Jedoch konnten die damit zugestandenen Liquiditätsauflockerungen die liquiditätseinschränkenden Wirkungen der beibehaltenen Restriktionspolitik bei weitem nicht kompensieren[133], auch wenn zum Jahreswechsel 1966/67 auf dem Geld- und Rentenmarkt eine leichte Entspannung zu registrieren war.

Nach einem time lag von fast zwei Jahren hatte die Notenbank ihr Ziel schließlich „erreicht": Die Binnenkonjunktur aber befand sich zu diesem Zeitpunkt aufgrund der finanz- und geldpolitschen Maßnahmen und der dadurch bewirkten Entwicklung auf der Talsohle. Die Erwartungen der Unternehmer waren so pessimistisch geworden — nicht zuletzt aufgrund der dargestellten äußerst ungünstigen Entwicklung der monetären Voraussetzungen —, daß mit der Wende zu einem neuen konjunkturellen Aufschwung ohne deutliche Signale der öffentlichen Hand und der Bundesbank nicht gerechnet werden konnte. Die öffent-

[130] Vgl. Geschäftsbericht der DBB 1966, S. 62.

[131] Vgl. ebenda, S. 5, 37.

[132] Monatsberichte der DBB, Nr. 10/1966, S. 6.

[133] Vgl. Geschäftsbericht der DBB 1966, S. 43.

liche Hand schaffte den erforderlichen Übergang zu einer expansiven Haushaltspolitik jedoch nicht schnell genug; noch war sie zu sehr der traditionellen Lehre vom ausgeglichenen Haushalt verhaftet. Die Bundesbank aber wartete ab, um die bis dahin erzielten Erfolge ihrer Stabilisierungspolitik nicht aufs Spiel zu setzen[134].

---

[134] Vgl. Monatsberichte der DBB, Nr. 10/1966, S. 6; DBB, Auszüge aus Presseartikeln, Nr. 1/1967, S. 8 f.

Zweites Kapitel

Die Umwegsfinanzierung der Eventualhaushalte

I. Die „neue" Finanzpolitik

Die sich aus der oben aufgezeigten Entwicklung ergebende konjunktur- und finanzpolitische Situation um die Jahreswende 1966/1967 bestimmte die überaus schwierige Ausgangslage für die finanzpolitischen Entscheidungen von Bund, Ländern und Gemeinden für das Haushaltsjahr 1967. Vor allem die Finanzpolitik des Bundes hatte das entstandene Dilemma, das sie zum Teil selbst herbeigeführt hatte[1], mit finanzpolitischen Mitteln zu lösen[2].

Der Sachverständigenrat faßte die Aufgaben der Finanzpolitik zur Beseitigung der Rezession folgendermaßen zusammen: Es sind einerseits

— „die Haushaltslücken zu schließen, die wegen der Ausgabenverpflichtungen aufgrund früher beschlossener Gesetze 1967 besonders groß zu werden drohten,

— den Vorstellungen in der Öffentlichkeit zu entsprechen, die die Aufgaben des Staates als exzessiv ansah und nun mehr Sparsamkeit forderte,

— angesichts der beschränkten Deckungsmittel zu prüfen, welche Ausgaben vordringlich waren und welche weniger dringlich gekürzt oder zurückgestellt werden konnten,

andererseits

— angesichts des drohenden Konjunkturrückgangs möglichst schnell und möglichst wirksame expansive Maßnahmen zu ergreifen, ungeachtet dessen, daß dies vorübergehend größere Kassendefizite gebracht oder Haushaltspläne erfordert hätte, in denen von vornherein umfangreiche Kreditaufnahmen einzuplanen gewesen wären"[3].

---

[1] Siehe dazu auch Karl-Bräuer-Institut des Bundes der Steuerzahler: Finanzpolitik und Währungsstabilität, Bad Wörishofen 1969, S. 33 ff.

[2] Zwar stehen die Länder und Gemeinden nahezu vor den gleichen Schwierigkeiten, da sie sich aber an einer anderen Zielsetzung ausrichten als der Bund, werden sie erst viel später und erst durch die Einflußnahme des Bundes antizyklisch aktiv. Ihr finanzpolitisches Verhalten wird deswegen bei den folgenden Überlegungen nur noch am Rande mitverfolgt.

[3] JG des Sachverständigenrates 1967/68, Ziff. 134.

In der Polarität dieser Aufgaben werden zugleich zwei unterschiedliche theoretische Auffassungen über die Aufgaben der Haushaltspolitik sichtbar, die hier im Widerstreit miteinander stehen: Die ‚traditionelle‘ Haushaltspolitik, die den im Vorjahr eingeschlagenen Kurs beibehalten will und auf den Haushaltsausgleich bedacht ist, und die ‚moderne‘ Haushaltspolitik mit einem antizyklisch wirkenden Budget, das u. a. auch von einem durch Schuldaufnahme finanzierten Haushaltsdefizit gekennzeichnet sein kann.

Mit dieser in der finanzwissenschaftlichen Literatur weitgehend gelösten Frage der „fiscal policy“[4] wurden nun die (Konjunktur)Politiker konfrontiert[5]. Sie mußten sich auf eine Haushaltspolitik einrichten, „die primär die Ziele der Konjunkturstabilisierung und des Wirtschaftswachstums anstrebt und vom Haushaltsausgleich abweicht, wenn dieser mit jenen allgemeinen wirtschaftspolitischen Zielen nicht vereinbar erscheint.“[6] Zunächst behielten die Vertreter der genannten ersten Auffassung die Oberhand; erst nach zweimaliger Regierungsumbildung gelang es der Großen Koalition unter Bundeskanzler K. G. Kiesinger mit seinen Ministern F. J. Strauß (Finanzen) und K. Schiller (Wirtschaft), ein antizyklisches Konzept durchzusetzen. Es ist der Beginn der „neuen Finanzpolitik“, die mit den Begriffen „deficit spending“, „easy money policy“ und „debt management“ gekennzeichnet werden kann.[7]

1. „Deficit spending“ und antizyklische Finanzpolitik

Die von der Finanzpolitik einzuleitenden Maßnahmen werden meist mit dem Schlagwort des „deficit spending“ umschrieben. „Gemeint ist damit, daß die Ausgaben quantitativ über die (laufenden) Einnahmen hinausgehen, so daß ein Defizit entsteht, das durch Geldschöpfung oder Schuldaufnahme überbrückt wird; erst dies ermöglicht das ‚Spending‘, die öffentlichen Ausgaben mit ihren Wirkungen auf die konjunkturelle Situation[8].“ Es ist hier also zu unterscheiden zwischen

[4] Siehe dazu *Neumark*, F.: Wo steht die ‚Fiscal Policy‘ heute?, in: Wirtschafts- und Finanzprobleme des Interventionsstaates, Tübingen 1961, S. 216 ff.; ders.: Grundsätze und Arten der Haushaltsführung und Finanzbedarfsdeckung, in: HdF, 1. Bd., 2. Aufl., Tübingen 1952, S. 636 ff.; *Schmölders*, G.: Finanzpolitik, 3. Aufl., Berlin, Heidelberg, New York 1970, S. 462 ff.; *Haller*, H.: Finanzpolitik, 4. Aufl., Tübingen, Zürich 1968, S.156 ff.

[5] Vgl. dazu u. a. *Neumark*, F.: Fiskalpolitik und Wachstumsschwankungen, 2. Aufl., Wiesbaden 1969, S. 38 ff.

[6] *Dürr*, E.: Prozeßpolitik, in: Kompendium der Volkswirtschaftslehre, Bd. 2, hrsg. v. W. Ehrlicher u. a., Göttingen 1968, S. 237.

[7] Die hier nacheinander aufgeführten Begriffe werden in ihren politisch-praktischen Anwendungen gleichzeitig in Maßnahmen umgesetzt. Dabei auftretende time lags bleiben hier unberücksichtigt. Siehe dazu z. B. *Haller*, H.: Finanzpolitik, a.a.O., S. 298 ff.

[8] *Schmölders*, G.: Finanzpolitik, a.a.O., S. 401.

einem Budgetdefizit, das durch erhöhte Ausgaben[9] zur Wiederherstellung des gesamtwirtschaftlichen Gleichgewichts bewußt in Kauf genommen wird, und dem zur Deckung dieses Defizits erforderlichen Mittelbedarf, der durch die Verschuldung des Staates beschafft wird.

Ein solches konjunkturbedingtes Defizit im Haushaltsplan ist nach den gesetzlichen Bestimmungen grundsätzlich möglich[10]. Zwar schreibt Art. 110 II S. 2 GG a. F. vor[11], daß der Haushaltsplan jährlich „in Einnahme und Ausgabe auszugleichen (ist)". Jedoch hat diese Vorschrift vornehmlich formale Bedeutung; sie besagt nämlich, daß im Haushaltsplan nur solche Ausgaben eingesetzt werden dürfen, für die eine voraussichtlich realisierbare Deckung vorhanden ist[12]. Damit ist zugleich gesagt, daß die Aufnahme von Krediten zu den „regulären" Deckungsmitteln zu rechnen ist, soweit dabei die entsprechenden Vorschriften nach Art. 115 GG[13] beachtet werden. Haushaltsrechtliche Bedenken bestanden also für ein solches „deficit spending" nicht.

2. „Easy money policy" zur Erleichterung der Finanzierung

Ebenso wichtig wie das konjunkturgerechte „spending" — daß nämlich die gewünschten Multiplikator- und Akzeleratoreffekte erzielt werden[14] — ist die konjunkturgerechte Finanzierung der Mittel, die für eben diese zusätzlichen Ausgaben benötigt werden[15]. Es ist also darauf zu achten, daß durch die Kreditaufnahme solche Liquiditäts- und Zinswirkungen vermieden werden, die sich negativ auf die private Investitionsbereitschaft auswirken könnten.

---

[9] Möglich wäre auch eine Steuersenkung bei gleichbleibendem Ausgabenvolumen. Aber abgesehen davon, daß mit dem „spending" stärker die Ausgabenseite des Budgets betont wird, ist eine Veränderung der Ausgaben elastischer zu handhaben als der Einsatz steuerpolitischer Maßnahmen, bei denen die davon ausgehenden Wirkungen schwerer abzuschätzen sind. Siehe dazu *Haller*, H.: Finanzpolitik, a.a.O., S. 177 f.; *Neumark*, F.: Grundsätze und Arten ..., a.a.O., S. 627 f.

[10] Vgl. auch Finanzbericht 1961, S. 92 (Möglichkeiten und Grenzen antizyklischer Finanzpolitik).

[11] An dieser Bestimmung ist auch nach der Haushaltsrechtsreform festgehalten worden, vgl. Art. 110 I, S. 2 GG n. F. — Zwanzigstes Gesetz zur Änderung des Grundgesetzes v. 12. 5. 1969 (BGBl. I, S. 357). Siehe dazu auch *Dreißig*, W.: Probleme des Haushaltsausgleichs, in: Probleme der Haushalts- und Finanzplanung, hrsg. v. H. Haller, Schriften des Vereins für Socialpolitik, N. F. Bd. 52, Berlin 1969, S. 9 ff., S. 35 f.; Wissenschaftlicher Beirat beim Bundesministerium der Finanzen: Stellungnahme zur Hauhaltsrechtsreform, in: Schriftenreihe des Bundesministeriums der Finanzen, H.11, Bonn (1969), S. 15 f.

[12] Vgl. *Piduch*, E. A.: Bundeshaushaltsrecht, Stuttgart, Berlin, Köln, Mainz 1971, Anm. 110, RN 24, 50, 53.

[13] Siehe unten 2. Kap. III.

[14] Vgl. *Haller*, H.: Finanzpolitik, a.a.O., S. 77.

[15] Vgl. *Neumark*, F.: Grundsätze und Arten ..., a.a.O., S. 635.

Für die oben erwähnte Geldschöpfung bzw. Verschuldung sind folgende Finanzierungswege denkbar: Bei einer Verschuldung des Bundes im Ausland würde Liquidität aus dem Ausland über eine Geldschöpfung der Bundesbank, mit deren Hilfe die durch die Verschuldung hereingenommenen Devisen angekauft werden, Eingang in den binnenwirtschaftlichen Geldkreislauf finden. Liquiditätsentzugseffekte im Inland sind damit nicht verbunden. Jedoch dürfte bei dieser Finanzierung neben den dabei auftretenden zahlungsbilanzpolitischen Problemen und zahlreichen anderen ungelösten Fragen die Schwierigkeit vor allem darin liegen, das erforderlich hohe Schuldvolumen in kürzester Zeit auf den internationalen, bisher noch nicht beanspruchten Kreditmärkten unterzubringen. Deswegen dürfte dieser Weg für die Defizitfinanzierung ausscheiden. — Geldschöpfung läge auch bei einer zweiten Finanzierungsweise vor, bei der wiederum keine Entzugseffekte zu verzeichnen wären, nämlich bei einer Direktverschuldung des Bundes bei der Bundesbank. Von diesem leichten Finanzierungsverfahren hat der Gesetzgeber abgesehen, weil er eine mißbräuchliche Inanspruchnahme des Notenbankkredites durch die politischen Entscheidungsträger befürchtete[16]. Der Bund kann sich nur zur Überbrückung kurzfristiger Liquiditätsschwierigkeiten im Rahmen des Plafonds für Kassenkredite nach § 20 BBkG bei der Notenbank verschulden. Eine konjunkturbedingte Defizitfinanzierung ist also gesetzlich ausgeschlossen[17]. — Als dritte Finanzierungsquelle käme eine Verschuldung des Bundes bei den privaten Haushalten in Betracht. Jedoch ist in diesem Fall (von der Auflösung von Horten kann abgesehen werden) die Unterbringung des erforderlichen Schuldvolumens in Frage zu stellen. Zum einen reicht aus verschiedenen Gründen, die hier nicht diskutiert werden sollen, die Ergiebigkeit dieses (Teil)Marktes nicht aus; zum anderen würden bei dieser vornehmlich langfristigen Kreditaufnahme der privaten Kreditnachfrage Mittel entzogen[18]. — Infolgedessen kommen als potentielle Gläubiger nur noch institutionelle Anleger — und hier hauptsächlich die Banken — in Frage. Da die Kreditinstitute eine zu geringe (stagnierende oder gar rückläufige) Kreditnachfrage ausweisen, nehmen sie öffentliche Titel zur Stärkung ihrer Erträge gern ins Portefeuille. Allerdings bevorzugen sie dabei die kurzfristigen, bei der Bundesbank jederzeit refinanzierbaren Geldmarktpapiere, um sich gegen den Liquiditätsentzug abzusichern, der aus der bei der Kreditgewährung vorgenommenen Giralgeldschöpfung erwachsen kann, und

[16] Siehe unten 3.Kap., I.

[17] Siehe ergänzend *Gaude*, B.: Die Mechanismen der Zentralbankgeldschöpfung und ihre Kontrollierbarkeit durch die Zentralbank. Untersuchungen über das Spar-, Giro- und Kreditwesen, hrsg. v. F. Voigt, Bd. 43, Berlin 1969, S. 77 ff.

[18] Vgl. auch *Irmler*, H.: Möglichkeiten und Grenzen der öffentlichen Verschuldung, in: ZfgK, H. 22/1967, S. 1028.

um für die später wieder einsetzende (primäre) Kreditvergabe an Private liquiditätsmäßig gerüstet zu sein.

Damit aber das erforderliche Kreditvolumen auch tasächlich von den Instituten gezeichnet und eine eventuelle Erhöhung des Zinsniveaus auf dem Geldmarkt mit negativen Auswirkungen auf die private Kreditnachfrage vermieden wird, ist diese Finanzierung auf eine liquiditäts- und zinsmäßige Unterstützung der Bundesbank angewiesen[19]. Das heißt, die Bundesbank muß mit einer Politik des leichten Geldes versuchen, den Kreditmarkt — und dabei insbesondere den Geldmarkt — aufzulockern. Eine solche „easy money policy" kann die Bundesbank in der hier gegebenen Rezession mit ihrer Aufgabe, „die Währung zu sichern" (§ 3 BBkG), nicht nur vereinbaren, vielmehr ist sie nach § 12 BBkG sogar verpflichtet, „die allgemeine Wirtschaftspolitik der Bundesregierung zu unterstützen"[20]. Der Erfolg ihrer Politik hängt nun von verschiedenen Faktoren ab, auf die sich die Notenbank bei ihren Maßnahmen einzustellen hat. Zum einen handelt es sich dabei um die vom Markt gesetzten, direkt nicht beeinflußbaren Daten (wie zum Beispiel das Zinsniveau im Ausland), denen sowohl die Banken als auch die Bundesbank unterworfen sind, und zum zweiten um das Anlageverhalten der Kreditinstitute, die auf die Daten des Marktes und die notenbankpolitischen Maßnahmen mit sog. Ausgleichsoperationen reagieren[21].

3. Zusätzliche Aufgaben für die Schuldenpolitik

Erst nach dieser Verflüssigung des Marktes kann das Schuldenreferat[22] im Bundesfinanzministerium in Zusammenhang mit der Bundesbank daran gehen, die Maßnahmen des „debt management" zu ergreifen, „die darauf gerichtet sind, die im Rahmen der öffentlichen Schuldenpolitik — im Einklang mit den jeweiligen finanzwirtschaftlichen und gesamtwirtschaftlichen Erfordernissen — festgelegte öffentliche Schuldenhöhe und Schuldenstruktur zu verwirklichen und gegebenen-

---

[19] Vgl. *Ehrlicher*, W.: Die Geld-, Finanz- und Lohnpolitik im volkswirtschaftlichen Systemzusammenhang, in: Geld- und Bankpolitik, hrsg. v. E. Dürr, Köln, Berlin 1969, S. 72; *Haller*, H.: Finanzpolitik, a.a.O., S. 300 f.

[20] Siehe dazu auch *Neumark*, F.: Grundsätze und Arten ..., a.a.O., S. 666 ff.; *v. Spindler*, J., *Becker*, W., *Starke*, O. E.: Die Deutsche Bundesbank, a.a.O., S. 227 ff. und ergänzend *Möller*, A.: Kommentar zum Gesetz zur Förderung der Stabilität und des Wachstums der Wirtschaft, 2. Aufl., Hannover 1969, Anm. zu § 13 RN 6.

[21] Siehe dazu Monatsberichte der DBB, Nr. 7/1970, S. 28 ff. (Erläuterungen zur Liquiditätsanalyse der Bundesbank).

[22] Das Schuldenreferat ist nicht zu verwechseln mit der Bundesschuldenverwaltung, die rein verwaltungstechnische Funktionen zu erfüllen hat. Siehe dazu *Fleischle*, G.: Im Dienste der Schuldnermoral, in: Der Volkswirt, Nr. 48/1967, S. 2693 f.

falls auch kurzfristig und flexibel zu verändern"[23]. Erst „nachdem" die erforderlichen Mittel beschafft worden sind und dadurch die durch das „spending" aufgerissene Haushaltslücke geschlossen ist, können auch die Nebenziele dieser Schuldaufnahme eine angemessene Berücksichtigung finden. Bei der Realisierung des fiskalischen Ziels der Einnahmeerzielung soll natürlich darauf geachtet werden, daß die Mittel so zinsgünstig wie möglich eingekauft werden, um den Haushalt möglichst wenig mit dieser Ausgabenart zu belasten. Mit der Erfüllung dieses fiskalischen (Unter)Zieles wird zugleich ein nichtfiskalisches Ziel der Schuldenpolitik tangiert: Die von der Schuldaufnahme ausgehenden liquiditäts- und zinspolitischen Wirkungen werden darauf ausgerichtet, die private Kreditnachfrage nicht durch solche für eine „easy money policy" unerwünschten Auflockerungshemmnisse zu stören. Schließlich hat der Zins in Verbindung mit der Zusammensetzung der Gläubiger auch verteilungspolitische Bedeutung.

Während aber beim „deficit spending" die konjunkturbedingte Ausgabentätigkeit mit der Einleitung des konjunkturellen Aufschwungs beendet werden kann — wenn von den Folgekosten einmal abgesehen wird —, sind die Aufgaben für die Schuldenpolitik mit der Finanzierung des Defizits noch nicht abgeschlossen. Die Schuldenstrukturpolitik (bei gegebenem Schuldvolumen) hat sich während der Laufzeit der Titel mit den von ihnen ausgehenden Wirkungen zu befassen und bei Fälligkeit die Frage der Tilgung bzw. Umschuldung zu beantworten. Auch hier sind wiederum die erwähnten fiskalischen und nichtfiskalischen Ziele zu verfolgen[24].

---

[23] Finanzbericht 1969, S. 244 (Staatliches Debt Management im Ausland). Siehe dazu auch die abweichenden Definitionen: ebenda, S. 129, S. 133 und die Kritik dazu bei *Koch*, W. A. S.: Debt management bei wachsender Staatsschuld I, in: ZfgK, H. 10/1971, S. 398 ff.; ferner *Ullmann*, K.: „Debt management" und Schuldenpolitik des Bundes, in: ZfgK, H. 22/1968, S. 1057 ff.; Seminar für Finanzwissenschaft der Universität Köln: Einige Probleme staatlicher Schuldenpolitik, in: Jahrbuch der Universität zu Köln 1969, Köln 1969, S. 165 f.; *Willms*, M.: Der Einsatz der Staatsschuld als geldpolitisches Instrument, in: Kredit und Kapital, H. 4/1968, S. 405 ff.; *Gaude*, B.: Die Mechanismen der Zentralbankgeldschöpfung ..., a.a.O., S. 184 ff.

[24] Siehe dazu *Hansmeyer*, K.-H., *Mackscheidt*, K.: Die fiskalische Komponente einer Politik des Debt Management, in: Kredit und Kapital, H. 3/1970, S. 241 ff.; *Hansmeyer*, K.-H.: Die optimale Schuldenstruktur bei gegebenem Schuldenstand, in: Probleme der Staatsverschuldung, Schriften des Vereins für Socialpolitik, N. F. Bd. 61, hrsg. v. H. Haller, W. Albers, Berlin 1972, S. 19 ff.; *Musgrave*, R. A.: Theorie der öffentlichen Schuld, in: HdF, 3. Bd., 2. Aufl., Tübingen 1958, S. 92 ff.; *Hügle*, B.: Debt management und Geldpolitik, Diss. Freiburg 1966.

II. Die Ermittlung des Verschuldungsvolumens

Als Kernstück der „neuen Finanzpolitik“ werden von den Politikern die beiden im Laufe des Jahres 1967 aufgestellten „Eventualhaushalte“ herausgestellt, womit sie das „deficit spending“ umschreiben wollen[25]. Dabei ist diese Bezeichnung von ihrer wörtlichen Bedeutung her irreführend[26], weil darunter ein Schubladenprogramm verstanden werden kann, das vorsorglich für eine eventuell später einmal entstehende Krisensituation geplant wird. Hier aber war die konjunkturelle Krise bereits Wirklichkeit, d. h. die sog. Eventualhaushalte waren von vornherein ergänzender Bestandteil der normalen Haushaltsplanung. Aus diesem Grunde scheint es zweckmäßig zu sein, im folgenden von dem Begriff des „Konjunkturprogramms“ oder „Konjunkturhaushalts“ auszugehen[27]. Diese beiden Konjunkturprogramme veränderten — einmal als Ergänzungshaushalt und zum anderen als Nachtragshaushalt — die Haushaltsplanung des sog. Kernhaushalts 1967 grundlegend. Dafür mußten dementsprechend zusätzliche Mittel bereitgestellt werden.

1. Zahlreiche Revisionen bei der Haushaltsplanung des Bundes[28]

a) Schwierige Konsolidierung des Bundeshaushalts

Nach einer Kabinettsentscheidung der Regierung Erhard wurde das Haushaltsvolumen des Bundes für das Jahr 1967 auf 73,9 Mrd. DM begrenzt. Gegenüber dem Sollansatz von 1966 stiegen also die Ausgaben um 5,0 Mrd. DM (7,2 v. H.), was dem zu dieser Zeit noch erwarteten Anstieg des nominalen Bruttosozialprodukts von 7,2 v. H. entsprach. Am 26. August 1966 legte Finanzminister R. Dahlgrün seinen Haushaltsentwurf auf administrativer Basis vor, der mit den vorgegebenen 73,9 Mrd. abschloß (Übersicht 2, I). Mehranforderungen in Höhe von 5,4 Mrd. DM waren durch Kabinettsbeschluß (2,4 Mrd. DM) und durch das Finanzplanungsgesetz[29] (3,0 Mrd. DM), das besser ‚Haushaltsausgleichsgesetz‘ hätte heißen müssen, gestrichen oder durch die Übertragung auf andere Aufgabenträger aus dem Etat herausgenommen worden. So wurden den Rentenversicherungsträgern erneut Schuld-

[25] Siehe auch *Schmölders*, G.: Finanzpolitik, a.a.O., S. 281 f.

[26] Vgl. *Dahlgrün*, H. G.: Gegenwartsprobleme der deutschen Notenbankpolitik, in: DBB, Auszüge aus Presseartikeln, Nr. 14/1967, S. 6.

[27] Siehe zu ähnlich lautenden Bezeichnungen *Brodowsky*, R.: Der Eventualhaushalt als Instrument der Stabilisierungspolitik, Kölner Diplomarbeit 1968/1969, S. 1 ff.

[28] Vgl. dazu Institut Finanzen und Steuern: Der Bundeshaushalt, H. 15/Bd. 16, a.a.O., S. 11 ff.; Verhandlungen des Deutschen Bundestages, 5. Wahlperiode, Bd. 64, Bonn 1967, S. 5739 B ff.

[29] Erstes Gesetz zur Überleitung der Haushaltswirtschaft des Bundes in eine mehrjährige Finanzplanung (Finanzplanungsgesetz) v. 23. 12. 1966 (BGBl. I, S. 697).

buchforderungen (1,250 Mrd. DM) statt der sonst üblichen Barzuschüsse zugeteilt. Bei den Einnahmen ging der Finanzminister von den Ergebnissen der Steuerschätzung vom 28. April 1966 aus (Übersicht 3). In Verbindung mit dem Abbau verschiedener Steuervergünstigungen durch das (erste) Steueränderungsgesetz 1966[30] erwartete er Steuereinnahmen von 68,94 Mrd. DM und plante eine Schuldaufnahme von 0,54 Mrd. DM ein.

Übersicht 2

Entwicklung der Etatansätze für das Haushaltsjahr 1967
— in Mrd. DM —

	Gesamteinnahmen	Gesamtausgaben	Deckungslücke
1. Entwurf Regierung Erhard vom 2./7. 11. 1966 .... (I)	73,919	73,919	—
davon Kredite	(0,540)		
dazu			
2. Ergänzungshaushalt Regierung Kiesinger vom 14. 12. 1966 Mehranforderungen			
— Steuermindereinnahmen	./. 1,090		./. 1,090
— Devisenausgleich		+ 1,300	./. 1,300
— Sonstige Mehrausgaben		+ 0,620	./. 0,620
			./. 3,010
Deckung			
— Ausgabenkürzungen		./. 0,560	+ 0,560
— Steuererhöhungen	+ 1,950		+ 1,950
— Verschuldung	+ 0,500		+ 0,500
(II)	75,279	75,279	+ 3,010
davon Kredite	(1,040)		
dazu			
3. Kabinettsbeschlüsse Regierung Kiesinger vom 19. 1. 1967 Mehranforderungen			
— Steuermindereinnahmen	./. 0,800		./. 0,800
— Neuaufteilung beim Steuerverbund bei der Einkommen- und Körperschaftsteuer	./. 0,980	+ 0,260	./. 1,240
— 1. und 2. Steueränderungsgesetz 1966 (Veränderungen gegenüber Entwurf)	./. 0,615	+ 0,220	./. 0,835

[30] Zweites Gesetz zur Überleitung der Haushaltswirtschaft des Bundes in eine mehrjährige Finanzplanung (Steueränderungsgesetz) v. 23. 12. 1966 (BGBl. I, S. 702).

Übersicht 2 (Fortsetzung)

	Gesamt-einnahmen	Gesamt-ausgaben	Deckungs-lücke
— Mehrausgaben		+ 0,495	./. 0,495
— Finanzplanungsgesetz 1966 (Veränderungen gegenüber Entwurf)		+ 0,307	./. 0,307
			./. 3,677
Deckung			
— Ausgabenkürzungen		./. 2,531	+ 2,531
— Steuererhöhungen	+ 0,880		+ 0,880
— Sonstige Mehreinnahmen (Post)	+ 0,025		+ 0,025
— Verschuldung	+ 0,241		+ 0,241
(III)	74,030	74,030	+ 3,677
davon Kredite	(1,281)		
dazu			
4. Kreditfinanzierungsgesetz (1. Konjunkturprogramm) vom 11. 4. 1967			
Mehranforderungen			
— Investitionsausgaben		+ 2,500	./. 2,500
Deckung			
— Verschuldung	+ 2,500		+ 2,500
(IV)	76,530	76,530	—
davon Kredite	(3,781)		
dazu			
5. Haushaltsgesetz vom 4. 7. 1967 (V)	77,014	77,014	
davon Kredite	(8,053)		
dazu			
6. Nachtragshaushalt 1967 (2. Konjunkturprogramm) vom 8. 9. 1967			
Mehranforderungen			
— Investitionsausgaben		+ 1,450	./. 1,450
Deckung			
— Verschuldung	+ 1,450		+ 1,450
Endgültiger Bedarf (VI)	78,464	78,464	—
*davon Kredite*a)	(9,503)		

a) Darin ist die Zuteilung von Schuldbuchforderungen an die Rentenversicherungsträger in Höhe von 1,450 Mrd. DM noch nicht enthalten.

Quelle: BTag-Drucksachen V/1000, V/1235, V/1800, V/2070; Bulletin, Nr. 8 / 26. 1. 1967, S. 57 ff.; Kreditfinanzierungsgesetz 1967, BGBl. I, 11. 4. 1967, S. 401 f. (dazu BTag-Drucksache V/1436); Bundeshaushaltsplan für das Rechnungsjahr 1967, Vorlage der Bundesregierung über das Zweite Programm für besondere konjunktur- und strukturpolitische Maßnahmen 1967/68; Institut Finanzen und Steuern: Der Bundeshaushalt, H. 15/ Bd. 16, a.a.O., S. 11 ff.

Aber schon vor der ersten Lesung des Haushaltsplanes im Parlament erwiesen sich diese Ansätze als zu optimistisch; sie basierten auf den zunächst noch günstigen konjunkturellen Entwicklungen zum Jahresbeginn 1966 und zum Teil auf falschen Voraussetzungen, die der Bundesrat in seiner Ablehnung des Entwurfs nachwies, indem er eine Deckungslücke von 4,0 Mrd. DM aufzeigte[31].

Zur Abdeckung dieser Finanzierungslücke beschloß das Kabinett aufgrund „neuer Tatsachen" am 26. Oktober 1966, einen Ergänzungshaushalt vorzulegen, Steuervergünstigungen abzubauen und einige Verbrauchsteuern zu erhöhen. Nach dem am nächsten Tag erfolgten Austritt der FDP-Minister aus der Regierung Erhard brachte nun der im Rumpfkabinett Erhard mit der Geschäftsführung des Finanzministeriums beauftragte Wirtschaftsminister K. Schmücker am 7. November 1966 den von R. Dahlgrün vorbereiteten Etatentwurf im Bundestag ein. Den vorgesehenen Ergänzungshaushalt konnte er zunächst nur in groben Zügen darstellen, da der Entwurf erst am gleichen Tag dem Bundesrat zugestellt wurde.

Bevor noch dieser Ergänzungshaushalt auch dem Bundestag vorgelegt werden konnte, trat die Minderheitsregierung Erhard am 1. Dezember 1966 zurück. Unter der neuen Regierung Kiesinger setzte Finanzminister F. J. Strauß die bisherige Politik mit dem traditionellen Streben nach einem Haushaltsausgleich fort[32]: In dem von ihm nunmehr eingebrachten Ergänzungshaushalt wurden Ausgaben gekürzt und Steuererhöhungen[33] eingeplant, um die aufgrund der im Oktober 1966 vorgenommenen Überprüfung der Steuerschätzung erwarteten Steuermindereinnahmen und zusätzlichen Ausgaben für den Devisenausgleich abdecken zu können[34]. Der Gesamtetat erhöhte sich auf 75,3 Mrd. DM (Übersicht 2, II). Zur Finanzierung war nun eine Schuldaufnahme von 1,04 Mrd. DM vorgesehen. Auch dieser Entwurf wurde vom Bundesrat abgelehnt[35]; denn immer noch ging der Bund bei seinen Steuereinnahmen von dem bisherigen Beteiligungsverhältnis bei der Einkommen- und Körperschaftsteuer aus, für das aber aufgrund der gesetzlichen Bestimmungen für das Jahr 1967 eine Neuverteilung des Verbundaufkommens vorgesehen war[36].

---

[31] Vgl. BTag-Drucksache V/1000, S. 111 f.

[32] So werden für die vorläufige Haushaltsführung einschränkende Richtlinien erlassen, vgl. JG des Sachverständigenrates 1967/68, Ziff. 149. Die Beschränkungen werden erst am 12. 4. 1967 aufgehoben; vgl. Bulletin, Nr. 38/14. 4. 1967, S. 320.

[33] Siebtes Gesetz zur Änderung des Tabaksteuergesetzes (Zweites Steueränderungsgesetz 1966) v. 28. 12. 1966 (BGBl. I, S. 747).

[34] Vgl. Verhandlungen des Deutschen Bundestages, 5. Wahlperiode, Bd. 62, Bonn 1966, S. 3307 B ff.

[35] Vgl. BTag-Drucksache V/1235, S. 40.

[36] Vgl. dazu BTag-Drucksache V/1066, S. 3 ff.

Übersicht 3

Steuerschätzungen für den Bundeshaushaltsplan 1967

— in Mrd. DM —

1. Schätzung vom 28. 4. 1966		
Steuersoll 1966	63,700	
Mehreinnahmen durch erwarteten BSP-Zuwachs v. 7,0 v. H.	+ 4,700	
1. Steueränderungsgesetz 1966 (u. a. Abbau von Steuervergünstigungen u. Erhöhung der Mineralölsteuer)	+ 0,540	
2. Berichtigung vom Oktober 1966 nach dem Ergänzungshaushalt vom 14. 12. 1966		
Mindereinnahmen durch verminderten BSP-Zuwachs auf 6,3 v. H.	./. 1,090	
2. Steueränderungsgesetz 1966 (Erhöhung der Tabaksteuer)	+ 1,950	69,800
3. Berichtigung durch Kabinettsbeschlüsse vom 19. 1. 1967		
Mindereinnahmen durch verminderten BSP-zuwachs auf 5,0 v. H.	./. 0,800	
1. und 2. Steueränderungsgesetz 1966 (Verminderung gegenüber Entwurf)	./. 0,615	
Neuverteilung des Verbundaufkommens aus der Einkommen- und Körperschaftsteuer zwischen Bund und Ländern	./. 0,980	
1. Steueränderungsgesetz 1967, z. T. einmalige Mehreinnahmen (Verkürzung der Zahlungsfristen bei Verbrauchsteuern und Zöllen)	+ 0,880	68,285
4. Schätzung vom 25. 4. 1967[a]		
Mindereinnahmen (globaler Ansatz)	./. 3,780	64,505
5. Sollansatz im Haushaltsplan vom 4. 7. 1967		64,505
6. Istergebnis 1967		63,118
7. Weitere Mindereinnahmen folglich[b]		1,387

a) Vgl. Verhandlungen des Deutschen Bundestages, 5. Wahlperiode, Bd. 64, a.a.O., S. 5685 A. — b) Aufgrund weiterer, z. T. im Sollansatz nicht enthaltener Fehler.

Quelle: Finanzbericht 1967, S. 21; Finanzbericht 1968, S. 61; Institut Finanzen und Steuern: Der Bundeshaushalt, H. 15/Bd. 17, Bonn 1968, S. 30; Statistisches Bundesamt Wiesbaden, Fachserie L: Finanzen und Steuern, R. 1, Öffentliche Finanzwirtschaft 1967, S. 29.

Am 21. Dezember 1966 wurde diese Streitfrage zwischen Bund und Ländern durch einen Kompromiß gelöst; er regelte für die Jahre 1967 und 1968, daß der Bund mit 37 v. H. und die Länder mit 63 v. H. am Aufkommen der Einkommen- und Körperschaftsteuer beteiligt werden und daß die finanzschwachen Länder zum Ausgleich für ihre Kompromißbereitschaft Zuweisungen in Höhe von 0,26 Mrd. DM erhalten[37]. Diese Regelung hatte in Verbindung mit den von den Entwürfen beim Finanzplanungsgesetz und den beiden Steueränderungsgesetzen 1966 abweichenden Beschlüssen des Bundestages und den nochmals revidierten Steuerschätzungen aufgrund der weiter abgeschwächten Wirtschaftsentwicklung eine neuerliche Revision des Etatentwurfs zur Folge.

Nach Korrekturen durch Kabinettsbeschlüsse vom 19. Januar 1967[38] in Höhe von 3,7 Mrd. DM wurde damit das Haushaltsvolumen auf 74,03 Mrd. DM (Übersicht 2, III) zurückgeschraubt. Noch einmal wurde der Haushaltsausgleich auf konventionelle Weise[39] durch die Erhöhung der Steuereinnahmen[40] und die Kürzung von Ausgaben versucht. Nachdem ungedeckte Lücken im Haushaltsplan von insgesamt 10,7 Mrd. DM während der Haushaltsberatungen abgedeckt werden konnten[41], war ein allerdings auf schwachen Füßen stehender Haushaltsausgleich erreicht. Auch wenn damit eine grundsätzliche Kursänderung zu einer antizyklischen Haushaltspolitik noch nicht eingeschlagen wurde, so waren doch die vom Sachverständigenrat angeführten Aufgaben der Finanzpolitik bis auf die Einleitung expansiver Maßnahmen im wesentlichen erfüllt. Zugleich wurde dadurch die finanzpolitische Ausgangsbasis gewonnen, welche die Bundesbank zur Änderung ihrer bis dahin eingehaltenen restriktiven Geldpolitik veranlaßte.

b) Zwei antizyklische Konjunkturprogramme

Ebenfalls am 19. Januar beschloß das Kabinett, den schon in der Regierungserklärung vom 13. Dezember 1966 angekündigten „Eventualhaushalt“ als Ergänzungshaushalt endlich vorzulegen. Die Regierung leitete so nach der Sanierung des sog. Kernhaushalts die Wende zu einer antizyklischen Haushaltspolitik ein. Mit diesem ersten Konjunkturprogramm sollen zusätzliche Mittel in Höhe von 2,5 Mrd. DM für öffentliche Investitionen verwendet werden[42]. Um unmittelbare Anstoß-

---

[37] Siehe Bulletin, Nr. 161/23. 12. 1966, S.1302, Zweites Gesetz über das Beteiligungsverhältnis an der Einkommen- und Körperschaftsteuer v. 9. 3. 1967 (BGBl. I, S. 265).

[38] Die Beschlüsse wurden nicht mit einer eigenen Gesetzesvorlage eingebracht, sondern wurden in das Haushaltsgesetz eingebaut. Vgl. die Verhandlungen des Deutschen Bundestages, 5. Wahlperiode, Bd. 64, a.a.O., S. 5744 B; BTag-Drucksache V/1800.

[39] Vgl. Bulletin, Nr. 20/24. 2. 1967, S. 156.

[40] Gesetz zur Änderung von Verbrauchsteuergesetzen, des Gesetzes über das Branntweinmonopol und des Zollgesetzes (1. Steueränderungsgesetz 1967) v. 29. 3. 1967 (BGBl. I, S. 385).

[41] Vgl. Bulletin, Nr. 12/8. 2. 1967, S. 93.

[42] Vgl. BTag-Drucksache V/3630, S. 9 f.

effekte zu erzielen, wurde vorweg ein Sofortprogramm in Höhe von 850 Mill. DM zu Investitionszwecken bei der Bundesbahn, der Bundespost, für den Straßenbau und in der Landwirtschaft abgewickelt. Die Aufträge dazu wurden am 17. Februar 1967 vergeben, das gesamte Programm war bereits Mitte April 1967 in Aufträge umgesetzt; also nahezu gleichzeitig mit der Verabschiedung des Programms durch das Parlament. Parallel zu diesen Maßnahmen wurden zur Belebung der privaten Investitionsnachfrage für eine befristete Zeit steuerliche Sonderabschreibungen eingeräumt[43]. — Mit dem Eventualhaushalt erreichte das Haushaltsvolumen einen Betrag von 76,53 Mrd. DM (Übersicht 2, IV); für Kredite waren nun schon — da das Programm in voller Höhe durch zusätzliche Verschuldung finanziert werden soll — 3,8 Mrd. DM eingeplant. Auf dieser Grundlage wurde der Etatentwurf nach der zweiten und dritten Lesung am 14. Juni 1967 vom Bundestag verabschiedet. Nach einigen abändernden Beschlüssen des Parlaments wies der Haushaltsplan, bestehend aus dem Kernhaushalt und dem ersten Konjunkturprogramm, ein Ausgabenvolumen von 77,01 Mrd. DM auf (Übersicht 2, V). Beachtenswert ist dabei, daß die Steuerschätzung nach nochmaliger Überprüfung der Voraussetzungen wegen der in der „Talsohle" befindlichen Binnenkonjunktur noch einmal um 4,3 Mrd. DM nach unten korrigiert werden mußte. Dieser Betrag wurde vom ordentlichen Haushalt in den außerordentlichen umgebucht. Außerdem erhöhte man die Zuweisungen an die Rentenversicherungsträger in Form von Schuldbuchforderungen um 200 Mill. DM auf 1,45 Mrd. DM. Ohne diese Schuldbuchforderungen belief sich das nunmehr eingeplante Kreditvolumen auf 8,05 Mrd. DM.

Die in diesem Betrag zum Ausdruck kommende neue Richtung in der zu praktizierenden Haushalts- und Finanzpolitik sprach eine klare Sprache: Die Zielsetzung hatte einen neuen Schwerpunkt erhalten; öffentliche Investitionen wurden mit Schulden finanziert, um die Binnenkonjunktur wieder anzuregen. Jedoch erzielte das erste Konjunkturprogramm nicht die gewünschten Wirkungen[44]. Zwar gelang es, den konjunkturellen Abschwung zu bremsen, nicht aber den Aufschwung einzuleiten. Neben der allzu schleppenden Auftragsvergabe und dem zu geringen Investitionsvolumen des ersten Konjunkturprogramms war das unter anderem wohl auch auf die Haushaltspolitik der Länder und Gemeinden zurückzuführen: Gebunden an ihre auf einen Haushaltsausgleich gerichtete Politik schränkten sie ihre In-

---

[43] Erste Verordnung über steuerliche Konjunkturmaßnahmen v. 10. 2. 1967 (BGBl. I, S. 190); vgl. auch BTag-Drucksache V/1341, S. 3.

[44] Vgl. Monatsberichte der DBB, Nr. 7/1967, S. 3 f.; Institut Finanzen und Steuern: Die mittelfristige Finanzplanung des Bundes, Brief 95, Bonn 1967, S. 9 ff.; Bulletin, Nr. 96/8. 9. 1967, S. 818 ff.

vestitionen noch stärker ein als im Vorjahr[45]. Deswegen beschloß das Bundeskabinett am 4./6. Juni 1967, ein zweites Konjunkturprogramm mit besonders strukturpolitisch ausgerichteten Investitionsprojekten aufzustellen[46], um der Wirtschaft zusätzliche Impulse zu geben und die Länder und Gemeinden ebenfalls auf einen antizyklischen Kurs zu bringen. Auf der Grundlage des zwischenzeitlich verabschiedeten Gesetzes zur Förderung der Stabilität und des Wachstums der Wirtschaft[47] wurde dieses Programm am 8. September 1967 vom Bundestag nach einer dazu einberufenen Sondersitzung als Nachtragshaushalt verabschiedet. Von dem vorgesehenen Ausgabenvolumen in Höhe von 5,3 Mrd. DM übernahm der Bund 1,45 Mrd. DM und zusätzlich Bindungsermächtigungen in Höhe von 0,8 Mrd. DM. Weitere 2,0 Mrd. DM zeichneten die Länder und je 0,5 Mrd. DM die Gemeinden und das ERP-Sondervermögen[48]. Finanziert werden sollten diese Investitionsausgaben allein durch zusätzliche Verschuldung der genannten Gebietskörperschaften und des Sondervermögens.

Übersicht 4

Ausgaben des ersten Konjunkturprogramms

— in Mill. DM —

Empfänger und Verwendung der Investitionsmittel		
(1)	Deutsche Bundesbahn	750
(2)	Bundesfernstraßenbau	534
(3)	Deutsche Bundespost	485
(4)	Wohnungsbau für Bundeswehrangehörige	200
(5)	Landeskulturbau	200
(6)	Sozialer Wohnungsbau	150
(7)	Wissenschaft und Forschung	73
(8)	Bundeswasserstraßenbau	50
(9)	Entwicklung der elektronischen Datenverarbeitung	20
(10)	Bau von Studentenheimen	20
(11)	Hochbaumaßnahmen des Bundes	18
Gesamtvolumen		2 500

Quelle: Kreditfinanzierungsgesetz 1967 (BGBl. I, 11. 4. 1967, S. 401 f.).

[45] Vgl. JG des Sachverständigenrates 1967/68, Ziff. 138; Sondergutachten des Sachverständigenrates März 1967, Ziff. 3.

[46] Siehe BTag-Drucksache V/3630, S. 19 ff.

[47] Siehe insbesondere § 8 I StabG.

[48] Siehe BTag-Drucksache V/2088.

Übersicht 5

Ausgaben des zweiten Konjunkturprogramms

— in Mill. DM —

Art und Umfang der Beteiligung		
I. *Bundesausgaben*		
(1) Investitionsmaßnahmen (zusätzlicher Investitionshaushalt)	850	
(2) Darlehen für den Wohnungsbau	200	
(3) Zinszuschüsse für den Wohnungsbau	100	
(4) Zinsgünstige Darlehen für Bundesunternehmen	300	1 450
(5) Bindungsermächtigungen für weitere Investitionsmaßnahmen des Bundes und der Länder	822	822
gesamt		2 272
II. *Länderausgaben*		
(6) Investitionsmaßnahmen, Anteil der Länder zum zusätzlichen Investitionshaushalt — I (1)	430	
(7) Mitfinanzierung der Länder bei der Wohnungsbaufinanzierung — I (2), (3)	360	
(8) Mitfinanzierung für weitere Investitionsmaßnahmen des Bundes und der Länder — I (5)	226	
(9) Zusätzliche Investitionen im Gemeindebereich — III (10)	1 000	2 016
gesamt		2 016
III. *Gemeindeausgaben*		
(10) Anteil an den Investitionen im Gemeindebereich — II (9)	500	500
gesamt		500
IV. *Ausgaben des ERP-Sondervermögens*		
(11) Investitionskredite an Gemeinden	500	500
gesamt		500
V. *Gesamtvolumen*		5 288

Quelle: BTag-Drucksache V/2070, S. III—V.

Für den Bund ergab sich aufgrund dieser neuen Verpflichtungen ein endgültiger Bedarf von 78,46 Mrd. DM (Übersicht 2, VI), der in Höhe von 9,503 Mrd. DM durch Kredite finanziert werden sollte. Gegenüber dem Haushaltssoll des Jahres 1966 von 69,9 Mrd. DM (einschließlich Nachtragshaushalt) wuchs der Haushaltsbedarf um 8,6 Mrd. DM (12,3 v. H.). Diese Zuwachsrate war also nahezu dreimal so groß wie die den Steuerschätzungen zugrunde liegende Annahme eines unter 5 v. H. steigenden Bruttosozialprodukts. Die „Expansion nach Maß“ kommt jedoch nicht nur in der Höhe des Ausgabenanstiegs gegenüber dem Vorjahr zum Ausdruck, sondern spiegelt sich vor allem in der veränderten Struktur des Haushalts wider: Einerseits steigen die Ausgaben für Investitionen und Investitionsförderungsmaßnahmen um 3,1 Mrd. DM (27 v. H.)[49], andererseits ist der Anteil der über den außerordentlichen Haushalt zu beschaffenden Fremdmittel zur Deckung des Haushaltsdefizits rund 18mal größer (1 660 v. H.) als bei dem ersten Etatentwurf.

Mit anderen Worten: Der Anteil des außerordentlichen Haushalts am Gesamtbudget steigt von 0,7 v. H. auf 12,1 v. H., weil neben der Finanzierung der zusätzlichen Investitionen das Steuersoll von ursprünglich 68,9 Mrd. DM auf 64,5 Mrd. DM (6,3 v. H.) trotz verschiedener Steuererhöhungen zurückgenommen werden muß (Übersicht 3).

Tabelle 6

Strukturverschiebung zwischen ordentlichem und außerordentlichem Haushaltsplan a) 1967

— Etatansätze in Prozent —

Anteile	I b)	II	III	IV	V	VI
ordentl. Haushalt	99,3	98,6	98,3	95,1	89,5	87,9
außerordentl. Haushalt	0,7	1,4	1,7	4,9	10,5	12,1
Gesamt	100,0	100,0	100,0	100,0	100,0	100,0

a) Errechnet nach Übersicht 2. — b) Die Ziffern machen die Entwicklung der Haushaltsplanung nach Übersicht 2 kenntlich.

2. Hohe Verschuldung der öffentlichen Hand

Diese Zahlenangaben über eine „bedenkenlose" zusätzliche Verschuldung sollten an dieser Stelle nicht zum Ausgangspunkt einer Verurteilung der öffentlichen Schuldaufnahme gemacht werden, wie das bei der Diskussion der „neuen" Finanzpolitik oftmals der Fall war. Dazu sind unten einige Argumente zu prüfen[50]. Vielmehr soll deutlich gemacht werden, welche Anforderungen man ursprünglich an die Kreditmärkte der Aufnahmefähigkeit entsprechend stellen wollte und welche nach dem Kurswechsel in der Finanzpolitik nunmehr an die Märkte herangetragen wurden.

Dabei ist dem Verschuldungsvolumen des Bundes noch der Mittelbedarf der anderen Gebietskörperschaften und des ERP-Sondervermögens

[49] Vgl. Finanzbericht 1969, S. 270 (Istwerte).
[50] Siehe 2. Kap., V. 2.

wegen der eigenen Finanzierungsbeiträge zum zweiten Konjunkturprogramm hinzuzurechnen[51], wobei Länder und Gemeinden obendrein wie der Bund Steuermindereinnahmen mittels weiterer Verschuldung wettzumachen hatten. Auch wenn hier eine genaue Abgrenzung wie beim Bund im einzelnen nicht vorgenommen werden kann, so ist dennoch das *zusätzliche* situationsbedingte Finanzierungsvolumen, das zur Behebung der konjunkturellen Krise vom Geld- und Kapitalmarkt zu verkraften war, im Überschlag wie folgt zu ermitteln:

a) Das Verschuldungsvolumen des Bundes

Die geplante Kreditaufnahme des Bundes belief sich einschließlich der Zuteilung der Schuldbuchforderungen an die Rentenversicherungsträger in Höhe von 1,45 Mrd. DM, die einer Verschuldung bei einem speziellen Kreditgeber des Kapitalmarktes gleichgesetzt werden kann, auf 10,953 Mrd. DM. Tatsächlich aber verschuldete sich der Bund im Jahre 1967 nicht in voller Höhe dieses Betrages: 1,5 Mrd. DM aus dem zweiten Konjunkturprogramm, dessen Auftragsvergabe 1967 zwar schon zu einem großen Teil abgeschlossen wurde — soweit Bundesausgaben betroffen waren —, wurden erst 1968 kassenwirksam[52]. Wenn dieser Betrag von den geplanten 10,9 Mrd. DM abgesetzt wird, nahm der Bund tatsächlich für 0,8 Mrd. DM mehr Kredite als geplant auf, denn die Bruttoverschuldung machte am Jahresende 10,3 Mrd. DM aus. Nehmen wir diesen Betrag als Richtgröße und subtrahieren davon 1,0 Mrd. DM als geplante und von dem Markt auch unter den erschwerten Umständen zu verkraftende Belastung an — wobei von einer Intervention der Bundesbank zugunsten der öffentlichen Schuldaufnahme zunächst einmal abgesehen wird —, so bleibt für die zusätzliche Verschuldung aus konjunkturpolitischen Gründen und zur Finanzierung der Steuermindereinnahmen ein Bruttoschuldvolumen von 9,3 Mrd. DM für das Jahr 1967[53].

b) Das Verschuldungsvolumen der Länder

Die Länder gingen bei ihren Haushaltsplänen von sehr vorsichtigen Schätzungen aus, was zum Teil auf die im Stadium der Haushaltsplanung noch ungeklärte Frage des Steuerverbundes zurückzuführen war, um das im Vorjahr begonnene Bemühen um einen Haushaltsaus-

---

[51] Die durch Dritte im Rahmen des 2. Konjunkturprogramms aufzubringenden Komplementärmittel sollen bei diesen Überlegungen unberücksichtigt bleiben. Vgl. dazu BTag-Drucksache V/3630, S. 21, 77.

[52] Vgl. Finanzbericht 1969, S. 317.

[53] Die Aufnahme von Kassenkrediten braucht bis auf die Finanzierung durch unverzinsliche Schatzanweisungen nicht beachtet zu werden, da sie die Kreditmärkte nicht zusätzlich belasten. Siehe dazu unten 2. Kap., V. 1. c).

gleich weiter fortsetzen zu können. Ihr geplantes Verschuldungsvolumen blieb mit 3,1 Mrd. DM um 0,5 Mrd. DM hinter dem Vorjahresansatz zurück. Da davon ausgegangen werden kann, daß die Länder aufgrund der schlechten Erfahrungen im Jahre 1966 ihre Fremdfinanzierungsmöglichkeiten realistisch eingeschätzt haben, wäre bei den Ländern mit einem zusätzlichen Fremdmittelbedarf von den Planansätzen her nicht zu rechnen. Da ferner das fiskalische Denken und das Festhalten an alten Verschuldungsgrundsätzen trotz des zu dieser Zeit gerade diskutierten Stabilitätsgesetzes bis weit in den Herbst 1967 überwogen[54], kam das zweite Konjunkturprogramm sowohl von der Verausgabungs- als auch von der Finanzierungsseite her für den Haushaltsvollzug 1967 weitgehend zu spät. Der Länderanteil in Höhe von 2,0 Mrd. DM aus dem zweiten Konjunkturprogramm konnte deswegen 1967 die Kreditmärkte liquiditätsmäßig kaum noch belasten. Das ist auch den Zahlen der für das Jahr 1968 geplanten Verschuldung zu entnehmen, die dementsprechend von 3,2 Mrd. DM (1967) auf 5,0 Mrd. DM (1968) stieg. Wenn dennoch die tatsächliche Kreditaufnahme der Länder im Jahr 1967 um 1,34 Mrd. DM höher ausfiel als die geplante, so ist das nicht auf eine bewußt antizyklische Verschuldungspolitik zurückzuführen, sondern auf das Bestreben, die konjunkturbedingten hohen Steuermindereinnahmen, von denen die Länder ebenso betroffen wurden wie der Bund, zu kompensieren[55]. Allerdings muß dieser Betrag dem Jahr 1967 als zusätzlicher Finanzierungsbedarf zugerechnet werden.

c) *Das Verschuldungsvolumen der Gemeinden*

Ebenso wie die Länder verfolgten die Gemeinden während des ganzen Jahres 1967 eine am fiskalischen Denken orientierte Haushaltspolitik. Sie schätzten ihre Fremdfinanzierungsmöglichkeiten mit einem geplanten Betrag von 5,4 Mrd. DM, der um 2,0 Mrd. DM unter dem des Vorjahres lag, noch vorsichtiger ein als die Länder. Dieses Verhalten resultierte aus der Beachtung der vorgegebenen Schuldendienstgrenzen, die teilweise nämlich schon erreicht worden waren oder deren Spielraum sich aufgrund der erwarteten Steuermindereinnahmen verringert hatte. Trotz oder gerade wegen der zu verzeichnenden Steuerausfälle hielten die Gemeinden ihre Planansätze nicht nur ein, sondern blieben sogar noch um 0,7 Mrd. DM darunter. Auch wenn dieser Betrag nicht von ausschlaggebender Bedeutung ist, soll er doch durch eine entsprechende Korrektur bei der zu ermittelnden gesamten zusätzlichen Belastung der Kreditmärkte berücksichtigt werden. — Bezüglich der Abwicklung des zweiten Konjunkturprogramms auf der Gemeindeebene gelten die gleichen Überlegungen wie bei den Ländern, d. h. die den

[54] Siehe JG des Sachverständigenrates 1967/68, Ziff. 160.

[55] Vgl. Monatsberichte der DBB, Nr. 8/1970, S. 16.

Gemeinden übertragene Finanzierung von 0,5 Mrd. DM wurde erst im Jahre 1968 kassenwirksam. Dementsprechend sahen dann auch die Planansätze für das Jahr 1968 eine um 0,5 Mrd. DM auf 5,9 Mrd. DM gegenüber dem Vorjahr gestiegene Verschuldung vor. Infolgedessen kann 1967 eher von einer tendenziellen Entlastung des Geld- und Rentenmarktes durch die Gemeinden als von einer zusätzlichen Belastung gesprochen werden.

d) Das Verschuldungsvolumen des ERP-Sondervermögens

Nach dem ursprünglichen Bewirtschaftungsplan für das ERP-Sondervermögen war eine Schuldaufnahme für das Jahr 1967 nicht eingeplant. Das zweite Konjunkturprogramm beteiligte dann aber das Sondervermögen mit einem Anteil von 0,5 Mrd. DM an den Stabilisierungsbemühungen. Diese Mittel sollten den Gemeinden als Darlehen des Bundes zur Finanzierung von Investitionen zur Verfügung gestellt werden[56]. Dazu verschuldete sich das Sondervermögen 1967 noch mit 0,15 Mrd. DM, während 1968 zusätzliche 0,37 Mrd. DM von den Kreditmärkten aufgenommen wurden[57]. Dieser Betrag erhöhte sich dann noch um weitere 0,25 Mrd. DM, nachdem das Bundeskabinett eine Aufstockung des Programms beschlossen hatte[58].

e) Die gesamte zusätzliche Schuldaufnahme für die Jahre 1967/1968

Faßt man das Ergebnis dieser Überlegungen zusammen[59], so ergibt sich für das Jahr 1967 ein zusätzlicher Fremdfinanzierungsbedarf und damit eine zusätzliche Belastung des Geld- und Rentenmarktes von rund 10,0 Mrd. DM: nämlich 9,3 Mrd. DM für den Bund, 1,3 Mrd. DM für die Länder und 0,2 Mrd. DM durch das ERP-Sondervermögen abzüglich der 0,7 Mrd. DM-Entlastung bei den Gemeinden. In das Jahr 1968 wird schließlich ohne Berücksichtigung der eingeplanten „Normalverschuldung" ein zusätzlicher Kreditbedarf von insgesamt rund 5,6 Mrd. DM übertragen: nämlich für den Bund etwa 2,5 Mrd. DM aus der Abwicklung des zweiten Konjunkturprogramms (1,5 Mrd. DM) und zur

---

[56] Vgl. ERP-Investitionshilfegesetz v. 17. 10. 1967 (BGBl. I, S. 989) nebst Änderungsgesetz v. 24. 7. 1968 (BGBl. I, S. 857); Bulletin, Nr. 144/8. 12. 1967, S. 1216.

[57] Vgl. Monatsberichte der DBB, Nr. 8/1970, S. 16.

[58] Vgl. Bulletin, Nr. 14/2. 2. 1968, S. 106.

[59] Die im JG des Sachverständigenrates 1967/68, Ziff. 158 f., vollzogene Rechnung steht zu den nachfolgenden Überlegungen nicht im Widerspruch, da der Sachverständigenrat die zusätzliche Schuldaufnahme allein für den Bundeshaushalt in Beziehung zu den expansiven Wirkungen der Ausgaben setzt, die Belastungen der Kreditmärkte aber unbeachtet läßt.

Deckung weiterer (geschätzter) Steuermindereinnahmen (1,0 Mrd. DM)[60], da den Steuerschätzungen für das Jahr 1968 zu optimistische Ausgangswerte zugrunde gelegt wurden[61], und für die Länder 2,0 Mrd. DM, die Gemeinden 0,5 Mrd. DM und das ERP-Sondervermögen 0,6 Mrd. DM jeweils zur Erfüllung des zweiten Konjunkturprogramms[62]. Der konjunkturbedingte Steuerausfall kann für die Länder und Gemeinden nicht geschätzt werden.

Tabelle 7

Situationsbedingtes Fremdmittelvolumen von Bund, Ländern, Gemeinden und ERP-Sondervermögen 1967 und 1968

Jahr	Bund (1)	Länder (2)	Gemeinden (3)	ERP-Sonder-vermögen (4)	Summe (5)
	— in Mrd. DM —				
1967	9,3 a)	1,3	−0,7	0,2	10,1
1968	2,5	2,0	0,5	0,6	5,6
Summe	11,8	3,3	−0,2	0,8	15,7

a) Einschließlich der Zuteilung von Schuldbuchforderungen an die Rentenversicherungsträger.

Quelle: Vom Verfasser nach den vorhergehenden Ausführungen zusammengestellt.

Insgesamt muß somit innerhalb von zwei Jahren ein zusätzliches Schuldvolumen von rund 16,0 Mrd. DM zur Durchführung der antizyklischen Finanz- und Haushaltspolitik über den Geld- und Rentenmarkt finanziert werden, wobei der weitaus größere Teil der Belastung im Jahre 1967 vom Markt verkraftet werden mußte. Um den situationsbedingten Mittelbedarf der öffentlichen Hand nicht aus den Augen zu verlieren, sind nur die Primäranforderungen für die Haushaltssanierung und die beiden Konjunkturprogramme erfaßt. Die sich dann aufgrund der Multiplikatorwirkungen ergebende Komplementärfinanzierung privater Investoren mit entsprechenden Sekundäranforderungen bleiben deswegen unberücksichtigt[63].

---

[60] Vgl. Institut Finanzen und Steuern: Der verabschiedete Bundeshaushalt 1968, Bonn 1968, S. 9.

[61] Vgl. Monatsberichte der DBB, Nr. 5/1968, S. 25.

[62] Auch im JG des Sachverständigenrates 1967/1968, Ziff. 174, wird davon ausgegangen, das aus dem 2. Konjunkturprogramm nur noch rund 1,0 Mrd. DM im Jahre 1967 kassenwirksam werden (z. g. T. Bundesausgaben) und der Rest des Programms im Jahre 1968 abgewickelt wird.

[63] So werden beispielsweise der durch das 2. Konjunkturprogramm induzierte Finanzierungsbedarf auf rd. 5,6 Mrd. DM (vgl. BTag-Drucksache

Unbeachtet bleiben ferner die laufenden Tilgungsleistungen (und Zinszahlungen), die während des betrachteten Zeitraumes von der öffentlichen Hand erbracht wurden: Die aus der Schuldentilgung dem Geld- und Rentenmarkt zufließenden Mittel sind nämlich kaum den zusätzlichen Anforderungen zugute gekommen. Die Tilgungsleistungen waren bereits — auch wenn eine Zurechnung in praxi natürlich nicht möglich ist —in die ursprüngliche Planung der „Normalverschuldung" und in die Erwartungen über die Aufnahmefähigkeit des Kreditmarktes einbezogen worden. Die explodierende Neuverschuldung konnte also nicht durch die „normalen" Tilgungsleistungen, die aus dem bis dahin relativ niedrigen Schuldvolumen erwachsen, aufgefangen werden. Darüber hinaus gilt ein weiteres Argument: Die Tilgungsleistungen entsprachen neben dem Volumen auch in ihrem zeitlichen Anfall nicht den erforderlichen Operationen zur Neuverschuldung. Von daher ergab sich zumindest vorübergehend sowohl von der strukturellen Zusammensetzung der Schuldtitel als auch von der zeitlichen Überbrückung eine zusätzliche Belastung für den Kreditmarkt[64].

III. Die unzureichenden gesetzlichen Voraussetzungen für die Defizitfinanzierung

Nach der Konsolidierung des Bundeshaushalts und der Verabschiedung der beiden Konjunkturprogramme waren die oben erwähnten, vom Sachverständigenrat formulierten Anforderungen an die antizyklische Finanzpolitik zum größeren Teil erfüllt. Jedoch reichen das beste Stabilisierungsprogramm und die Planung einer umfangreichen Schuldaufnahme zur Realisierung des „deficit spending" nicht aus, wenn nicht zugleich die Finanzierung der zuständigen Ausgaben hinreichend abgesichert ist. Das betrifft nicht nur die Unterbringung des erforderlichen Verschuldungsvolumen auf den Kreditmärkten, sondern vor allem auch die strukturelle Zusammensetzung dieser zusätzlichen Schuldaufnahme.

Unabhängig von der Situation auf dem Geld- und Rentenmarkt ist das zunächst eine Frage der für die Verschuldung erlassenen gesetzlichen Bestimmungen. Die damals noch gültigen Gesetze beruhten auf der traditionellen, objektbezogenen Einstellung zur öffentlichen Verschul-

V/3630, S. 26) und der des ERP-Programms auf rd. 1,3 Mrd. DM (vgl. Bulletin, Nr. 144/8. 2. 1967, S. 216) geschätzt.

[64] Siehe dazu die bei der Einführung des Haushaltsgrundsätzegesetzes und der Bundeshaushaltsordnung geführte Diskussion über die Nettoveranschlagung der Schuldaufnahme in: BTag-Drucksache V/3040, S. 50, 80 f. und dazu Institut Finanzen und Steuern: Zur Verfassungsmäßigkeit des Bundeshaushaltsentwurfs 1969, Brief 110, Bonn 1968, S. 15 ff.

dung, bei der die Berechtigung zur Kreditaufnahme „aus der Natur des zu finanzierenden Objektes“[65] abgeleitet und bei der in vereinfachter Betrachtung die Verschuldung oftmals in die Nähe der finanziellen Unordnung gerückt wird[66]. Dementsprechend stark waren die Widerstände, die sich gegen die erforderliche zusätzliche hohe Verschuldung regten und die der Sachverständigenrat für die Verzögerung der antizyklischen Politik verantwortlich macht[67], obwohl das Programm der zusätzlichen öffentlichen Ausgaben zumindest von der Zielsetzung her allgemeine Zustimmung fand.

Die in diesem Stadium der konjunkturellen Entwicklung erforderliche moderne, situationsorientierte Schuldaufnahme mit einer entsprechend flexibel reagierenden Schuldenpolitik wurde durch diese Ablehnung erschwert; die Politiker hatten den in der Theorie schon längst ausdiskutierten Übergang von der objekt- zur situationsbezogenen Verschuldung[68] noch nicht nachvollzogen. Die Schuldaufnahme war — mit den Bedingungen des Geld- und Rentenmarktes konfrontiert — infolgedessen gezwungen, sich teilweise von den bestehenden Verschuldungsgrundsätzen zu lösen, um die erforderlichen Fremdmittel in ausreichendem Umfang beschaffen zu können. Nicht zuletzt trug aber dieses Vorgehen zu einer beschleunigten Änderung der Einstellung zur Verschuldung im politischen Bereich bei. Mit der Verabschiedung des Stabilitätsgesetzes fand diese Entwicklung einen ersten Abschluß[69]; später wurde dann der Kurswechsel hin zur situationsorientierten Verschuldung auch in der Neufassung von Art. 115 GG und in den — wenn auch nicht vollkommenen — schuldenpolitischen Regelungen des Haushaltsgrundsätzegesetzes[70] und der Bundeshaushaltsordnung[71] zunächst ein-

---

[65] *Hansmeyer*, K.-H.: Der öffentliche Kredit, 2. Aufl., Frankfurt 1970, S. 61; siehe auch *Albers*, W.: Staatsverschuldung und Geld- und Kreditpolitik, in: Finanzarchiv. N. F. Bd. 21/1961, S. 27.

[66] Siehe dazu JG des Sachverständigenrates 1967/68, Ziff. 518.

[67] „Verantwortlich dafür, daß man sich Anfang 1967 nicht schnell und entschieden zu einem Kurswechsel in der Finanzpolitik durchringen konnte, war neben dem fiskalischen Denken der Regierungen und Parlamente wohl vor allem der Druck der öffentlichen Meinung, die wegen der unsoliden Finanzgebarung vergangener Jahre ... die Selbstbeschränkung der öffentlichen Hand noch zu einem Zeitpunkt forderte, als ein weiterer Konjunkturrückgang nur mit großzügigen expansiven finanzpolitischen Maßnamen hätte vermieden werden können.“ JG des Sachverständigenrates 1967/68, Ziff. 143.

[68] Vgl. *Hansmeyer*, K.-H.: Der öffentliche Kredit, a.a.O., S. 68; *Albers*, W.: Staatsverschuldung ..., a.a.O., S. 35 f.

[69] Von den 33 Paragraphen des Stabilitätsgesetzes beschäftigen sich nicht weniger als 16 mit der öffentlichen Verschuldung

[70] §§ 12, 13, 21 Gesetz über die Grundsätze des Haushaltsrechts des Bundes und der Länder v. 19. 8. 1969 (BGBl. I, S. 1273).

[71] §§ 15, 17 Bundeshaushaltsordnung v. 19. 8. 1969 (BGBl. I, S. 1284).

mal abgeschlossen[72]. Die Bundesregierung aber war bei der Finanzierung ihrer expansiven Maßnahmen teilweise noch an alte Bestimmungen gebunden.

1. Die traditionelle Schuldendeckungsregel nach Art. 115 GG a. F.

Der wichtigste schuldenpolitische Deckungsgrundsatz, der nach den damals gültigen gesetzlichen Bestimmungen einzuhalten war, findet sich in Art. 115 GG a. F.: „Im Wege des Kredits dürfen Geldmittel nur bei außerordentlichem Bedarf und in der Regel nur für werbende Zwecke und nur auf Grund eines Bundesgesetzes beschafft werden." Die hinter dieser Regelung liegende Problematik braucht an dieser Stelle im einzelnen nicht untersucht zu werden; das ist bei der Diskussion der objektbezogenen Deckungsgrundsätze an anderen Stellen vielfach zum Ausdruck gebracht worden[73].

Hier ist einmal von Belang, ob diese Deckungsregel die erforderliche zusätzliche Verschuldung zuließ, und zum anderen, mit welchen Gesetzen und in welcher Form sie dann in Anspruch genommen werden konnte.

F. K. Vialon grenzt den außerordentlichen Bedarf negativ ab, indem er den laufenden, ordentlichen Bedarf mit einem „für die Verwaltung typischen normalen Gebrauchszweck"[74] umschreibt, wodurch infolgedessen alles andere zum „außerordentlichen Bedarf" deklariert wird. Einer Begriffsdefinition ist man damit allerdings noch nicht viel näher gerückt. Die Grenzen verflüchtigen sich indessen noch mehr, „da im Ernstfalle die finanzwirtschaftlichen ‚Tatsachen' die Behandlung des Bedarfs als außerordentlichen stets rechtfertigen werden"[75]. In der oben beschriebenen konjunkturellen Situation mit den großen Finanzierungsschwierigkeiten kann ein solcher Ernstfall als gegeben unterstellt werden; eine weitere Rechtfertigung der zusätzlichen Verschuldung scheint deswegen für diese Voraussetzung der Kreditaufnahme überflüssig zu sein.

---

[72] Siehe dazu *Dreißig*, W.: Zur Neuregelung der Kreditfinanzierung im Haushaltsrechts der BRD, in: Finanzarchiv, N. F. Bd. 29/1970, S. 499 ff.; *Hansmeyer*, K.-H.: Der öffentliche Kredit, a.a.O., S. 68 ff.

[73] Siehe dazu u. a. *Albers*, W.: Staatsverschuldung . . . , a.a.O., S. 25 ff.; *Hansmeyer*, K.-H.: Der öffentliche Kredit, a.a.O., S. 55 f.; *Stucken*, R.: Finanzwissenschaftliche Deckungsgrundsätze, in: Probleme des öffentlichen Budgets, hrsg. v. H. Jecht, Schriften des Vereins für Socialpolitik, N. F. Bd. 31, Berlin 1964, S. 49 ff.; *Zimmermann*, H.: Der letzte „klassische" Deckungsgrundsatz, in: Finanzarchiv, N. F. Bd. 24/1965, S. 70 ff.

[74] *Vialon*, F. K.: Haushaltsrecht, 2. Aufl., Berlin, Frankfurt 1959, S. 236.

[75] Ebenda, S. 236; siehe auch *Stern*, K., *Münch*, P.: Gesetz zur Förderung der Stabilität und des Wachstums der Wirtschaft, Stuttgart, Berlin, Köln Mainz 1967, S. 133; *Schmitt-Rousselle*, R.: Zur Problematik des verfassungsrechtlichen Begriffs „außerordentlicher Bedarf" (Art. 115 GG), in: Der öffentliche Haushalt, Jg. 9/1967/68, S. 31.

Auch die zweite Bedingung, daß nämlich die aufgenommenen Kredite für „werbende Zwecke" bestimmt sein müssen, kann bei einer entsprechenden Interpretation als erfüllt angesehen werden: Durch den Zusatz „in der Regel" ergibt sich durch die damit eingeräumte Ausweichmöglichkeit eine Erweiterung der Verschuldungsbefugnis, bevor überhaupt die „werbenden Zwecke" selbst definiert worden sind. Darunter kann nun nicht nur das nach Rentabilitätskriterien ausgewählte Investitionsobjekt, aus dessen Erträgen der Schuldendienst erbracht werden kann, verstanden werden. Vielmehr dürften dazu auch „Aufwendungen für eine antizyklische Konjunkturpolitik und Mittel zur Beschaffung von Arbeitsplätzen zu rechnen sein"[76]. Die beiden Konjunkturprogramme sind in diesem Sinne zweifellos „werbenden Zwecken" zuzuordnen.

Bei einer sinngemäßen Auslegung dieser beiden Voraussetzungen war eine situationsorientierte Schuldaufnahme des Bundes zunächst einmal nicht ausgeschlossen. Einschränkungen sind aber hinsichtlich der Verschuldungsform anzufügen. Die Diskussion über den objektbezogenen Deckungsgrundsatz richtet sich vor allem auf die Verwendung der Mittel; dabei verliert sie aber die Finanzierungsweise insofern aus den Augen, als aufgrund der Objektbezogenheit eine langfristige Verschuldung als „selbstverständlich" unterstellt wird und deswegen „für Art. 115 der Charakter der Einnahme als Deckungsmittel uninteressant ist"[77]. Dementsprechend wird auch unterschieden zwischen den Finanzschulden für die Finanzierung von Dauerzwecken und Kassenkrediten zur Aufrechterhaltung der Zahlungsbereitschaft[78]. Sind diese Überlegungen richtig, so ist die zusätzliche Verschuldung — solange über ihre Form in den für die Schuldaufnahme erforderlichen Kreditermächtigungen keine Aussagen getroffen werden — zumindest tendenziell erschwert, weil eine kurzfristige Verschuldung ausgeschlossen bleibt und das breite Spektrum der Verschuldungsmöglichkeiten nicht situationsorientiert, d. h. hier der Lage auf dem Geld- und Rentenmarkt angepaßt, ausgenutzt werden kann[79].

---

[76] *Maunz*, T., *Dürig*, G., *Herzog*, R.: Grundgesetz Kommentar, Bd. II, München 1969, Art. 115 GG, RN. 10; vgl. auch *Vialon*, F. K.: Haushaltsrecht, a.a.O., S. 237.

[77] *Vialon*, F. K.: Haushaltsrecht, a.a.O., S. 236.

[78] Vgl. *Vialon*, F. K.: Haushaltsrecht, a.a.O., S. 235; *Schmölders*, G.: Finanzpolitik, a.a.O., S. 394 f.; (kurzfristige) Kassenkredite gelten nicht als Kredite i. S. von Art. 115 GG, siehe dazu *Maunz*, T., *Dürig*, G., *Herzog*, R.: Grundgesetz ..., a.a.O., Art. 115 GG, RN. 9; *Dreißig*, W.: Probleme des Haushaltsausgleichs, a.a.O., S. 12 ff.

[79] Vgl. zu dieser Problematik auch *Albers*, W.: Haushaltsrechtliche Grundlagen und elastische Durchführung einer konjunkturgerechten Finanzpolitik, in: Probleme der Haushalts- und Finanzplanung, a.a.O., S. 81 f., 87 f., der letztlich zu dem gleichen Ergebnis kommt. Siehe ergänzend aber auch *Hansmeyer*, K.-H.: in *Stern*, K., *Münch*, P., *Hansmeyer*, K.-H.: Gesetz zur Förderung der Stabilität und des Wachstums der Wirtschaft, 2. Aufl., Stuttgart, Berlin, Köln, Mainz 1972, Anm. zu § 5 (erscheint demnächst).

Schließlich ist auch die dritte Voraussetzung der Verschuldung, nämlich die Vorlage eines verabschiedeten Bundesgesetzes hinsichtlich des Volumens und der zeitlichen Dauer der Kreditermächtigung sowie hinsichtlich der vorgesehenen Verschuldungsform einer näheren Prüfung zu unterziehen.

2. Unausgenutzte Kreditermächtigungen aus den Haushaltsgesetzen der Vorjahre

Bevor im Jahre 1967 das erste Konjunkturprogramm und der Bundeshaushaltsplan für das Jahr 1967 verabschiedet wurden, konnte der Bund auf die noch gültigen und bis dahin noch nicht ausgeschöpften Kreditermächtigungen aus den Vorjahren zurückgreifen. Da ist zunächst die Regelung nach § 19 I Haushaltsgesetz 1966[80], nach der die für den außerordentlichen Haushalt nicht in Anspruch genommene Kreditermächtigung des Jahres 1965[81] bis zur Verkündung des Haushaltsgesetzes 1967 wirksam blieb. Der Kreditbetrag in Höhe von 2,016 Mrd. DM war bis zum Jahresende 1966 nahezu ausgeschöpft; der verbliebene Restbetrag von knapp 2 Mill. DM ist kaum noch erwähnenswert.

Eine zweite Ermächtigung findet sich in § 28 II Haushaltsgesetz 1966. Danach konnte sich der Bund mit Beginn des neuen Haushaltsjahres bis zur Verkündung des neuen Haushaltsgesetzes bis zur Höhe von 1,0 Mrd. DM verschulden, um Ausgaben des außerordentlichen Haushalts bestreiten zu können. Diese Ermächtigung ist mit dem im neuen Haushaltsgesetz festzulegenden Kreditrahmen zu verrechnen. Der Bund nutzte diese Verschuldungsmöglichkeiten bis zum Inkrafttreten des Haushaltsgesetzes 1967 mit 0,9 Mrd. DM aus[82].

Hinzuweisen ist ferner auf die Kreditermächtigung für Kassenkredite nach § 18 Haushaltsgesetz 1966 in Höhe von 4,5 Mrd. DM, die aber bei dieser Aufstellung unausgenutzter Verschuldungsmöglichkeiten nicht berücksichtigt werden kann: Das ergibt sich einmal aus der ihr zugedachten Funktion; nämlich Liquiditätsschwierigkeiten zu überbrücken, nicht aber Ausgaben des außerordentlichen Haushalts zu finanzieren. Zudem dürfte die Kassenkreditermächtigung nicht über den Zeitraum des betreffenden Haushaltsjahres hinaus gültig sein[83]. Eine zeitliche Be-

---

[80] Gesetz über die Feststellung des Bundeshaushaltsplans für das Rechnungsjahr 1966 v. 22. 6. 1966 (BGBl. II, S. 437).

[81] Gemäß § 22 II Gesetz über die Feststellung des Bundeshaushaltsplanes für das Rechnungsjahr 1965 v. 18. 3. 1965 (BGBl. II, S. 193).

[82] Vgl. Finanzbericht 1969, S. 383.

[83] Nach § 8 a RHO gelten Kreditermächtigungen, die nicht verlängert werden, so lange, wie die Einnahmen aus diesen Ermächtigungen technisch für das Ermächtigungsjahr noch verbucht werden können. Vgl. dazu auch *Vialon*, F. K.: Haushaltsrecht, a.a.O., S. 237, 356.

grenzung der Ermächtigung kommt schließlich auch darin zum Ausdruck, daß Kassenkredite innerhalb von sechs Monaten nach Ablauf des Haushaltsjahres zurückgezahlt sein müssen[84]. Die Befugnis, daß die Kreditermächtigung, soweit die Kredite zurückgezahlt sind, wiederholt in Anspruch genommen werden kann, steht dieser Argumentation nicht entgegen, weil damit nur die Form des Kassenkredits als Kontokorrentkredit umschrieben wird.

Insgesamt verfügte also der Bund bis zur Verabschiedung des Haushaltsgesetzes 1967 noch über einen Kreditrahmen von 1,002 Mrd DM[85]. Es ist offensichtlich, daß diese Ermächtigungen bei weitem nicht ausreichten, um die geplanten zusätzlichen Investitionsausgaben und die sich daraus ergebenden Deckungslücken gesetzlich abzusichern. — Über die Finanzierungsweise ist in den Kreditermächtigungen nichts gesagt. Wird aber unterstellt, daß die verantwortlichen Stellen bei Verabschiedung dieser Ermächtigungen einen solchen Zusammenbruch des Rentenmarktes nicht erwartet hatten und bei der Deckung des außerordentlichen Haushalts von einer *langfristigen* Verschuldung ausgingen, so werden zusätzliche Hindernisse für die Fremdmittelbeschaffung aufgedeckt.

3. Die Kreditermächtigung im Kreditfinanzierungsgesetz[86] zur Finanzierung des ersten Konjunkturprogramms

Angesichts der geschilderten haushaltspolitischen Schwierigkeiten und der Aussicht, den Bundeshaushaltsplan nicht so schnell wie erforderlich den neuen konjunkturellen Entwicklungen anpassen zu können, wurde das erste Konjunkturprogramm als Vorläufer zum sogenannten Kernhaushalt wegen seiner konjunkturpolitischen Dringlichkeit vorweg verabschiedet[87]. Damit sollte die Vorschrift von Art. 115 GG („aufgrund eines Bundesgesetzes") erfüllt werden, um den Weg für die vorgesehene zusätzliche Verschuldung zu ebnen.

---

[84] § 3 RSchO, vgl. auch *Vialon*, F. K.: Haushaltsrecht, a.a.O., S. 237.

[85] Dies gilt unabhängig von der Regelung nach Art. 111 GG, nach der die Bundesregierung im Falle der nicht rechtzeitigen Verabschiedung des Haushaltsgesetzes die zur Aufrechterhaltung der Wirtschaftsführung erforderlichen Mittel bis zur Höhe eines Viertels der Endsumme des abgelaufenen Haushaltsjahres im Wege des Kredits flüssig machen kann. Ein Gesetz nach Art. 115 GG, § 8 a RHO ist dazu nicht erforderlich. Vgl. auch *Vialon*, F. K.: Haushaltsrecht, a.a.O., S. 358.

[86] Gesetz über die Aufnahme und Bereitstellung von Krediten ..., a.a.O.

[87] Der von der Bundesregierung ausgearbeitete Gesetzentwurf wurde am 16. 2. 1967 auf dem Initiativweg von den Regierungsparteien im Bundestag eingebracht, um das Gesetzgebungsverfahren zu verkürzen. Die Vorlage (BTag-Drucksache V/1436) war bereits nach einer Woche, am 23. 2. 1967, als Gesetz vom Bundestag verabschiedet.

In dem Kreditfinanzierungsgesetz, das ursprünglich Kreditermächtigungsgesetz heißen sollte, ist von der Schuldaufnahme nur an einer Stelle die Rede. Nach § 1 des Gesetzes wurde der Bundesfinanzminister ermächtigt, „Geldmittel im Wege des Kredits zu beschaffen, deren Höhe den Betrag von 2 500 000 000 Deutsche Mark nicht überschreiten darf“. Über die Art der Schuldaufnahme wird dort nichts gesagt. Auch in den Begründungen zu der Gesetzesvorlage werden zu dieser Frage keine Aussagen gemacht. Verfolgt man aber die Diskussionen des Bundestages zu diesem Gesetz, so werden die Finanzierungsüberlegungen allerdings klar: Die Bundesregierung und das Parlament verließen sich auf die Zusage der Bundesbank, daß nämlich die Mittel durch die Unterbringung von kurz- und mittelfristigen Papieren auf dem Geldmarkt aufgebracht werden könnten[88]. So wurde erstmalig durch die extensive Auslegung von Art. 115 GG a. F. mit beträchtlichem Volumen auch die Finanzierungsweise des objektbezogenen Deckungsgrundsatzes situationsbezogen interpretiert. Zugleich ist das Kreditfinanzierungsgesetz ein Vorreiter zu § 6 III StabG; der Entwurf zum Stabilitätsgesetz befand sich aber zu diesem Zeitpunkt noch in der parlamentarischen Beratung.

4. Die Kreditermächtigungen im Haushaltsgesetz 1967[89]

a) Hohe Kreditermächtigungen für den außerordentlichen Haushalt

Das erst am 14. Juni 1967 verabschiedete Haushaltsgesetz ermächtigte den Bund, die zur Haushaltssanierung und Konjunkturstabilisierung erforderlichen Kredite, deren Volumen oben abgeleitet worden ist, aufzunehmen. § 19 II Haushaltsgesetz 1967 nennt den gesamten Kreditbedarf in Höhe von 8,053 Mrd. DM, der für Zwecke des außerordentlichen Haushalts auf dem Wege des Kredits beschafft werden soll. Die nach § 28 II Haushaltsgesetz 1966 ausgesprochene vorläufige Ermächtigung wird ebenso wie der vorgezogene Verschuldungsrahmen von § 1 Kreditfinanzierungsgesetz auf diesen Betrag angerechnet. Dieses Verschuldungsvolumen wurde bis zum Jahresende 1967 mit 7,7 Mrd. DM nahezu ausgeschöpft[90].

---

[88] „Gleichzeitig m u ß (Sperrung v. Verf.) ... die Bundesbank im Rahmen ihrer Möglichkeiten den Geschäftsbanken Liquiditätshilfe leisten. Ob dies nun durch eine von der Bundesbank tolerierte stärkere Erhöhung der Deviseneinnahmen oder durch eine weitere Senkung der Mindestreserven geschieht, ... Wir vertrauen hier ... auf die sachgerechte Handhabung durch die unabhängige Notenbank.“ Verhandlungen des Deutschen Bundestages, 5. Wahlperiode, Bd. 63, Bonn 1967, S. 4191 B.

[89] Gesetz über die Feststellung des Haushaltplans für das Rechnungsjahr 1967 v. 4. 7. 1967 (BGBl. II, S. 1961).

[90] Vgl. Finanzbericht 1969, S. 383.

Übersicht 6

Verfügbare Kreditermächtigungen des Bundes in den Rechnungsjahren 1967 und 1968

	Kreditrahmen	bis zum Jahresende in Anspruch genommen
	— in DM —	
I. *Kreditermächtigungen 1967*		
1. § 19 I HHG 1966 in Verbindung mit § 22 II HHG 1965	Restbetrag 1965	1 811 042,—
2. 19 I HHG 1967 in Verbindung mit § 19 II HHG 1966, § 2 II Nachtrags-HHG 1966	Restbetrag 1966	882 620 000,—
3. § 28 II HHG 1966	1 000 000 000,—	900 000 000,—
4. § 1 Kreditfinanzierungsgesetz	2 500 000 000,—	2 500 000 000,—
5. § 19 II HHG 1967	8 053 224 700,—	7 701 980 000,— a)
6. § 29 I HHG 1967	1 450 000 000,—	1 450 000 000,—
7. § 6 III StabG	1 450 000 000,—	—
8. § 18 HHG 1967	7 000 000 000,—	3 222 300 000,—
II. *Kreditermächtigungen 1968*		
1. § 19 I HHG 1967	Restbetrag 1966	14 780 000,—
2. § 19 I HHG 1968 in Verbindung mit § 19 II HHG 1967	Restbetrag 1967	351 244 700,—
3. § 19 II HHG 1968 in Verbindung mit § 28 II HHG 1967	1 000 000 000,—	999 500 000,—
4. § 19 II HHG 1968	8 145 207 600,—	7 190 730 300,— b)
5. § 6 III StabG	1 450 000 000,—	1 450 000 000,—
6. § 18 HHG 1968	7 000 000 000,—	2 629 700 000,—

a) Darin sind die Ermächtigungen nach I. 3., 4. enthalten. — b) Darin ist die Ermächtigung nach II. 3. enthalten.

Quelle: Finanzbericht 1968, S. 361 f.; 1969, S. 383 f.; 1970, S. 250 f.

Darüber hinaus wurde gemäß § 19 I Haushaltsgesetz 1967 die im Jahr 1966 nicht ausgenutzte Kreditermächtigung nachträglich bis zur Verkündung des Haushaltsgesetzes 1968 für übertragbar erklärt. Da der Kreditrahmen in Höhe von insgesamt 1,436 Mrd. DM nach § 19 II Haushaltsgesetz 1966 und § 2 II Nachtragshaushaltsgesetz 1966[91] im Jahr 1966 nur in Höhe von 0,539 Mrd. DM in Anspruch genommen worden war[92], konnte 1967 der Betrag in Höhe von 0,897 Mrd. DM noch zusätz-

[91] Gesetz über die Feststellung eines Nachtrags zum Bundeshaushaltsplan für das Rechnungsjahr 1966 v. 23. 12. 1966 (BGBl. II, S. 1579).

[92] Vgl. Finanzbericht 1968, S.362.

lich aufgenommen werden. Das geschah auch bis auf einen Restbetrag von 15 Mill. DM[93].

Wie im Haushaltsgesetz 1966 wurde auch im Haushaltsgesetz 1967 wieder für das nächste Haushaltsjahr eine vorläufige Kreditermächtigung ausgesprochen, die nach § 28 II Haushaltsgesetz 1967 bis zur Verkündung des neuen Haushaltsgesetzes bis zur Höhe von 1,0 Mrd. DM in Anspruch genommen werden konnte. Tatsächlich wurde sie gänzlich ausgenutzt, obwohl das Parlament das Haushaltsgesetz 1968[94] mit den neuen Kreditermächtigungen bereits im April verabschiedet hatte.

Zu diesen allgemeinen Kreditermächtigungen werden darüber hinaus keine weiteren Angaben zu ihrer Finanzierung gemacht[95]. Auch hier ist wiederum auf die Haushaltsdebatten im Bundestag zu verweisen: Die Lösung dieser Fragen wurde vertrauensvoll der Bundesbank überlassen[96].

b) „Übernahme" von Schuldbuchforderungen durch die Rentenversicherungsträger

Eine weitere Kreditermächtigung findet sich in § 29 I Haushaltsgesetz 1967: Danach wurde der Bundesfinanzminister ermächtigt, den Rentenversicherungsträgern der Arbeiter und Angestellten statt der Barzuschüsse Schuldbuchforderungen gegen den Bund zuzuteilen. Zwar ist diese „Stundung des Bundeszuschusses" als Beitrag zur Haushaltsentlastung[97] kaum noch neu[98], wohl aber das in dieser konjunkturellen Situation praktizierte, unter dem Druck der Deckungslücken stehende Verschuldungsverfahren. Ursprünglich war nach Art. 4 Finanzplanungsgesetz vom 23. Dezember 1966[99] vorgesehen, daß der Finanzminister nach einer *Vereinbarung* mit den Rentenversicherungsträgern diese Schuldbuchforderungen, die unter marktüblichen Bedingungen zu ver-

---

[93] Vgl. Finanzbericht 1969, S. 383.

[94] Gesetz über die Feststellung des Bundeshaushaltsplans für das Rechnungsjahr 1968 v. 3. 5. 1968 (BGBl. II, S. 345).

[95] Das Institut Finanzen und Steuern: Zur Verabschiedung des Bundeshaushalts 1967, Brief 90, Bonn 1967, S. 4, errechnete, daß von dem genannten Schuldvolumen in Höhe von 8 053 Mill. DM 1 281 Mill. DM langfristig und 6 722 Mill. DM kurz- und mittelfristig finanziert werden sollen.

[96] Vgl. Verhandlungen des Deutschen Bundestages, 5. Wahlperiode, Bd. 64, a.a.O., S. 5685 D.

[97] Vgl. BTag-Drucksache V/1067, S. 12.

[98] Immerhin beträgt die Bundesverschuldung in Form der Schuldbuchforderungen bei den Rentenversicherungsträgern und der Arbeitslosenversicherung am Jahresanfang einschließlich der geplanten Zuteilungen für das Jahr 1967 rund. 6,3 Mrd. DM. Siehe dazu insbesondere *Brock*, B.: Das Spiel mit den Schuldbuchforderungen, in: Der Steuerzahler, Nr. 1/1967, S. 5; Karl-Bräuer-Institut des Bundes der Steuerzahler: Finanzpolitik und Währungsstabilität, a.a.O., S. 36 f.

[99] BGBl. I, S. 697.

zinsen sind, aber nur im Einvernehmen mit dem Finanzminister veräußert werden dürfen, in Höhe von 1,25 Mrd. DM zuweisen konnte.

Die hinter diesem Verfahren liegenden Probleme wurden bei der zweiten und dritten Lesung des Bundeshaushaltsplanes 1967 im Bundestag aufgedeckt, als nämlich aufgrund der Empfehlungen des Haushaltsausschusses diese Regelung in das Haushaltsgesetz übernommen und obendrein noch statt einer beabsichtigten Kürzung des Bundeszuschusses um 0,2 Mrd. DM die Zuteilung der Schuldbuchforderungen auf insgesamt 1,45 Mrd. DM erhöht wurde.

Bei der Bundestagsdebatte stellte sich nämlich heraus, daß die Vereinbarung, die der Finanzminister nach der ursprünglichen gesetzlichen Regelung mit den Rentenversicherungsträgern herbeiführen sollte, nicht zustande gekommen war[100]. Aufgrund ihrer schwieriger werdenden Liquiditätslage (infolge der konjunkturellen Abschwächung, einer steigenden Zahl von Rentnern und der Kürzung des Bundeszuschusses) lehnten die Rentenversicherungen die Zuteilung der Schuldbuchforderungen ab. Der Bundesfinanzminister sah sich deswegen zu einer *zwangsweisen* Übertragung veranlaßt[101]. In § 29 I Haushaltsgesetz 1967 steht dementsprechend: „Der Bundesminister der Finanzen wird ermächtigt, ... von den Bundeszuschüssen ... einen Teilbetrag ... in der Weise zu entrichten, daß er Schuldbuchforderungen gegen den Bund zuteilt." Von einer Vereinbarung ist da nicht mehr die Rede.

Damit war die Finanzierung dieses Teilbetrages durch die Zuteilung einer Zwangsanleihe „gesichert". Zwar hatte man auf diese Weise eine direkte Inanspruchnahme des Rentenmarktes vermieden. Jedoch zwang die dadurch verursachte starke indirekte Belastung des Marktes die Bundesbank zum Eingreifen, worauf weiter unten noch näher einzugehen sein wird[102].

c) *Erhöhte Ermächtigung für Kassenkredite*

Unabhängig von den genannten Bestimmungen ist die Kreditermächtigung für die Kassenkredite — wegen möglicher Verbindungen zu den Finanzierungsschwierigkeiten im außerordentlichen Haushalt — zu betrachten, bei der sich abweichend von den bisherigen Regelungen zwei wesentliche Veränderungen ergeben, die einmal das Volumen der Kreditermächtigung und zum anderen die Laufzeit der Kassenkredite betreffen.

---

[100] Vgl. BTag-Drucksache *zu* V/1800, S. 4.

[101] Vgl. Verhandlungen des Deutschen Bundestages, 5. Wahlperiode, Bd. 64, a.a.O., S. 5538 A, S. 5560 A.

[102] Siehe 2. Kap., IV, 4. d).

Während im ersten Entwurf des Haushaltsplans[103] noch ein Plafond von 4,5 Mrd. DM für Kassenkredite[104] vorgesehen war, wurde nach den Beratungen des Haushaltsausschusses bei der zweiten Lesung des Haushaltsplanes für eine Erhöhung dieses Betrages auf 7,0 Mrd. DM plädiert. Die Begründung dazu lautete wie folgt: Der Kassenkreditplafond sei seit 1958 nicht mehr verändert worden. Während aber damals der Höchstbetrag von 4,5 Mrd. DM bei einem Haushaltsvolumen von rund 40,0 Mrd. DM durchaus ausreichend gewesen sei, könnten die Liquiditätsschwankungen bei einem nunmehr verdoppelten Haushaltsvolumen nicht mehr so leicht ausgeglichen werden. Der Bundestagsabgeordnete Windelen machte darüber hinaus auf den aktuellen Hintergrund dieser Veränderung des Plafonds aufmerksam: „Überdies wird die Liquiditätslage des Bundes im jetzigen Zeitpunkt dadurch erschwert, daß auf dem Kreditkonto sozusagen als Bodensatz noch das Haushaltsdefizit des Jahres 1965 mit rund 500 Millionen DM und das Defizit des Jahres 1966 mit rund 1 Milliarde mitgeführt werden muß[105]." Dementsprechend wurde der Plafond in § 18 Haushaltsgesetz 1967 aufgestockt.

Eine zweite Änderung bezieht sich auf die Laufzeit der Kassenkredite. Bisher waren gemäß § 3 II RSchO die zur vorübergehenden Verstärkung der Betriebsmittel gedachten Kassenkredite spätestens sechs Monate nach Ablauf des Rechnungsjahres, für das die Kreditaufnahme zugelassen war, zurückzuzahlen. Nunmehr wurde diese Frist durch das Haushaltsgesetz 1967 auf 24 Monate verlängert mit dem Hinweis, daß auch bis Ende des Rechnungsjahres begebene unverzinsliche Schatzanweisungen zur Finanzierung des laufenden Betriebsmittelbedarfs verwendet werden könnten. Die Verlängerung der Laufzeit wurde lapidar begründet: „Diese Regelung entspricht einem praktischen Bedürfnis[106]." Die Grenzen zwischen den Finanzschulden und dem Kassenkredit waren damit praktisch aufgehoben. So konstatiert denn auch der Finanzbericht die Folgen: Jetzt werden auch die Schatzanweisungen zur Finanzierung von Haushaltsdefiziten herangezogen[107].

5. Der aufgestockte Kreditplafond nach § 20 Abs. 1 BBkG

Schon kurz nach der Verabschiedung des Haushaltsgesetzes mit den neuen Bestimmungen über die Aufnahme von Kassenkrediten und zu-

---

[103] BTag-Drucksache V/1000, S. 9.

[104] Dieser Betrag liegt über dem bis dahin gültigen Plafond nach § 20 I BBkG mit 3,0 Mrd. DM für den Bund, weil Kassenkredite auch mit kurzfristigen Schatzanweisungen über den Geldmarkt finanziert werden können.

[105] Verhandlungen des Deutschen Bundestages, 5. Wahlperiode, Bd. 64, a.a.O., S. 5749 C.

[106] BTag-Drucksache V/1000, S. 9.

[107] Vgl. Finanzbericht 1969, S. 386; siehe auch *Vialon*, F. K.: Haushaltsrecht, a.a.O., S. 358.

gleich *in Verbindung* mit der Vorlage des zweiten Konjunkturprogrammes wurde im Bundestag der Entwurf eines Änderungsgesetzes zum Bundesbankgesetz diskutiert[108]. Er brachte als „notwendige Konsequenz" des im Haushaltsgesetz geänderten Kreditrahmens die Aufstockung des Kreditplafonds nach § 20 I BBkG: Der Plafond für den Bund und die Länder wird verdoppelt, der von der Bundesbahn und der Bundespost wird jeweils um 0,2 Mrd. DM erhöht[109]. Nach der Verabschiedung des Gesetzes[110] lauteten die neuen Höchstbeträge dementsprechend für

den Bund		6,00 Mrd. DM
die Bundesbahn		0,60 Mrd. DM
die Bundespost		0,40 Mrd. DM
den Lastenausgleichsfonds		0,20 Mrd. DM
das ERP-Sondervermögen		0,05 Mrd. DM
die Länder insgesamt	ca.	2,60 Mrd. DM

Der Zeitpunkt der Verabschiedung dieses Gesetzes stand nicht nur in einer engen materiellen Verbindung zu der Neuregelung im Haushaltsgesetz, sondern insbesondere auch zu den Finanzierungsschwierigkeiten der öffentlichen Haushalte und zu den Finanzierungsüberlegungen für das zweite Konjunkturprogramm. „Wer diese zwei Gesetze (das Änderungsgesetz zum Bundesbankgesetz und die Vorlage über das zweite Konjunkturprogramm, der Verf.) ... nicht verabschieden will, der macht konjunkturpolitisch einen Nagel ohne Kopf[111]."

Der Verdacht liegt nahe, daß dieses Gesetz als Instrument der Konjunkturpolitik mißbraucht werden sollte. Wenn nämlich der Kreditplafond für diese Zwecke eingesetzt wird, so ist das nach Ansicht der „Verteidiger des Bundesbankgesetzes" ein erster gefährlicher Schritt, die autonome Stellung der Notenbank zu untergraben und öffentliche Ausgaben mit Hilfe der Geldschöpfung zu finanzieren[112]. Dieses Argu-

---

[108] Vgl. dazu BTag-Drucksache V/2068. Schon 1965 waren aufgrund von Finanzierungsschwierigkeiten Überlegungen zur Erweiterung des Plafonds angestellt worden; siehe dazu *Muthesius*, V.: Hände weg vom Bundesbankgesetz, in: ZfgK, H. 23/1965, S. 1114. Die jetzt erfolgte Neuregelung geht auf einen Wunsch des Bundesrates zurück, der auch eine Dynamisierung des Plafonds vorgeschlagen hatte; vgl. dazu *v. Spindler*, J., *Becker*, W., *Starke*, O. E.: Die Deutsche Bundesbank, a.a.O., S. 357; DBB, Auszüge aus Presseartikeln, Nr. 69/1967, S. 8.

[109] Der Plafond für den Lastenausgleichsfonds und das ERP-Sondervermögen bleibt unverändert.

[110] Gesetz zur Änderung des Gesetzes über die Deutsche Bundesbank v. 23. 11. 1967 (BGBl. I, S. 1157).

[111] Verhandlungen des Deutschen Bundestages, 5. Wahlperiode, Bd. 64, a.a.O., S. 6047 D. Die hier von dem Abgeordneten Schmidt (Hamburg) wohl beabsichtigte Inanspruchnahme des Kassenkreditplafonds zur Finanzierung des 2. Konjunkturprogramms erfolgte entgegen mancher Befürchtung jedoch nicht. Siehe auch 2. Kap. V. 1. c).

[112] Vgl. Verhandlungen des Deutschen Bundestages, 5. Wahlperiode, Bd. 64, a.a.O., S. 6022 C.; *Muthesius*, V.: Schulden ad infinitum, in: ZfgK, H. 8/1967, S. 309 f.; o. V.: Principiis obsta!, in: ZfgK, H. 15/1967, S. 701; *Hahn*, O.: Das

ment versuchte der Gesetzgeber zu entkräften, indem er in seiner Begründung zu dem Gesetzentwurf besonders betonte, daß er eine Änderung der Prinzipien der Bundesbank in keiner Weise beabsichtige: Der Kassenkredit sei auch weiterhin lediglich zum Ausgleich kurzfristiger Liquiditätsschwierigkeiten und nicht zu einem Instrument unkontrollierter Geldschöpfung bestimmt[113]. Ergänzt wurde diese Argumentation durch den schon zur Aufstockung des Kassenkreditrahmens im Haushaltsgesetz gegebenen Hinweis, daß mit der Erhöhung des Plafonds nur eine Anpassung an das zwischenzeitlich stark gestiegene Haushaltsvolumen nachgeholt werde. Schließlich werde der Bundesbank in § 20 I BBkG lediglich die Befugnis eingeräumt, Kassenkredite zu gewähren; die Verwaltung habe also nicht automatisch einen Anspruch auf Einräumung eines Kredits. Die Entscheidung darüber liegt allerdings bei der Bundesbank[114], die auch in der Vergangenheit längst nicht immer bereit war, bei der Genehmigung von Kassenkrediten bis an die Grenze des Möglichen zu gehen.

Aus diesen Überlegungen ergibt sich, daß der Kreditplafond auch nach seiner Aufstockung für eine konjunkturbedingte Defizitfinanzierung nicht eingesetzt werden kann und auch nicht eingesetzt werden soll[115]. Eine Hilfestellung bei der Finanzierung des zweiten Konjunkturprogramms durch den Kreditplafond war damit aber nicht grundsätzlich ausgeschlossen: Für den Bund und insbesondere die Länder, die zum Teil schon wiederholt die Grenzen ihres Plafonds erreicht hatten, bedeutete es sicherlich eine Erleichterung, um die in dieser Zeit mit konjunkturbedingt sinkenden Steuereinnahmen und bei aus konjunkturpolitischen Gründen erhöhten Ausgaben auftretenden Liquiditäts-

---

Instrumentarium der Währungsbank, H. III, Rückersdorf 1970, S. 440. Die Befürworter der Gesetzesänderung wenden dagegen ein, daß es aus psychologischen Gründen zweckmäßig sei, die Erhöhung während einer Konjunkturflaute vorzunehmen, um den optischen Eindruck inflationistischer Wirkungen zu vermeiden.

[113] Vgl. BTag-Drucksache V/2104, S. 1.

[114] Diese Feststellung ist allerdings einzuschränken. „Es bleibt eine offene Frage, ob und inwieweit die Bundesbank durch die Gewährung oder Nichtgewährung von Kassenkrediten ... auf die Haushaltspolitik des Bundes einen praktischen Einfluß nehmen kann. Einen nachweisbar dringend benötigten Kassenkredit ... wird sie im Ernstfall nicht verweigern können. Die Bundesbank liefe sonst Gefahr, eine Gesetzesänderung heraufzubeschwören und dabei ihre Unabhängigkeit zu verlieren, wenn sie der Bundesregierung aus vermeintlich währungspolitischen Gründen einen benötigten Kassenkredit im Rahmen des Plafonds verweigerte, damit die Politik des Bundes durchkreuzte, die vom Parlament bestimmt und gebilligt ist, und die Haushaltsführung der Bundesregierung in eine arge Bedrängnis brächte." *Troeger*, H.: Haushaltspolitik und Notenbank, in: Finanzwissenschaft und Finanzpolitik, Festschrift für Erwin Schoettle, hrsg. v. F. Schäfer, Tübingen 1964, S. 317; vgl. auch *Oberhauser*, A.: Die Zentralbank als Geschäftsbank des Staates, in: Finanzarchiv, N. F. Bd. 28/1969, S. 390 ff.

[115] Vgl. Monatsbericht der DBB, Nr. 7/1967, S. 6.

engpässe bis zur Finanzierung durch zusätzliche Geld- und Rentenmarktkredite überbrücken zu können. — Inwieweit aber der Kassenkreditplafond für die aufgezeigten Zwecke tatsächlich vom Bund in Anspruch genommen wurde, soll unten noch überprüft werden[116].

6. Die Finanzierung des zweiten Konjunkturprogramms nach § 6 Abs. 3 StabG

Deutlicher als beim ersten Konjunkturprogramm sind die gesetzlichen Anweisungen, die bezüglich der Finanzierung des zweiten Konjunkturprogramms gegeben wurden. Es wird festgehalten, daß „für diese Ausgaben (des zweiten Konjunkturprogramms, der Verf.) zusätzliche Deckungsmittel bereitgestellt werden (müssen). Zu diesem Zweck sollen unter Inanspruchnahme der in § 6 Abs. 3 des Gesetzes zur Förderung der Stabilität und des Wachstums der Wirtschaft enthaltenen Kreditermächtigungen zusätzliche mittel- und kurzfristige Kredite aufgenommen werden“[117,118].

§ 6 III, S. 1 StabG, auf den hier Bezug genommen wird, lautet: „Der Bundesminister der Finanzen wird ermächtigt, ... Kredite über die im Haushaltsgesetz erteilten Kreditermächtigungen hinaus bis zur Höhe von fünf Milliarden Deutsche Mark, gegebenenfalls mit Hilfe von Geldmarktpapieren, aufzunehmen.“ Der Bund machte von dieser Ermächtigung Gebrauch, indem er seinen Anteil an dem zweiten Konjunkturprogramm über 1,45 Mrd. DM auf diese Weise gesetzlich absicherte[119]. Abgesehen davon, daß die am zweiten Konjunkturprogramm beteiligten Länder und Gemeinden in diese Ermächtigung nicht mit einbezogen sind, weicht diese Regelung, konjunkturpolitischen Erfordernissen entsprechend, von der zu dieser Zeit noch gültigen Fassung des Art. 115 GG a. F. insoweit ab, als der oben erwähnte Grundsatz einer langfristigen Verschuldung durchbrochen wurde. Nunmehr wird auch eine kurzfristige Verschuldung für Investitionsausgaben, die nach den gesetzlichen Bestimmungen mit den zusätzlichen Mitteln finanziert werden sollen und die den „werbenden Zwecken“ der Deckungsregel entsprechen, zugelassen. — Die Kreditaufnahme soll gegebenenfalls über den Geldmarkt erfolgen, um eine Überbeanspruchung des Rentenmarktes

---

[116] Siehe 2. Kap., V. 1. c).

[117] Bundeshaushaltsplan für das Rechnungsjahr 1967, Vorlage der Bundesregierung über das zweite Programm ..., a.a.O., S. 141.

[118] Auf die Voraussetzungen, die zum Einsatz dieses Instruments erfüllt sein müssen, soll hier nicht eingegangen werden. Siehe dazu *Möller*, A.: Kommentar zum Gesetz ..., a.a.O., S. 129 ff.

[119] In § 19 IV des Gesetzes über die Feststellung des Bundeshaushaltsplans für das Rechnungsjahr 1969 v. 18. 4. 1969 (BGBl. II, S. 793) werden diese Kredite nachträglich auf eine Kreditermächtigung angerechnet, so daß der Plafond von 5,0 Mrd. DM nach § 6 III S. 2 StabG wieder in voller Höhe verfügbar ist.

durch den Bund mit unerwünschten Rückwirkungen auf die Finanzierungsmöglichkeiten der privaten Investoren zu vermeiden, zumal sich die Anleger in Rezessionszeiten in Erwartung eines später steigenden Zinsniveaus mit einer längerfristigen Bindung ihrer Mittel zurückhalten. Bundesregierung und Bundestag vertrauten infolgedessen also auch dieses Mal wieder auf die expansiven Maßnahmen der Bundesbank, die dem Wirtschaftskreislauf für eine Unterbringung der Titel auf dem Geldmarkt die erforderliche Liquidität zur Verfügnung stellen sollte[120].

Um das Bild der Kreditermächtigungen abzurunden, sei noch ein kurzer Blick auf die Kreditermächtigungen des Jahres 1968 geworfen: Zunächst einmal waren die Kreditermächtigungen aus den Jahren 1966 und 1967 bis zur Verkündung des Haushaltsgesetzes 1968 weiterhin gültig. Da dieser Kreditrahmen bis zum Jahresende 1967 bis auf insgesamt 0,366 Mrd. DM ausgeschöpft war, blieb dieser Betrag noch im Jahr 1968 verfügbar. Ferner stand dem Bund nach § 28 II Haushaltsgesetz 1967 wiederum wie im Vorjahr eine vorläufige Kreditermächtigung zur Bestreitung der Ausgaben des außerordentlichen Bedarfs bis zur Verkündung des neuen Haushaltsgesetzes in Höhe von 1,0 Mrd. DM zur Verfügung. Schließlich wurde der Bund in § 19 II Haushaltsgesetz 1968 ermächtigt, Kredite in Höhe von 8,145 Mrd. DM aufzunehmen.

Mit diesen gesetzlichen Kreditermächtigungen ist das Verschuldungsvolumen bei einer großzügigen Interpretation der gesetzlichen Bestimmungen zwar voll abgedeckt, da der Gesetzgeber bei der Festlegung der höchstens zugelassenen Verschuldung weitgehend freie Hand hat[121]. Sie allein bieten aber natürlich — auch wenn die Ermächtigungen, wie dargelegt, in einem zeitlichen Nacheinander erteilt wurden — keine Gewähr dafür, daß die Schuldtitel mit diesem hohen Volumen den Marktverhältnissen angepaßt untergebracht werden können. Die Politiker standen diesem Problem — wie sich bei den Diskussionen im Bundestag gezeigt hat — ziemlich hilflos gegenüber.

IV. Die massive Politik des leichten Geldes

Nachdem die Rezession in ihrem vollem Ausmaß erkannt worden war, wurde — wie oben dargestellt — das Steuer der Haushalts- und Finanzpolitik herumgeworfen, um einen antizyklischen Kurs einzu-

---

120 Vgl. Verhandlungen des Deutschen Bundestages, 5. Wahlperiode, Bd. 64, a.a.O., S. 5686 B, 6040 D.

121 Vgl. dazu auch *Albers*, W.: Haushaltsrechtliche Grundlagen ..., a.a.O., S. 79, 82.

schlagen. Die „Politik der kontrollierten Expansion“ (K. Schiller) war jedoch unter den gegebenen gesetzlichen und vor allem liquiditätspolitischen Möglichkeiten ohne die Unterstützung der Deutschen Bundesbank undenkbar. Das von der Bundesregierung vorgesehene „deficit spending“ setzte eine „easy money policy“ der Notenbank voraus, weil die Direktverschuldung des Bundes bei der Bundesbank für Stabilisierungsziele gesetzlich nicht zugelassen ist und weil der erforderliche hohe Fremdmittelbedarf ohne eine Liquiditätsanreicherung der — in der vorangegangenen Restriktionsperiode stark strapazierten — inländischen Geldquellen, bei denen sich der Bund verschulden muß, nicht beschafft werden konnte.

Diese Kredite waren jedoch nicht nur von ihrem Volumen her außergewöhnlich; sie mußten außerdem noch mit einer besonderen Fälligkeitsstruktur ausgestattet sein. Eine Emission von Anleihen war wegen des noch funktionsunfähigen Rentenmarktes (zunächst einmal) ausgeschlossen. Zudem sollte und konnte das Geldangebot, das noch verfügbar war, nicht den Unternehmen wegkonkurriert werden, die aufgrund der staatlichen „incentives“ zu einer erhöhten Investitionstätigkeit angeregt wurden und dafür natürlich ebenfalls Fremdkapital benötigten. So mußten die Defizite aus dem Kernhaushalt einschließlich der konjunkturbedingten Steuermindereinnahmen und die Investitionen aus den beiden Konjunkturprogrammen (zumindest für den Anfang) kurz- bis mittelfristig anfinanziert werden.

Im Sinne von § 12 BBkG war die Bundesbank bereit, die allgemeine Wirtschaftspolitik der Bundesregierung zu unterstützen und den Geld- und Rentenmarkt für die Unterbringung der erforderlichen Schuldtitel vorzubereiten[122]. Die den jeweiligen Marktverhältnissen angemessene Schuldaufnahme des Bundes setzte allerdings eine Abstimmung zwischen der Bundesregierung als Entscheidungsträger der Haushalts- und Finanzpolitik — hier insbesondere der Schuldenpolitik — und dem Zentralbankrat als Entscheidungsträger der Geldpolitik voraus. „Für eine erfolgreiche Rezessionsbekämpfung müssen Finanz- und Kreditpolitik gleichgerichtet sein, denn weder ist es sicher, daß die Politik des leichten Geldes für sich allein genügen würde, die Nachfrage ausreichend zu stimulieren, noch wäre ein ‚deficit spending‘ der öffentlichen Haushalte ohne entsprechende Kreditpolitik möglich“[123]. Diese Koordinierung mußte sich aus verschiedenen Gründen, auf die nun einzugehen sein wird, erst noch einspielen.

---

[122] Siehe auch die Rede des Präsidenten der Deutschen Bundesbank, K. Blessing, vor dem Bundesverband der Deutschen Industrie am 21. April 1967 in Köln, abgedr. in: DBB, Auszüge aus Presseartikeln, Nr. 30/1967, S. 2.

[123] Geschäftsbericht der DBB 1967, S. 19.

1. Die zögernde Grundhaltung der Bundesbank für eine expansive Geldpolitik

Noch die alte Bundesregierung unter Bundeskanzler L. Erhard war am 18. November 1966 beim Zentralbankrat vorstellig geworden, um eine Lockerung des restriktiven Kurses durchzusetzen; sie blieb ohne Erfolg[124]. Am 13. Dezember 1966 — am gleichen Tag hielt Bundesbankpräsident K. Blessing seinen oben erwähnten Vortrag in Hagen — forderte dann Bundeskanzler K. G. Kiesinger in seiner Regierungserklärung die Bundesbank auf, die neue wirtschaftspolitische Konzeption der Großen Koalition zu unterstützen: „Die Bundesregierung hält nunmehr eine entscheidende Lockerung der Kreditrestriktionen durch die Deutsche Bundesbank für sachlich geboten. Die Bundesregierung würde eine fühlbare Senkung des Diskontsatzes und entsprechende Erleichterungen für den Geld- und Kapitalmarkt begrüßen[125]."

Auf die Ankündigungen der Bundesregierung zur Haushaltssanierung und zur Stabilisierungspolitik wollte sich die Bundesbank, gewarnt durch das bisherige prozyklische Verhalten der öffentlichen Hand, allein jedoch nicht verlassen. Dies bestätigte indirekt Bundeswirtschaftsminister K. Schiller, der dem Deutschen Bundestag am 15. Dezember 1966 von der am gleichen Tage abgehaltenen siebenstündigen Zentralbankratssitzung, an der er teilgenommen hatte, berichtete: „Es hat heute ... keine Lockerung der Kreditrestriktionen gegeben." Die unnachgiebige Haltung des Zentralbankrates veranlaßte ihn, zum Ausdruck zu bringen, „daß wir nicht mehr viel Zeit haben"[126].

Die Gründe für diese zögernde Haltung des Zentralbankrates können wie folgt zusammengefaßt werden:

(1) Nach einem zweijährigen restriktiven geldpolitischen Kurs mußte sich der Zentralbankrat an die grundlegend veränderte Situation erst „gewöhnen". Das ist jedenfalls den Worten des Wirtschaftsministers zu entnehmen, als er noch beeindruckt von der oben erwähnten Zentralbankratssitzung vor dem Bundestag auf die dort vorgetragenen Bedenken gegen eine Lockerung des Restriktionskurses eingeht: „Es gehört zu den normalen Mitteln der modernen Notenbankpolitik, daß sie, ... wenn es notwendig ist, diese Restriktionspolitik beendet und in eine andere Politik übergeht. Ich halte es für völlig falsch, wenn man das auf den so einfachen und gefährlichen Nenner bringt, daß die Auflockerung der Restriktion, die Senkung des Diskontsatzes etwas zu tun hätte mit Kreditschöpfung, Geldentwertung, Unstabilität oder Ähnlichem[127]."

---

[124] Vgl. auch Pressemitteilung der Deutschen Bundesbank vom 18. 11. 1966, abgedr. in: DBB, Auszüge aus Presseartikeln, Nr. 86/1966, S. 1.

[125] Bulletin, Nr. 157/14. 12. 1966, S. 1268.

[126] Bulletin, Nr. 159/20. 12. 1966, S. 1287.

[127] Ebenda.

(2) Auch wenn der Zentralbankrat solche Bedenken nicht vorgetragen haben sollte, mußte er jedoch die Einstellung der Öffentlichkeit zu einem ausgeprägten Kurswechsel ins Kalkül einbeziehen[128]. War es doch der Öffentlichkeit zu diesem Zeitpunkt nur schwer verständlich zu machen, daß „auf einmal" die durch eine zusätzliche Verschuldung finanzierten und aufgestockten öffentlichen Ausgaben das stabilitätspolitische Allheilmittel sein sollten, nachdem gerade noch die Haushaltsgebarung der öffentlichen Hand wegen der zu hohen Ausgaben und der zu starken Verschuldung an den konjunkturpolitischen Pranger gestellt worden war[129].

Der Zentralbankrat mußte also seine autonome Stellung, die von der Bundesregierung „so offensichtlich" unter Druck gesetzt zu sein schien, zumindest nach außen hin behaupten, um auch für die Zukunft die unangetastete Stellung der Deutschen Bundesbank als „Hüterin der Währung" aufrechtzuerhalten. Eine sofortige Lockerung der Kreditbremsen hätte nämlich den Anschein erwecken können, man habe dem Druck der Regierung nachgegeben[130].

(3) Um die Verteidigung der Notenbankautonomie nach außen hin sichtbar zu machen und gleichzeitig konjunkturpolitische Vorstellungen durchzusetzen, ging der Zentralbankrat zudem zum „Gegenangriff" über. Er setzte der Bundesregierung Bedingungen, die er als Vorleistung für geldpolitische Aktivitäten erfüllt sehen wollte. Zwar wurden diese Voraussetzungen für eine Lockerung des restriktiven Kurses nicht als Beschluß des Zentralbankrates veröffentlicht[131], doch müssen sie bei den Beratungen zwischen dem Zentralbankrat und den Vertretern der Bundesregierung wiederholt ins Feld geführt worden sein. Jedenfalls ist das den Äußerungen und Veröffentlichungen der Beteiligten eindeutig zu entnehmen[132].

---

[128] Vgl. *Wagenhöfer*, C.: Was vermag die Notenbankpolitik zu leisten, was nicht?, in: DBB, Auszüge aus Presseartikeln, Nr. 21/1967, S. 5.

[129] Vgl. o. V.: Der Eventualhaushalt in der Praxis, in: ZfgK, H. 5/1967, S. 171.

[130] Vgl. *Wagenhöfer*, C.: Was vermag die Notenbankpolitik ..., a.a.O., S. 5.

[131] Die Bundesbank stellte nach der Forderung, den Bundeshaushalt endlich auszugleichen, sogar fest: „Die Kreditpolitik der Bundesbank kann sich selbstverständlich immer nur an den gesamten für die weitere wirtschaftliche Entwicklung wichtigen Daten orientieren. Insofern gibt es kein Junktim zwischen dem Erlaß des Stabilitätsgesetzes und der Kreditpolitik." Monatsberichte der DBB, Nr. 10/1966, S. 6.

[132] „Als die Bundesbank ihre Mithilfe für die Finanzierungen des Defizits im ‚Normalhaushalt' 1967 und diejenigen Defizite, die sich aus den beiden Konjunkturförderungsprogrammen ergeben, zusagte, ging sie davon aus, daß die Anfang 1967 vorhandene strukturelle Deckungslücke im Bundeshaushalt beseitigt und die in der mittelfristigen Finanzplanung des Bundes für die folgenden Jahre vorgesehenen Einnahmeerhöhungen und Ausgabenkürzungen auch verwirklicht würden." Geschäftsbericht der DBB 1967, S. 19. Unter Anspielung auf die Frage des timing der Maßnahmen führte Wirtschaftsminister K. Schiller aus: „Wenn wir alle drei Dinge (Haushaltssanierung, konzertierte Aktion, Verabschiedung des Stabilitätsgesetzes, der Verf.)

Im einzelnen handelte es sich vor allem um folgende Vorbedingungen:

— Der Bund soll kurzfristig und auf konventionelle Weise das Defizit des Kernhaushalts 1967 abdecken.
— Auf längere Sicht soll die Haushaltssanierung durch die Konzipierung einer mittelfristigen Finanzplanung eingeleitet werden.
— Mit der Einrichtung der „konzertierten Aktion" soll dafür gesorgt werden, daß die Lohnpolitik auf die Linie einer „kontrollierten Expansion nach Maß" einschwenkt.
— Das Stabilitätsgesetz soll verabschiedet werden, um die öffentliche Hand zu einer antizyklisch orientierten Haushaltsgebarung zu veranlassen.
— Zinssubventionen, die Spannungen auf dem Rentenmarkt bewirken und eine allgemeine Zinssenkung verhindern, sollen abgebaut werden[133].

Diese Bedingungen haben in der Folgezeit des Jahres 1967 praktisch-politische Konsequenzen gehabt; die entsprechenden Gesetzgebungsverfahren und die finanzpolitischen Korrekturmaßnahmen wurden wesentlich beschleunigt.

(4) Schließlich kommt hinzu, daß die Bundesbank neben einer unnötigen Beunruhigung der Binnenwirtschaft[134] durch einen zu plötzlichen und zu starken Einsatz des Instrumentariums verhindern wollte, daß die geldpolitischen Schritte nicht hinreichend nach außen abgesichert waren. Die zinssenkenden und liquiditätsauflockernden Maßnahmen mußten mit der Entwicklung des höheren internationalen Zinsniveaus abgestimmt werden, damit die freigegebene Liquidität wegen der günstigeren Verzinsung nicht ins Ausland abwanderte[135]. Mit den

erst als Vorleistungen erbringen müßten ...", Bulletin, Nr. 159/20. 12. 1966, S. 1287. Bei den Beratungen des zweiten Konjunkturprogramms im Bundesrat erklärte der Bundeswirtschaftsminister: „Die Bundesbank habe ihre Mitwirkung von der Voraussetzung abhängig gemacht, daß die Ziele der mittelfristigen Finanzplanung verwirklicht werden." Bulletin, Nr. 95/6. 9. 1967, S. 813; vgl. dazu ferner Monatsberichte der DBB, Nr. 7/1967; S. 5; Rede des Präsidenten der Deutschen Bundesbank vor dem Wirtschaftstag der CDU/CSU in Bonn am 27. Januar 1967, abgedr. in: DBB, Auszüge aus Presseartikeln, Nr. 8/1967, S. 2 f.

[133] Diese Forderung wird vor allem bei der Vorbereitung des 2. Konjunkturprogramms erhoben, bei dem ursprünglich Zinssubventionen in einem erheblichen Umfang eingeplant worden waren, die dann aber aufgrund der Interventionen der Bundesbank reduziert wurden. Vgl. auch *Fessler*, E.: Die Währungspolitik in der heutigen Situation, in: DBB, Auszüge aus Presseartikeln, Nr. 78/1967, S. 7; Monatsberichte der DBB, Nr. 7/1967, S. 5; Nr. 8/1967, S. 20.

[134] Zudem reichten auch stark verbesserte Finanzierungsbedingungen allein nicht aus, die Investitionstätigkeit der Unternehmer anzuregen. Vgl. Geschäftsbericht der DBB 1967, S. 7.

[135] Vgl. Monatsberichte der DBB, Nr. 2/1967, S. 5.

allmählichen Krediterleichterungen versuchte die Notenbank, solche Geldexporte mit einer die eigenen Ziele unterlaufenden Wirkung zu vermeiden. Die Konferenz von Chequers am 21./22. Januar 1967, auf der die Vereinigten Staaten, Frankreich, Italien, Großbritannien und die Bundesrepublik eine Senkung des internationalen Zinsniveaus vereinbarten[136], löste dieses Problem jedoch nur teilweise.

Übersicht 7

Wirtschafts- und finanzpolitische Maßnahmen 1967

19. Januar	Konjunkturpolitische Beschlüsse des Bundeskabinetts: 1. Beseitigung der Deckungslücke im Bundeshaushalt 1967 auf „klassische Weise" 2. Weitere „konjunkturbedingte" Steuermindereinnahmen werden durch Kreditaufnahme ausgeglichen 3. Einführung von Sonderabschreibungen 4. Aufstellung des ersten Konjunkturprogramms (Eventualhaushalt)
26. Januar	Konstituierende Sitzung des Kabinettsausschusses zur mittelfristigen Finanzplanung
16. Februar	Bundeskabinett beschließt Kreditfinanzierungsgesetz zur Beschaffung der Kreditmittel für das erste Konjunkturprogramm (in Kraft 11. 4.); Verabschiedung des Sofortprogramms von 850 Mio. DM
17. Februar	Freigabe des Sofortprogramms
12. April	Bundeskabinett beschließt: 1. Beschleunigte Auftragsvergabe für das erste Konjunkturprogramm 2. Verstärkung der antizyklischen Wirkung beim Vollzug des Kernhaushalts; Sperrungen werden aufgehoben 3. Vorbereitung weiterer Maßnahmen zur Konjunkturanregung für das zweite Halbjahr
10. Mai	Bundestag verabschiedet das Gesetz zur Förderung der Stabilität und des Wachstums der Wirtschaft (in Kraft 14. 6.)
6. Juli	Bundeskabinett trifft Grundsatzentscheidung über die mittelfristige Finanzplanung des Bundes und über das zweite Konjunkturprogramm
13. Juli	Konstituierung des Konjunkturrats: Billigung des zweiten Konjunkturprogramms

[136] Vgl. DBB, Auszüge aus Presseartikeln, Nr. 7/1967, S. 10 (Talks Agree on Co-operation for Lower Interest Rates — The Communiqué).

Übersicht 7 (Fortsetzung)

14. Juli	Bundestag verabschiedet den Bundeshaushaltsplan 1967
30. Juli	Bundesrat verabschiedet den Bundeshaushaltsplan 1967
10. August	Bundeskabinett beschließt: 1. Gesetzentwurf zur Verwirklichung der mehrjährigen Finanzplanung des Bundes (1. Teil) 2. Zweites Konjunkturprogramm
6./8. September	Bundestag verabschiedet in einer Sondersitzung das zweite Konjunkturprogramm, die Grundsätze der mittelfristigen Finanzplanung des Bundes 1967—1971, die Änderung des Bundesbankgesetzes zur Erhöhung des Kreditplafonds
13. September	Bundeskabinett beschließt: 1. Haushaltsplan 1968 mit einer Gesamthöhe von 80,7 Mrd. DM 2. Gesetzentwurf zur Verwirklichung der mittelfristigen Finanzplaung des Bundes (2. Teil)
7./8. Dezember	Bundestag verabschiedet Gesetze zur mittelfristigen Finanzplanung, die den Bundeshaushalt in den nächsten vier Jahren um 11 Mrd. DM entlasten sollen.

Quelle: Geschäftsbericht der DBB 1967, S. 5; Bulletin 1967.

All diese Gründe führten dazu, daß die Bundesbank der Bundesregierung keinen Blankoscheck ausstellte, sondern ihre indirekten „Finanzierungszusagen" jeweils nur unter Einschränkungen erteilte.

„Die Bundesbank hat sich im Hinblick auf die konjunkturelle Lage bereit erklärt, die Unterbringung der Kreditmarktpapiere, die zur Finanzierung des Eventualhaushalts nötig sein werden, nach Maßgabe der konjunkturellen Bedürfnisse und der währungspolitischen Möglichkeiten zu unterstützen. Auch hält sie den Ausgleich des konjunkturbedingten Steuerausfalls im Jahre 1967 durch kürzerfristige Kredite unter den gleichen Voraussetzungen für vertretbar ... Es gilt daher, ... Expansionseffekte laufend unter Kontrolle zu halten. Dies kann teilweise dadurch geschehen, daß die Art und der zeitliche Ablauf der Finanzierung von Haushaltsdefiziten und insbesondere des Eventualhaushalts ständig der sich entwickelnden Lage angepaßt werden, etwa indem nach Beginn der Wiederbelebung der Konjunktur zunehmend von kürzerfristigen Finanzierungsmethoden auf mittel- und schließlich längerfristige Kapitalmarktfinanzierung übergegangen wird[137,138]."

---

137 Monatsberichte der DBB, Nr. 1/1967, S. 7; vgl. auch ebenda, S. 29.

138 Die Bundesbank erklärte sich bereit, beim Ausgleich der Steuermindereinnahmen, die sich bei einer Zuwachsrate des nominalen Sozialprodukts von weniger als 5,1 v. H. ergeben, durch die Unterbringung von kurz- und mittelfristigen Geldmarktpapieren behilflich zu sein. Vgl. Verhandlungen des Deutschen Bundestages, 5. Wahlperiode, Bd. 64, a.a.O., S. 5685 D; Geschäftsbericht der DBB 1966, S. 18.

Im Zusammenhang mit der Verabschiedung des zweiten Konjunkturprogramms führte die Bundesbank aus:

„Die Bundesbank hat sich bereit erklärt, nach Möglichkeit und solange es währungspolitisch vertretbar ist, die Kreditmärkte aufzulockern, um diese Finanzierung zu erleichtern[139].“

Die Bundesbank hielt sich an ihre Zusagen. Wenn man den zeitlichen Einsatz des geldpolitischen Instrumentariums mit den Terminen der eingeleiteten finanzpolitischen Maßnahmen vergleicht, so kann nach den vorherigen Überlegungen die Parallelität der Entscheidungen nicht mehr überraschen. Wird von der Abstimmung der Maßnahmen in quantitativer und qualitativer Hinsicht hier zunächst einmal abgesehen, so kann das „timing“ an einigen Beispielen erläutert werden:

— Am 19. Januar 1967 beschließt der Zentralbankrat, nachdem die Bundesregierung ein Haushaltsdefizit von rund 3,7 Mrd. DM im Kernhaushalt auf „klassische Weise“ beseitigt hat, die Mindestreserven auf Auslandsverbindlichkeiten zu senken.

— Am 16. Februar werden weitere Mindestreserven freigegeben und wird zusätzlich der Diskontsatz gesenkt, als das Bundeskabinett das Kreditfinanzierungsgesetz billigt und am nächsten Tag das „Sofortprogramm“ in Höhe von 850 Mill. DM in Angriff genommen wird.

— Nach der Verabschiedung des Stabilitätsgesetzes durch den Bundestag am 10. Mai 1967 senkt der Zentralbankrat den Diskontsatz ein weiteres Mal.

— Am 10. August 1967 verabschiedet das Bundeskabinett den Gesetzentwurf zur mittelfristigen Finanzplanung und beginnt mit der Planung des zweiten Konjunkturprogramms. Der Zentralbankrat zieht am gleichen Tag mit einer rückwirkend in Kraft tretenden Senkung der Mindestreservesätze nach.

— Ebenso reagiert der Zentralbankrat, als der Bundestag in der Sondersitzung vom 6./8. September 1967 die mittelfristige Finanzplanung für die Jahre 1967—1971 und das zweite Konjunkturprogramm verabschiedet; wiederum werden Mindestreserven rückwirkend ab 1. September 1967 freigegeben.

Bundeswirtschaftsminister K. Schiller zeigte sich zunächst begeistert von diesem „timing“, dem er in der Bundestagsdebatte zum Kreditfinanzierungsgesetz zustimmt: „Ich möchte sagen, die Beschlüsse des Zentralbankrates passen zu den staatlichen Maßnahmen zeitlich und in der Sache wie geschnitzt, so gut sind sie adjustiert[140].“ Um so über-

[139] Monatsberichte der DBB, Nr. 7/1967, S. 5.

[140] Verhandlungen des Deutschen Bundestages, 5. Wahlperiode, Bd. 63, a.a.O., S. 4328 C.

raschender ist seine Kritik am Verhalten der Bundesbank während der Beratungen des dritten Jahresgutachtens des Sachverständigenrates vor dem Deutschen Bundestag am 27. April 1967: „Mit dem anfänglichen Zögern vom 18. November 1966 bis 5. Januar und der dann beginnenden Politik der halbprozentigen Trippelschritte hat unser Frankfurter Areopag leider einen Beitrag zum Attentismus in der Wirtschaft geleistet[141]." Die daraufhin in der Öffentlichkeit einsetzende Diskussion über die geldpolitischen Maßnahmen im allgemeinen und den von der Bundesregierung auf den Zentralbankrat ausgeübten Druck im speziellen bestätigt, daß die Öffentlichkeit auf eine Unterhöhlung der Notenbankautonomie empfindlich reagierte und daß dies — wie schon angedeutet — ein nicht zu unterschätzender Faktor für die Stabilisierungspolitik war. Der Bundeswirtschaftsminister machte am 8. September während der Bundestagsdebatte zum zweiten Konjunkturprogramm dann auch einen Rückzieher, indem er darauf hinwies, „daß der wirtschaftliche Gleichklang zwischen Frankfurt und Bonn erneut bestätigt worden ist. Die gestrige Entscheidung ... des Zentralbankrates wird die vorhandenen konjunkturellen Antriebskräfte stärken. Wir danken für diesen zeitlich und sachlich vorbildlichen ‚konzertierten Akt' der Deutschen Bundesbank"[142].

Die von der Notenbank ergriffenen Maßnahmen sind vor diesem politischen Hintergrund zu sehen. Sie erfolgten als Kette abgestimmter Aktionen zwar Schritt für Schritt, erlangten aber in ihrer Gesamtheit die entscheidende Bedeutung für die Unterbringung der umfangreichen öffentlichen Schuldtitel und für den Aufschwung aus dem konjunkturellen Tief.

2. Der konzentrierte Einsatz der geldpolitischen Instrumente[143]

Natürlich reichte die Tolerierung des seit dem Herbst 1966 einsetzenden Liquiditätszuflusses aus dem Ausland nun nicht mehr aus, um den Konjunkturaufschwung monetär vorzubereiten und die verschiedenen Finanzierungszusagen mit der Unterbringung kurz- und mittelfristiger Bundestitel zu erfüllen. Die Notenbank wurde deswegen selbst aktiv und setzte ihr gesamtes geldpolitisches Instrumentarium in quantitativer und qualitativer Hinsicht ein.

---

[141] *Schiller,* K.: Reden zur Wirtschaftspolitik, BMWI-Texte Reden 1, Bonn 1968, S. 97.

[142] Verhandlungen des Deutschen Bundestages, 5. Wahlperiode, Bd. 64, a.a.O., S. 6087 C.

[143] Siehe auch Geschäftsbericht der DBB 1967, S. 4 ff., 16 ff.; *Müller,* H.: Die Politik der deutschen Zentralbank 1948—1967, a.a.O., S. 72 ff.; *Kleinewefers,* H.: Die Politik der Deutschen Bundesbank ..., a.a.O., S. 50 ff.

a) Zahlreiche Diskont- und Mindestreservesatzsenkungen

Die ursprünglich auf den Monat Dezember 1966 befristete Senkung der Mindestreserven wurde am 1. Januar 1967 bis auf weiteres verlängert. Jedoch wirkte sich die freigegebene Liquidität von mehr als 0,8 Mrd. DM kaum auf den Kreditmärkten aus. Auch die gleichzeitige Aufhebung des sog. Kompensationsprivilegs, die wegen des weggefallenen Rentabilitätsanreizes einen Rückzug von Auslandsanlagen durch die Kreditinstitute bewirken sollte, kam wegen des höheren internationalen Zinsniveaus nicht zum Tragen[144].

Erst am 6. Januar 1967 wurde dann der Übergang zur expansiven Geldpolitik durch die Senkung des Diskontsatzes von 5 v. H. auf 4,5 v. H. und des Lombardsatzes von 6,25 v. H. auf 5,5 v. H. deutlich signalisiert. In der Folgezeit wurde der Zinsabbau schneller als jemals zuvor vorangetrieben[145]. Am Jahresende 1967 war der Diskontsatz auf den auch international niedrigsten Satz von 3 v. H. herabgedrückt; er erreichte damit wieder den Stand vom 22. Januar 1966, dem Beginn der vorhergegangenen Restriktionsperiode. Der Lombardsatz wurde in der gleichen Zeit — gekoppelt an die Festsetzung des Diskontsatzes — bis auf 4 v. H. gesenkt. Er wurde, abweichend von der sonst eingehaltenen einprozentigen Zinssatzdifferenz gegenüber dem Diskontsatz, am 11. August 1967 noch einmal um 0,5 v. H. vermindert und auf 3,5 v. H. festgesetzt. Damit waren die neuen zinspolitischen Daten für den Geld- und Rentenmarkt gesetzt.

Übersicht 8

Geld- und kapitalmarktpolitische Maßnahmen 1967

1. 12. 1966	Senkung der Mindestreservesätze für Dezember; Freisetzung an Liquidität: 0,8 Mrd. DM
30. 12. 1966	Senkung der Abgabesätze für Offenmarktpapiere
1. 1. 1967	Senkung der Mindestreservesätze über Dezember hinaus verlängert, Aufhebung des Kompensationsprivilegs
6. Januar	Senkung des Diskontsatzes von 5 v. H. auf 4,5 v. H. Senkung des Lombardsatzes von 6,25 v. H. auf 5,5 v. H. Senkung der Abgabesätze für Offenmarktpapiere Aufstockung des Plafonds B bei der AKA Ausfuhrkredit-GmbH um 600 Mill. auf 1,5 Mrd. DM, befristet bis zum 31. 12. 1968

[144] Vgl. Monatsberichte der DBB, Nr. 1/1967, S. 8.

[145] Vgl. Geschäftsbericht der DBB 1967, S. 6.

Übersicht 8 (Fortsetzung)

9. Januar	„Runder Tisch" beendet Emissionspause für öffentliche Anleihen
17. Januar	Senkung der Abgabesätze für Offenmarktpapiere
20. Januar	Senkung der Abgabesätze für Offenmarktpapiere
21./22. Januar	Konferenz in Chequers: Erklärung über die Senkung des internationalen Zinsniveaus
1. Februar	Senkung der Mindestreservesätze für Verbindlichkeiten gegenüber Gebietsfremden auf die geltenden Inlandsreservesätze; Freisetzung von Liquidität: 0,6 Mrd. DM
17. Februar	Senkung des Diskontsatzes auf 4 v. H. Senkung des Lombardsatzes auf 5 v. H. Senkung der Abgabesätze für Offenmarktpapiere
20. Februar	Senkung der Abgabesätze für Offenmarktpapiere
1. März	Senkung der Mindestreservesätze um 10 v. H.; Freisetzung an Liquidität: 1,7 Mrd. DM
1. April	Aufhebung der Zinsverordnung
6. April	„Runder Tisch" empfiehlt „zügige Kapitalaufnahme der öffentlichen Hand"
14. April	Senkung des Diskontsatzes auf 3,5 v. H. Senkung des Lombardsatzes auf 4,5 v. H. Senkung der Abgabesätze für Offenmarktpapiere
1. Mai	Senkung der Mindestreservesätze für alle Verbindlichkeiten um 6 v.H.; Freisetzung an Liquidität: 0,85 Mrd. DM
8. Mai	Senkung der Abgabesätze für Offenmarktpapiere
10. Mai	Senkung der Abgabesätze für Offenmarktpapiere
12. Mai	Senkung des Diskontsatzes auf 3 v. H. Senkung des Lombardsatzes auf 4 v. H. Senkung der Abgabesätze für Offenmarktpapiere
2. Juni	Senkung der Abgabesätze für Offenmarktpapiere Einbeziehung von unverzinslichen Schatzanweisungen der Länder bis zu einem Betrag von 1,2 Mrd. DM in die Geldmarktregulierung
1. Juli	Senkung der Mindestreservesätze für alle Verbindlichkeiten um 8 v. H.; Freisetzung an Liquidität: 1,2 Mrd. DM Deutsch-Amerikanischer Devisenausgleich: Bundesbank übernimmt amerikanische Staatspapiere im Werte von 2,0 Mrd. DM
18. Juli	Einführung des Tenderverfahrens
19. Juli	Einflußnahme auf den Devisenmarkt

Übersicht 8 (Fortsetzung)

1. August	Senkung der Mindestreservesätze auf alle Verbindlichkeiten um 6 v.H.; Freisetzung an Liquidität: 0,9 Mrd. DM
11. August	Senkung des Lombardsatzes auf 3,5 v. H. Beginn einer aktiven Offenmarktpolitik mit öffentlichen Anleihen
24. August	Einbeziehung von Kassenobligationen des Bundes, der Bundesbahn und der Bundespost mit einer Restlaufzeit von 18 Monaten in die Geldmarktregulierung
1. September	Senkung der Mindestreservesätze für Spareinlagen um 11 v. H., aller anderen Reservesätze um 2,5 v. H.; Freisetzung an Liquidität: 0,9 Mrd. DM
6. Oktober	Einbeziehung von Kassenobligationen der Länder mit einer Restlaufzeit von 18 Monaten in die Geldmarktregulierung
25. Oktober	Erleichterung der Abgabe von Schatzwechseln für die Dispositionen zum Jahreswechsel
9. November	Senkung der Abgabesätze für Offenmarktpapiere
10. November	Senkung der Abgabesätze für Offenmarktpapiere
24. November	Wiederaufnahme der Swapsatzpolitik
30. November	Aufstockung des Kreditplafonds nach § 20 BBkG

Quelle: Geschäftsbericht der DBB 1967, S. 5; DBB, Auszüge aus Presseartikeln 1967.

Parallel dazu wurden in insgesamt sieben Schritten die Mindestreservesätze — teilweise sogar mit *rückwirkender* Kraft[146] — erheblich vermindert, um das Bankensystem mit nach Anlage drängender Liquidität zu versehen und zugleich das Zinsniveau auf den Kreditmärkten weiter zu senken. Wenn von den gestiegenen Einlagen mit entsprechend höheren Mindestreserveverpflichtungen zunächst einmal abgesehen wird, mußten die Kreditinstitute in kürzester Zeit eine Liquiditätsschwemme in Höhe von 6,2 Mrd. DM dispositiv verkraften. Auch unter Einbeziehung des relativ gestiegenen Mindestreservesolls hatten die Banken von Januar bis November 1967 ein absolut um 4,4 Mrd. DM verringertes Mindestreservesoll zu unterhalten[147].

[146] Eine solch unerwartete Liquiditätsfreigabe erschwert den Kreditinstituten natürlich die Liquiditätsdispositionen; so ist damit zu rechnen, daß sie die freigegebene Liquidität zunächst einmal auf dem inländischen Geldmarkt anlegen.

[147] Seit der Einführung der Mindestreservepflicht ist das das niedrigste Mindestreservesoll. Vgl. auch Geschäftsbericht der DBB 1967, S. 49.

Tabelle 8

Veränderungen des Mindestreserve-Solls der Kreditinstitute 1967 und 1968a)

— in Mrd. DM —

1967	+ 3,249	1968	− 3,247
1. Vierteljahr	+ 0,848	1. Vierteljahr	− 0,560
2. Vierteljahr	+ 0,413	2. Vierteljahr	− 0,492
3. Vierteljahr	+ 2,611	3. Vierteljahr	− 0,089
4. Vierteljahr	− 0,613	4. Vierteljahr	− 2,106

a) Zunahme (−); Abnahme (+).
Quelle: Monatsberichte der DBB, Nr. 9/1969, S. 6.

b) Zusätzliche Liquiditätsanreicherung durch Zahlungsbilanzüberschuß[148]

Zu dieser Liquiditätsauflockerung kamen außerdem Liquiditätszuflüsse aus dem Ausland hinzu: Aufgrund der konjunkturbedingt steigenden Exporte und verminderten Importe wies die Handelsbilanz einen Überschuß von 9,7 Mrd. DM aus, der nicht zuletzt durch die erleichterten Bedingungen für die Exportfinanzierung bewirkt wurde. Nach Abzug der erheblichen Defizite aus dem langfristigen Kapitalverkehr in Höhe von 4,7 Mrd. DM und dem kurzfristigen Geldexport in Höhe von 4,6 Mrd. DM, die dem Geldmarkt vor allem in der ersten Jahreshälfte entzogen wurden, blieb ein Nettoliquiditätszufluß von 1,5 Mrd. DM. Unter Berücksichtigung der Sondertransaktionen im Rahmen des Devisenausgleichs[149] glichen sich Überschüsse und Defizite allerdings weitgehend aus; die Devisenreserven der Bundesbank stiegen nur um 0,4 Mrd. DM.

c) Vorübergehende Einstellung der Offenmarktpolitik in kurzfristigen Titeln

Neben den Senkungen des Diskont- und Lombardsatzes beeinflußten natürlich auch die genannten Liquiditätsanreicherungen das Zinsniveau in der gewünschten Richtung. Darüber hinaus setzte die Notenbank auch die Offenmarktpolitik in kurzfristigen Titeln ein[150], um zusätzlich

[148] Siehe dazu auch *Hoener,* H. W.: Bestimmungsgründe für die Entwicklung der Zahlungsbilanz der Bundesrepublik Deutschland seit der Aufwertung im Jahr 1961—1967, Kieler Studien, Bd. 107, hrsg. v. H. Giersch, Tübingen 1970.

[149] Siehe unten 2. Kap. IV. 4. a).

[150] Vgl. Geschäftsbericht der DBB 1966, S. 15.

Tabelle 9: **Hauptposten der Zahlungsbilanz 1967 und 1968**

	1967 1. Halbjahr	1967 2. Halbjahr	1967 Summe	1968 1. Halbjahr	1968 2. Halbjahr	1968 Summe
	— in Mrd. DM —					
A. Grundbilanz						
I. Bilanz der laufenden Posten						
1. Leistungsbilanz	+ 8,392	+ 7,536	+ 15,928	+ 8,310	+ 10,240	+ 18,550
2. Übertragungen	− 3,217	− 3,055	− 6,272	− 3,264	− 3,781	− 7,045
3. Saldo (1.+2.)	+ 5,175	+ 4,481	+ 9,656	+ 5,046	+ 6,459	+ 11,505
II. Kapitalbilanz						
1. Deutsche Investitionen im Ausland (Zunahme: −)	− 1,995	− 2,749	− 4,744	− 4,921	− 8,156	− 13,077
2. Ausländische Investitionen im Inland (Zunahme: +)	+ 0,608	+ 0,544	+ 1,152	+ 0,436	+ 1,293	+ 1,729
3. Saldo (1.+2.)	− 1,387	− 2,205	− 3,592	− 4,485	− 6,863	− 11,348
III. Saldo (I.+II.)	+ 3,788	+ 2,276	+ 6,064	+ 0,561	− 0,404	+ 0,157
B. Kurzfristiger Kapitalverkehr	− 4,616	+ 0,024	− 4,592	− 0,148	+ 5,071	+ 4,923
C. Saldo (A+B)	− 0,828	+ 2,300	+ 1,472	+ 0,413	+ 4,667	+ 5,080
D. Devisenbilanz, Veränderung der Nettowährungsreserven der Bundesbank (Zunahme: +)	− 0,784	+ 1,197	+ 0,413	+ 2,732	+ 4,381	+ 7,113

Quelle: Geschäftsbericht der DBB 1967, S. 86; 1968, S. 92.

auf die Kreditzinsen einzuwirken und zur Auflockerung des Geldmarktes beizutragen. Zum einen senkte sie insgesamt dreizehnmal im Verlauf des Jahres 1967 die Abgabeplätze für kurzfristige Offenmarkttitel. So wurden beispielsweise zweimonatige Schatzwechsel des Bundes, die Ende Dezember 1966 noch mit 4⁷/₈ Prozent abgegeben wurden, Mitte November 1967 nur noch mit 1¹/₂ Prozent verzinst. Zum anderen wurde der Verkauf von Mobilisierungspapieren ab Mitte Februar 1967 stark eingeschränkt[151], um dem Verkauf von Bundestiteln keine Konkurrenz zu machen. Erst im August 1967 setzte die Notenbank wieder für 0,9 Mrd. DM Offenmarkttitel ab, um während der beginnenden Liquiditätserweiterung des Rentenmarktes durch den Ankauf langfristiger öffentlicher Wertpapiere (Offenmarktpolitik in langfristigen Titeln[152]) einen Liquiditätsabfluß ins Ausland zu verhindern[153].

3. Das einseitige Aktivgeschäft der Kreditinstitute[154]

Noch niemals zuvor hatte die Notenbank eine so starke Ausweitung der Bankenliquidität aufgrund der erwähnten marktmäßigen und geldpolitischen Bestimmungsfaktoren zugelassen. Da die erleichterten Kreditbedingungen *allein* die Unternehmen und Privaten noch nicht zur Investitionstätigkeit und damit zur Kreditaufnahme veranlaßten, standen die Kreditinstitute vor der Frage, wie sie ihre Liquidität vorübergehend, d. h. bis zum Ansteigen der privaten Kreditnachfrage, anlegen konnten. Drei Möglichkeiten boten sich in dieser Situation an: Zum einen waren im Ausland wegen der dort gewährten hohen Zinssätze gute Renditen zu erzielen, „zumal auf dem heimischen Markt größere Beträge freier Gelder zeitweilig nicht mehr unterzubringen waren“[155]. Zum anderen emittierte im Inland vor allem der Bund kurz- und mittelfristige Schuldtitel, Länder und Gemeinden legten dagegen längerfristige Anleihen auf. Schließlich konnten die Institute von der Bundesbank Offenmarktpapiere erwerben; ein solches Verhalten mußte aber die Politik der Notenbank in dieser Situation konterkarieren.

a) Die stark erhöhte Liquiditätsquote der Kreditinstitute

Aufgrund der Liquiditätszuflüsse wurde der Kreditspielraum der Kreditinstitute im Jahr 1967 um insgesamt 7,2 Mrd. DM verbessert.

---

151 Vgl. Geschäftsbericht der DBB 1967, S. 50 f.; Monatsberichte der DBB, Nr. 5/1967, S. 10.
152 Siehe unten 2. Kap. IV. 4. d).
153 Außerdem nimmt die Bundesbank zu diesem Zweck neben der Erhöhung der Swapsätze erstmals Einfluß auf den Devisen-Kassamarkt, um durch eine Erhöhung der Kurssicherungskosten den Geldexport einzuschränken. Vgl. Geschäftsbericht der DBB 1967, S. 18.
154 Siehe auch Geschäftsbericht der DBB 1967, S. 47 ff.
155 Ebenda, S. 6.

Tabelle 10: **Liquiditätsdispositionen der Kreditinstitute 1967 und 1968**

	Erwerb (−) bzw. Rückgabe (+) von Geldmarktpapieren im Rahmen v. Offenmarktgeschäften mit der Bundesbank (1)	Bildung (−) bzw. Repatriierung (+) kurzfristiger Auslandsanlagen (2)	Abdeckung (−) bzw. Aufnahme (+) von Refinanzierungskrediten bei der Bundesbank (3)	Summe (1) bis (3) (4)
	— in Mrd. DM —			
1967	− 2,098	− 3,525	− 1,572	− 7,195
1. Vierteljahr	− 1,297	− 0,803	− 0,306	− 2,406
2. Vierteljahr	+ 0,155	− 1,344	+ 1,162	− 0,027
3. Vierteljahr	− 0,372	− 0,294	− 1,306	− 1,972
4. Vierteljahr	− 0,584	− 1,084	− 1,122	− 2,790
1968	+ 0,611	− 0,746	+ 0,802	+ 0,667
1. Vierteljahr	+ 1,024	− 0,245	+ 0,448	+ 1,237
2. Vierteljahr	− 0,158	+ 0,005	+ 0,164	+ 0,011
3. Vierteljahr	+ 0,148	− 0,664	+ 1,084	+ 0,568
4. Vierteljahr	− 0,403	+ 0,148	− 0,894	− 1,149

Quelle: Geschäftsbericht der DBB 1967, S. 39; 1968, S. 50.

Tabelle 11: **„Liquiditätsquoten" der Kreditinstitute 1967 und 1968**

	Bestände an Offenmarkttiteln inländ. öffentlicher Emittenten (1)	Bestände an Vorratsstellenwechsel und Privatdiskonten a) (2)	Kurzfristige Guthaben und Geldmarktanlagen im Ausland (3)	Summe b) (4)	Liquiditätsanlagen c) (5)	Liquiditätsreserven d) (6)
	— in Mrd. DM —				in v. H. des Einlagenvolumens e)	
1967						
1. Vierteljahr	5,7	1,4	5,5	12,6	5,9	11,0
2. Vierteljahr	5,7	1,2	6,8	13,7	6,3	10,8
3. Vierteljahr	7,4	1,8	7,5	16,7	7,4	12,5
4. Vierteljahr	9,4	1,7	7,5	18,7	7,6	12,8
1968						
1. Vierteljahr	10,7	2,3	8,9	21,9	8,9	14,5
2. Vierteljahr	10,5	2,5	7,6	20,7	8,1	13,5
3. Vierteljahr	11,0	2,8	9,1	22,8	8,7	14,0
4. Vierteljahr	10,8	3,3	8,9	23,0	8,1	13,5

a) Zum Teil geschätzt. — b) Differenzen durch Runden der Zahlen. — c) Entspricht (4). — d) Liquiditätsanlagen zuzüglich unausgenutzter Rediskontkontingente. — e) Ohne inländische Interbankeinlagen.

Quelle: Geschäftsbericht der DBB 1967, S. 48; 1968, S. 49; Monatsberichte der DBB, Nr. 9/1969, S. 7*.

Rund die Hälfte dieses Betrages legten die Banken für den Aufbau kurzfristiger Auslandsanlagen an. Dazu wurden jedoch nicht nur die aus dem Zahlungsbilanzüberschuß stammenden Gelder exportiert; im zweiten Quartal 1967 wurden sogar noch Kredite bei der Bundesbank — der billigsten Refinanzierungsquelle — ausschließlich für diesen Zweck aufgenommen. So verminderten die Banken ihr Obligo bei der Notenbank auch nur geringfügig um 1,6 Mrd. DM[156].

Da die kurzfristigen Gelder in einem stärkeren Maße, als es der Bundesbank wünschenswert erschien, vom inländischen Geldmarkt abgezogen wurden und somit nicht der Unterbringung öffentlicher Schuldtitel zugute kamen, hielt sich die Notenbank — wie schon erwähnt — bei der Abgabe kurzfristiger Offenmarkttitel weitgehend zurück. Aber erst nachdem die Kreditinstitute bei ihren Auslandsanlagen teilweise bis an ihre liquiditäts- und risikopolitischen Grenzen vorgestoßen waren[157], erreichte die Bundesbank mit dieser Maßnahme, daß die Kreditinstitute ihre Portefeuilles an inländischen Geldmarktpapieren und Rentenwerten öffentlicher Emittenten — also vor allem des Bundes — aufstockten.

So stiegen in der Zeit von Ende 1966 bis Anfang 1968 ihre Bestände an kurzfristigen öffentlichen Titeln um 7,3 Mrd. DM. Da diese Titel in vollem Umfang bei der Notenbank refinanzierungsfähig sind[158], erhöhten sich in der gleichen Zeit die freien, jederzeit mobilisierbaren Liquiditätsreserven der Banken um rund 13,3 Mrd. DM. Gemessen an den Einlagen verbesserte sich damit ihre Liquiditätsquote von 3,5 v. H. (Ende 1966) auf 8,9 v. H. (Anfang 1968) und unter Einbeziehung der nicht ausgenutzten Rediskontkontingente sogar noch etwas mehr von 8,6 v. H. auf 14,5 v. H. Die Institute konnten infolgedessen eine weitaus bessere Liquiditätsquote als vor dem Beginn der letzten Restriktionsperiode ausweisen.

b) *Spät einsetzende private Kreditnachfrage*[159]

Der Aufbau dieses beträchtlichen Liquiditätspotentials ist nicht zuletzt auf die unterschiedliche öffentliche und private Kreditnachfrage zurückzuführen. Während die Banken mit dem Erwerb öffentlicher Titel ein Substitutionsgeschäft wahrnahmen, blieb die Kreditnachfrage der inländischen Unternehmen und Privaten wegen der zunächst noch anhaltenden Konjunkturschwächung um 3,7 Mrd. DM (19,3 v. H.) hinter der des Vorjahres zurück. Das war nicht zuletzt eine Folge der Liquidi-

[156] Vgl. Monatsberichte der DBB, Nr. 5/1967, S. 12.

[157] Vgl. ebenda, S. 10.

[158] Bei den Kassenobligationen sind Einschränkungen zu machen, siehe 2. Kap., IV. 4. c).

[159] Siehe dazu auch Geschäftsberichte der DBB 1967, S. 58.

tätszuflüsse im Nichtbankensektor aus dem Ausland in Höhe von etwa 4,0 Mrd. DM[160], die vornehmlich für Konsolidierungszwecke verwandt wurden. Erst Ende August 1967 begann sich die private Kreditaufnahme zu beleben[161]. Dabei wurden zuerst die langfristigen Kredite stärker nachgefragt, weil wohl eine wesentliche Zinssenkung nicht mehr erwartet wurde und der Konsolidierungsbedarf immer noch beträchtlich war.

Abbildung 6

Kredite der Banken und der Bundesbank an inländische Nichtbanken[a)]

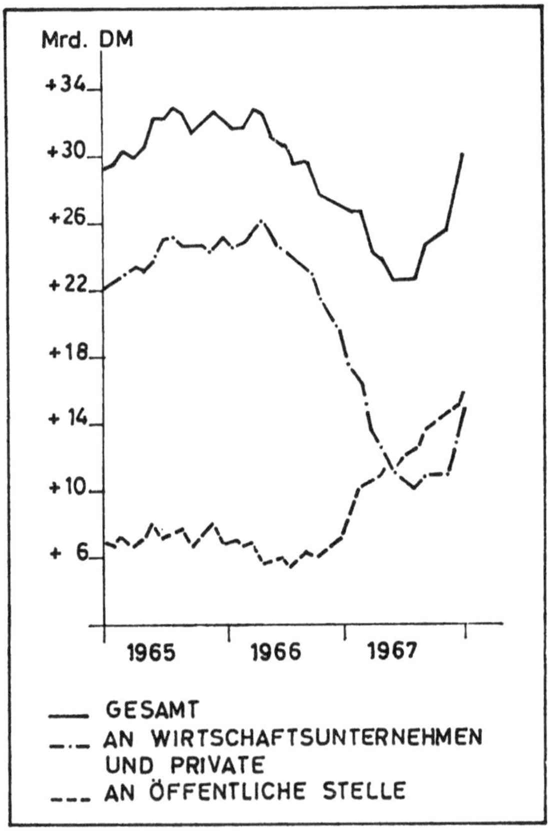

a) Zunahme (+) bzw. Abnahme (—) gegenüber dem jeweiligen Vorjahresstand.
Quelle: Geschäftsbericht der DBB 1967, S. 56.

160 Vgl. Geschäftsbericht der DBB 1967, S. 55.

161 Siehe Monatsberichte der DBB, Nr. 10/1967, S. 4.

c) *Die Kreditinstitute als wichtigste Anlegergruppe auf den Rentenmarkt*

Die Liquiditätsauflockerungen und Zinserleichterungen wirkten sich auf dem Rentenmarkt nach einer anfänglichen Besserung des Finanzierungsklimas nur wenig aus. Das hatte neben der bereits erwähnten langfristigen privaten Kreditnachfrage vor allem folgende Gründe[162]: Während sich der Bund vornehmlich kurz- und mittelfristig auf dem Geldmarkt verschuldete, bevorzugten die Länder und auch die Gemeinden trotz der wiederholten Aufforderungen durch Bundesregierung und Bundesbank, sich stärker kurzfristig zu verschulden, die langfristige Finanzierung unter anderem mittels Kommunalobligationen[163]. Zudem belasteten weitere Verkäufe ausländischer Anleger und zahlreiche Emissionen vom DM-Auslandsanleihen den Markt[164]. Der größte Kursdruck ging schließlich von den Wertpapierverkäufen der Rentenversicherungsträger aus. Sie befanden sich aufgrund steigender Auszahlungsverpflichtungen und des konjunkturbedingt sinkenden Mittelaufkommens in einer doppelten Liquiditätsklemme[165], die außerdem durch die vom Bund zwangsweise zugeteilten unveräußerbaren Schuldbuchforderungen noch verstärkt wurde. So fiel diese bedeutende Anlegergruppe, die in den Vorjahren den Markt wesentlich alimentiert hatte, nicht nur als Käufer aus, sondern löste ihre Bestände in beträchtlichem Umfang auch noch auf.

Die gesamte Marktbeanspruchung stieg gegenüber den wegen der restriktiven Notenbankpolitik verminderten Anforderungen des Jahres 1966 um fast das Dreifache, von 5,5 Mrd. DM auf 15,4 Mrd. DM. Zwei

---

[162] Vgl. Monatsberichte der DBB, Nr. 10/1967, S. 5; Geschäftsbericht der DBB 1967, S. 73 f.

[163] „Viele Länder (wollen) die Risiken nicht eingehen, die sich daraus ergeben können, daß fällig werdende ‚Kurzläufer' je nach Lage der Konjunktur zurückgezahlt, langfristig konsolidiert oder gegen gleichartige neue Titel am Geldmarkt ausgetauscht werden müssen." Monatsberichte der DBB, Nr. 10/1967, S. 5; vgl. auch ebenda, S. 27.

[164] Der damit verbundene Kapitalexport ist allerdings als „automatischer" Ausgleichsfaktor im Gegensatz zum Geldexport aus zahlungsbilanzpolitischen Gründen durchaus erwünscht. Vgl. dazu Geschäftsbericht der DBB 1967, S. 7; Monatsberichte der DBB, Nr. 4/1968, S. 3 ff. (Die Emission ausländischer Anleihen in der Bundesrepublik). Auch die von Bundeskanzler K. G. Kiesinger in der Regierungserklärung vom 13. 12. 1966 angekündigte Abschaffung der Kuponsteuer, die ausländische Anleger für den Rentenmarkt zurückgewinnen sollte, wurde von der Bundesbank aus diesem Grund abgelehnt. Siehe dazu ergänzend Monatsberichte der DBB, Nr. 1/1968, S. 7.

[165] Vgl. o. V.: Die Finanz- und Liquiditätslage der Rentenversicherungen der Arbeiter und der Angestellten, in: Informationen des Verbandes der Deutschen Rentenversicherungsträger, Nr. 86/April 1967.

Tabelle 12: **Kredite der Kreditinstitute (ohne Bundesbank) an Nichtbanken[a] 1967 und 1968**

	Kurzfristige Kredite (1)	Mittelfristige Kredite[b] (2)	Langfristige Kredite (3)	Bestände an inländischen Wertpapieren (4)	Summe (1) bis (4) (5)
	— in Mrd. DM —				
1967	+ 6,628	+ 1,485	+ 18,989	+ 3,164	+ 30,266
	(+ 4,680) [c]	(+ 0,768)	(+ 6,248)		(+ 5,696)
1. Vierteljahr	− 0,515	+ 0,062	+ 3,828	+ 1,118	+ 4,493
	(+ 1,213)	(+ 0,510)	(+ 1,785)		(+ 3,508)
2. Vierteljahr	+ 2,164	+ 0,701	+ 3,153	+ 0,589	+ 6,616
	(+ 0,389)	(+ 0,237)	(+ 0,910)		(+ 1,526)
3. Vierteljahr	+ 1,843	− 0,240	+ 4,800	+ 1,415	+ 7,818
	(+ 1,391)	(− 0,280)	(+ 1,406)		(+ 2,517)
4. Vierteljahr	+ 3,136	+ 0,962	+ 7,208	+ 0,033	+ 11,339
	(+ 1,687)	(+ 0,301)	(+ 2,147)		(+ 4,135)
1968	+ 7,668	+ 1,332	+ 27,494	+ 4,501	+ 40,995
	(+ 0,936)	(− 0,236)	(+ 9,271)		(+ 9,971)
1. Vierteljahr	+ 0,929	− 0,189	+ 5,929	+ 1,411	+ 8,080
	(+ 1,782)	(+ 0,019)	(+ 2,865)		(+ 4,666)
2. Vierteljahr	+ 3,020	+ 1,365	+ 5,407	+ 0,791	+ 10,583
	(− 0,175)	(− 0,120)	(+ 1,754)		(+ 1,459)
3. Vierteljahr	+ 1,481	− 0,231	+ 7,718	+ 1,080	+ 10,048
	(− 0,161)	(− 0,119)	(+ 2,642)		(+ 2,362)
4. Vierteljahr	+ 2,238	+ 0,387	+ 8,440	+ 1,219	+ 12,284
	(− 0,510)	(− 0,016)	(+ 2,010)		(+ 1,484)

a) Ohne Nichtbanken des Auslandes. — b) Einschließlich Erwerb von Wertpapieren. — c) In Klammern: davon Kredite an öffentliche Stellen.

Quelle: Geschäftsbericht der DBB 1967, S. 57; 1968, S. 58.

Drittel dieses Betrages — nämlich 10,0 Mrd. DM — nahm unter Einbeziehung der Kommunalobligationen[166] die öffentliche Hand auf[167].

Abbildung 7

Bankenliquidität und Nettoerwerb festverzinslicher Wertpapiere durch Kreditinstitute

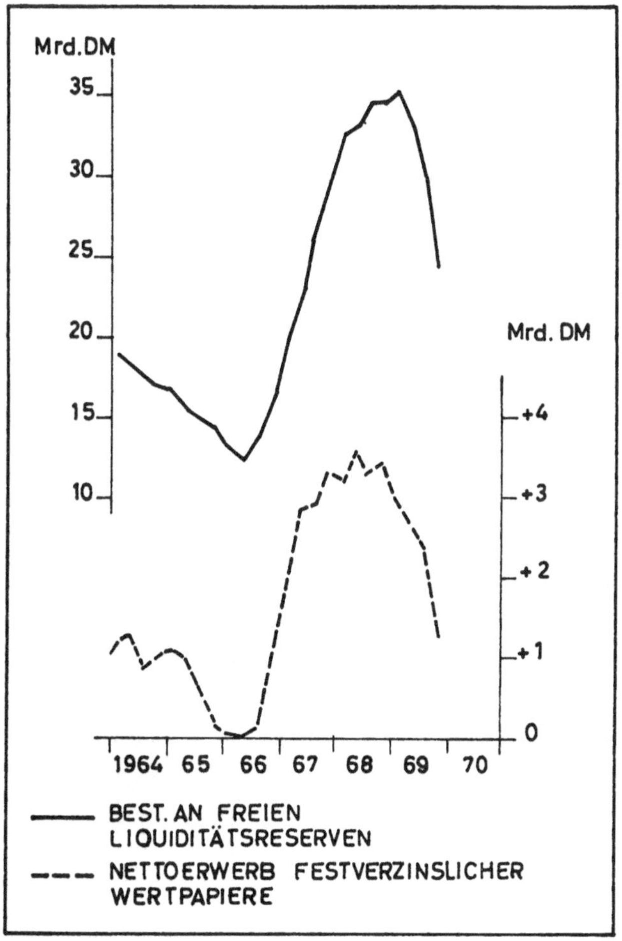

Quelle: Geschäftsbericht der DBB 1969, S. 22.

[166] Die damit aufgebrachten Mittel wurden jedoch nicht nur für die Gemeindefinanzierung verwendet. Der Bund partizipiert an dieser Schuldform in zunehmendem Maße. Vgl. Geschäftsbericht der DBB 1968, S. 69; 1969, S. 65.

[167] Daran waren sämtliche zwölf Bundesländer mit einem Emissionsvolumen in Höhe von 1,48 Mrd. DM beteiligt, das während des Jahres 1967 gleichmäßig verteilt auf dem Markt untergebracht wurde.

Aufgrund der ungewöhnlich hohen Liquiditätsausstattung waren die Kreditinstitute nach dem „mageren“ Vorjahr seit Juni 1967 wieder auf dem Markt[168]. Als wichtigste Käufergruppe erwarben sie langfristige Titel im Werte von 11,7 Mrd. DM oder über 76 v. H. des gesamten Nettoabsatzes; das war mehr, als die öffentliche Hand insgesamt emittierte. Die Bundesbank hielt diese durch ihre Kreditpolitik ermöglichte „direkte und indirekte ‚Fristentransformation‘ ... freilich nur im Hinblick auf die notwendige Konjunkturankurbelung“[169] für vertretbar.

Tabelle 13

Absatz und Unterbringung inländischer festverzinslicher Wertpapiere 1967—1969

	1967	1968	1969
		— in Mrd. DM —	
I. Absatz			
1. Bruttoabsatz zu Nominalwerten	19,85	22,59	18,90
2. Nettoabsatz zu Kurswerten a)	14,97	17,67	12,38
darunter:			
Anleihen der öffentlichen Hand b)	(4,88)	(3,82)	(0,29)
Kommunalobligationen	(5,18)	(8,24)	(7,26)
II. Unterbringung			
1. Nettoerwerb durch Inländer	16,28	21,92	18,70
darunter:			
Kreditinstitute c)	(11,70)	(14,63)	(9,95)
Bundesbank	(1,25)	(−0,40)	(−0,47)
Sozialversicherungen	(−1,36)	(0,08)	(−0,04)
Private Haushalte	(2,77)	(3,11)	(5,38)
2. Nettoerwerb bzw. -veräußerung (−) durch Ausländer	−0,84	−0,15	−0,95
III. Gesamte Marktbeanspruchung	15,44	21,77	17,75

a) Bruttoabsatz zu Kurswerten abzüglich Tilgungen und Rückflüsse. — 2) Einschließlich Anleihen der Bundesbahn und Bundespost. — c) Bilanzwerte, statistisch bereinigt.
Quelle: Geschäftsbericht der DBB 1970, S. 68.

[168] Vgl. Geschäftsbericht der DBB 1967, S. 64 ff.

[169] Ebenda, S. 19.

Dennoch folgten die Emissionsrenditen den Senkungen der kurzfristigen Kreditzinsen nur in zeitlichem Abstand und in einem weitaus geringeren Maße als erwünscht. Im Verlauf des Jahres 1967, in dem der Diskontsatz um immerhin 2,5 v. H. und der Lombardsatz um 2,75 v. H. herabgesetzt wurden, ermäßigte sich die Emissionsrendite für festverzinsliche Wertpapiere nur von 7,6 v. H. (Ende 1966) bis auf 6,8 v. H. (Ende 1967) oder um 0,8 v. H. Erst am 19. September 1968 konnte durch die Deutsche Bundespost erstmalig nach langer Zeit wieder eine Anleihe mit einem 6prozentigen Nominalzins (Emissionsrendite 6,28 v. H.) auf dem Markt placiert werden.

Tabelle 14

Umlaufs- und Emissionsrenditen tarifbesteuerter festverzinslicher Wertpapiere 1967—1969

	Emissionsrendite (1)	Umlaufrendite (2)
	— in v. H. —	
1967		
1. Vierteljahr	7,3	7,2
2. Vierteljahr	6,7	6,9
3. Vierteljahr	6,8	6,9
4. Vierteljahr	6,8	7,0
1968		
1. Vierteljahr	6,8	7,0
2. Vierteljahr	6,5	6,7
3. Vierteljahr	6,3	6,5
4. Vierteljahr	6,3	6,5
1969		
1. Vierteljahr	6,3	6,6
2. Vierteljahr	6,8	6,9
3. Vierteljahr	7,1	7,2
4. Vierteljahr	7,1	7,4

Quelle: Statistische Beihefte zu den Monatsberichten der DBB, R. 2, März 1970, S. 7.

4. Die „flankierenden“ Maßnahmen zur Absicherung der Geldpolitik

Neben den genannten „normalen“ notenbankpolitischen Maßnahmen, die wegen ihrer zeitlich dichten Folge und wegen ihres zins- und liquiditätspolitischen Ausmaßes zu beachten sind, wurden weitere „flankierende" Schritte eingeleitet, um den Erfolg der expansiven Politik auf dem Geld- und insbesondere auf dem Rentenmarkt sowohl für das stabilisierungspolitische Ziel im allgemeinen als auch für die fiskalische Zielsetzung der Unterbringung öffentlichen Schuldtitel auf dem Markt im besonderen zins- und liquiditätspolitisch abzusichern. Dabei handelte es sich vor allem um die Hilfe der Bundesbank bei den Devisenausgleichszahlungen, die Aufhebung der Zinsbindung, die Einführung des Tenderverfahrens bei der Emission von Kassenobligationen und die Einbeziehung langfristiger Wertpapiere in die Offenmarktpolitik[170].

a) „Reibungslose" Abwicklung des Devisenausgleichs

Die neue Bundesregierung hatte bei Amtsantritt aus dem laufenden Devisenausgleichsabkommen mit den Vereinigten Staaten (1. Juli 1965 bis 30. Juni 1967) noch Verpflichtungen in Höhe von 3,6 Mrd. DM[171] zu erfüllen. Zur Finanzierung dieses Betrages trugen unter anderen die Kreditinstitute wesentlich bei; der Bund konnte bei ihnen um die Jahreswende 1966/67 U-Schätze und Kassenobligationen im Werte von insgesamt 1,5 Mrd. DM placieren. Darüber hinaus gewährte die Bundesbank dem Bund einen Kredit in Höhe von 0,8 Mrd. DM, indem sie Restforderungen der Vereinigten Staaten aus der Nachkriegswirtschaftshilfe an die Bundesrepublik als neuer Gläubiger übernahm[172].

Auch bei den folgenden Vereinbarungen nahm der Bund die Bundesbank in Anspruch. Bei dem neuen amerikanisch-deutschen Abkommen (1. Juli 1967 bis 30. Juni 1968) war der Kreditbetrag wesentlich größer; die Notenbank erwarb für 2,0 Mrd. DM mittelfristige amerikanische Staatspapiere[173]. Außerdem zeichnete ein Bankenkonsortium einen weiteren Betrag in Höhe von 0,5 Mrd. DM. Da zu vermuten ist — eine Bestätigung findet sich in den Veröffentlichungen der Bundesbank dazu allerdings nicht —, daß das Konsortium im Notfall hinsichtlich dieser Titel auf eine Refinanzierungszusage der Notenbank zurückgreifen kann, wurde dem Bund neben der direkten Finanzierung hier auch indirekt unter die Arme gegriffen.

Die Entlastung des Bundeshaushalts wurde schließlich fortgeführt durch ein weiteres Übereinkommen zwischen dem Bund und der Bundesbank beim britisch-deutschen Ausgleichsabkommen (1. April 1968

[170] Die geld- und finanzpolitische Richtigkeit dieser Maßnahme soll hier zunächst unberücksichtigt bleiben.

[171] Vgl. Bulletin, Nr. 21/28. 2. 1967, S. 171.

[172] Siehe Monatsberichte der DBB, Nr. 1/1967, S. 10, 25.

[173] Ferner erklärt sich die Bundesbank im Einvernehmen mit der Bundesregierung gegenüber der amerikanischen Zentralbank bereit, ihre bisherige Politik der Zurückhaltung beim Umtausch von Dollars in Gold fortzusetzen. Vgl. auch Bulletin, Nr. 47/6. 5. 1967, S. 400 f.; Geschäftsbericht der DBB 1967, S. 91.

bis 31. März 1969). Diesmal zeichnete die Notenbank für 0,2 Mrd. DM mittelfristige britische Staatspapiere[174].

Dem Bund wurden also auf diese Weise außerhalb des Kreditplafonds nach § 20 BBkG Direktkredite in der beachtlichen Höhe von insgesamt 3,0 Mrd. DM zur Verfügung gestellt. Dadurch konnte eine zusätzliche Belastung des Kreditmarkts, die sich für den Fall einer anderen Verschuldung ergeben hätte, vermieden werden.

b) Zinsliberalisierung[175] *mit nur geringen Wirkungen*

Die erst im Jahre 1965 erlassene Neuregelung der Zinsverordnung wurde nach einer nur zweimonatigen Beratungszeit vom Bundesaufsichtsamt für das Kreditwesen auf Anregung des Bundeswirtschaftsministers und in Übereinstimmung mit der Deutschen Bundesbank zum 1. April 1967 wieder aufgehoben[176], d. h. Höchstgrenzen für die Soll- und Habenzinsen wurden nicht mehr amtlich festgesetzt. Die Einführung der Verordnung — in einer Zeit mit restriktiver Geldpolitik — wurde damals vor allem damit begründet, daß die Zinsreglementierung ein sofortiges Durchschlagen der Diskontpolitik auf das Zinsniveau ermöglicht[177]. Nachdem aber die Zinsbindung durch verschiedene Teilliberalisierungen durchlöchert worden war und die Kreditinstitute zahlreiche „legale“ Umgehungsmöglichkeiten der Verordnung ausgemacht hatten, wurde nun für die Freigabe der Zinssätze plädiert: „Wir zweifeln nicht daran, daß der Druck, der von den verflüssigenden Maßnahmen der Bundesbank ausgeht, sowohl auf der Soll- wie auf der Habenseite zu einer weiteren Zinsermäßigung führen wird. Die Kreditmärkte sind zu ‚Käufermärkten‘ geworden und die Konkurrenz der Banken untereinander müßte eigentlich ganz von selbst dafür sorgen, daß die Bankenzinsen weiter heruntergehen[178].“

Das heißt mit anderen Worten, daß die beteiligten Stellen und vor allem die Bundesbank beabsichtigten, die expansive Notenbankpolitik

---

[174] Vgl Bulletin, Nr. 44/4. 4. 1968, S. 358.

[175] Siehe dazu *Gleske*, L.: Notenbankpolitik und Zinsliberalisierung, in: Der Volkswirt, Beiheft zu Nr. 42/1967, S. 10 ff.; *Fessler*, E.: Von der Zinsbindung zur Zinsfreiheit, Vortrag von dem Institut für Bankwirtschaft und Bankrecht an der Universität zu Köln am 30. Mai 1967, abgedr. in: DBB, Auszüge aus Presseartikeln, Nr. 41/1967, S. 1 ff.

[176] Verordnung über die Aufhebung der Zinsverordnung und von Bestimmungen über die Kosten für Teilzahlungsfinanzierungskredite und Kleinkredite v. 21. 3. 1967 (BGBl. I, S. 352).

[177] Vgl. *v. Spindler*, J., *Becker*, W., *Starke*, O. E.: Die Deutsche Bundesbank, a.a.O., S. 116; *Becker*, W. D.: Der Mythos der Zinsreglementierung, in: ZfgK, H. 4/1967, S. 146 ff.

[178] Rede des Präsidenten der Deutschen Bundesbank K. Blessing bei der Hundertjahrfeier der Industrie- und Handelskammer Rottweil am 9. Juni 1967 in Trossingen, abgedr. in: DBB, Auszüge aus Presseartikeln, Nr. 42/1967, S. 2; vgl. auch Geschäftsbericht der DBB 1966, S. 16.

mit einem dem Markt ausgesetzten Zinswettbewerb zu unterstützen. Die Hoffnung ging jedoch nur teilweise in Erfüllung. Zwar wurden die Soll- und Habenzinsen an den mit relativ hoher Bankenliquidität ausgestatteten Markt angepaßt, eine merkliche Beeinflussung des Zinsniveaus im Sinne einer Zinssenkung erfolgte aber nicht[179]. Neben den von den Verbänden der Kreditinstitute ausgesprochenen Zinsempfehlungen war das zum einen auf den harten Wettbewerb der Kreditinstitute um die Kundeneinlagen zurückzuführen, die nur unter Zugeständnissen bei der Verzinsung hereingenommen werden konnten. Zum anderen war es eine Folge der Wettbewerbsverzerrungen, die durch eine unterschiedliche Besteuerung der verschiedenen Institutsgruppen des Bankgewerbes bewirkt wurden. Erst durch das Zweite Steueränderungsgesetz vom 21. Dezember 1967[180] wurden diese steuerlichen Privilegien für die Sparkassen, Kreditgenossenschaften, Zentralkassen und Institute des langfristigen Kredits eingeschränkt bzw. aufgehoben. Die aus dieser ordnungspolitischen Maßnahme resultierenden höheren Steuereinnahmen waren dem Finanzminister als „fiskalisches Abfallprodukt" zum Ausgleich des Haushalts höchst willkommen.

c) *Kassenobligationen im Tenderverfahren*

Im Rahmen der Placierung kurz- und mittelfristiger Bundestitel wurde die Emission von Kassenobligationen, die aufgrund ihrer Ausstattung eine Art Mittelstellung zwischen Geld- und Kapitalmarkt einnehmen[181], erheblich verstärkt. Nach der Unterbringung von Kassenobligationen im Werte von 800 Mill. DM zur Finanzierung des laufenden Devisenausgleichsabkommens mit den Vereinigten Staaten um den Jahreswechsel 1966/1967 machte die Bundesbank bei dem „freihändigen Verkauf" weiterer Titel die Erfahrung, daß diese Papiere wegen einer zu günstigen Verzinsung stark überzeichnet wurden. Im Verlauf der unbefristeten Zeichnung setzte sie die Emissionskurse mehrmals herauf. Da aber eine fehlerhafte, d. h. mit einem zu hohen Zinssatz versehene Ausstattung der Titel den Bemühungen um eine Zinssenkung tendenziell entgegenwirkte, übernahm die Bundesbank am 18. Juli 1967 das im angelsächsischen Bereich schon seit langer Zeit praktizierte Tenderverfahren[182] für die Emission der Kassenobligationen.

---

[179] Siehe dazu auch Monatsberichte der DBB, Nr. 10/1967, S. 46 ff. (Erste Ergebnisse der Erhebungen über Bankzinsen); Geschäftsbericht der DBB 1967, S. 62.

[180] Gesetz zur Verwirklichung der mehrjährigen Finanzplanung des Bundes, I. Teil, vom 21. 12. 1967 (BGBl. I, S. 1254).

[181] Siehe auch Monatsberichte der DBB, Nr. 5/1961, S. 8 ff. (Ausgabe und Unterbringung von Kassenobligationen); o. V.: Kassenobligationen im Blickfeld, in: ZfgK, H. 16/1967, S. 758.

[182] Vgl. *Christians*, F. W.: Die „Versteigerung" von Wertpapieren ist kein Wundermittel, in: Handelsblatt-Beilage, Nr. 176/12. 9. 1967, S. 17; o. V.: Emis-

Das Tenderverfahren unterscheidet sich von der üblichen Placierung einer Anleihe vor allem in dem folgenden Punkt: Im Verkaufsprospekt einer Anleihe sind sämtliche Ausstattungselemente von vornherein aufgeführt. Beim Tenderverfahren wird davon abweichend statt des endgültigen Verkaufskurses nur ein vorläufiger Mindestkurs genannt, den die Emittentin unbedingt zu erzielen wünscht. Dem Anleger wird auf diese Weise die Möglichkeit eingeräumt, im Wettbewerb mit anderen Interessenten den tatsächlich zu zahlenden Emissionskurs selbst zu bestimmen. Je höher sein Kursangebot, desto eher kann er damit rechnen, bei der Zuteilung der Emission berücksichtigt zu werden. Sein Interesse daran wird steigen, wenn er seine Liquidität dringlich zinsgünstig anlegen muß. Bei den hier vorausgehenden expansiven geldpolitischen Maßnahmen mit reichlicher Liquiditätsversorgung konnte das erwartet werden.

Mit der Einführung des Tenderverfahrens, das mit einer Auktion vergleichbar ist, verfolgte die Bundesbank nun zwei Ziele: Zum einen wollte sie die fiskalische Zielsetzung der öffentlichen Emittenten, insbesondere des Bundes, unterstützen. Wenn die Lage des Marktes falsch eingeschätzt und die Verzinsung der Titel zu niedrig angesetzt wird, dann können die erforderlichen Fremdmittel zur Finanzierung der Ausgaben nur schwer aufgebracht werden. Bei einer zu hohen Verzinsung werden dagegen die Zinskosten für die Emittentin nicht minimiert. Zum anderen wirkt sich ein zu hoher Zins negativ auf das gesamte Zinsniveau aus, d. h. mit dem Tenderverfahren wurde durch die von den Marktpartnern gesetzten Emissionskurse eine größere Marktnähe angestrebt, um Störungen des Marktes zu vermeiden und um die Bemühungen um eine Zinssenkung tendenziell zu ergänzen.

Diesen Bestrebungen standen die potentiellen Zeichner der Kassenobligationen — in der Hauptsache handelt es sich um Kreditinstitute — natürlich ablehnend gegenüber: Sie befürchteten, daß ein zu großer Bestand an Kassenobligationen wegen der drei- oder vierjährigen Laufzeit und der nicht gegebenen Refinanzierungsfähigkeit bei der Notenbank ihren Liquiditätsstatus zu sehr verschlechterte. Wenn nämlich solche Titel für Refinanzierungszwecke auf dem Markt abgesetzt werden sollen, wird das wegen der weitgehend gleichgerichteten Liquiditätspolitik der Banken nur schwer bzw. nur unter Kursverlusten möglich sein. Wegen dieser Einschränkungen hatten die ersten beiden Tender auch nur einen mäßigen Absatzerfolg. Die Kreditinstitute forderten (zur Verbesserung der Absatzergebnisse) einen „Markt für Kassenobligationen“[183], der eine Refinanzierungsfunktion übernehmen sollte.

sion von Kassenobligationen im Tenderverfahren, in: Bank-Betrieb, Nr. 9/1967, S. 251 f.

[183] Vgl. *Plinke*, W.: Zur Schaffung eines Marktes für Kassenobligationen,

Stattdessen erklärte sich die Bundesbank am 24. August 1967 bereit — um die Finanzierungszusage zu erfüllen und die Schuldtitel des Bundes unterbringen zu können —, neu zu begebende Kassenobligationen des Bundes, der Bundesbahn und der Bundespost mit einer Restlaufzeit von 18 Monaten *einschließlich* der bereits umlaufenden Titel im Werte von rund 4,2 Mrd. DM (!) in ihre Offenmarktoperationen nach § 21 BBkG einzubeziehen[184]. Diese Zusage wurde, um auch die Länder zu einer mittelfristigen Finanzierung zu animieren, am 6. Oktober 1967 auch auf die Kassenobligationen der Länder im Werte von 1,2 Mrd. DM ausgedehnt.

Damit waren die Kreditinstitute bei einer eventuell erforderlich werdenden Refinanzierung nicht mehr allein auf den „Markt" angewiesen. Die Refinanzierungszusage[185] der Bundesbank verleiht den Titeln einen höheren Liquiditätsgrad, der dem von Geldmarktpapieren nahezu entspricht. Aufgrund dieser Maßnahme stieg in der Folgezeit die Zeichnungsbereitschaft der institutionellen Anleger; die Absatzergebnisse der Tender entwickelten sich positiv.

d) Der Beginn einer Offenmarktpolitik in langfristigen Titeln[186]

Neben der Verbesserung des Finanzierungsklimas auf dem Geldmarkt war die Bundesbank insbesondere auch daran interessiert, den Rentenmarkt wieder funktionsfähig zu machen. Zunächst konnte sie die Entwicklung der langfristigen Zinssätze durch die expansive Politik auf dem Geldmarkt über die sog. Geldmarktabhängigkeit des Kapitalmarktes positiv beeinflussen. Die Ergiebigkeit des Marktes nahm langsam zu. Im Frühsommer 1967 geriet der Zinsrückgang jedoch aus den oben bereits erwähnten Gründen ins Stocken[187].

Die Bundesbank sah ihre Politik des leichten Geldes durch die aus dieser Entwicklung resultierenden Belastungen des Rentenmarktes ge-

---

in: ZfgK, H. 6/1968, S. 225 ff.; o. V.: Ein „Markt" für Kassenobligationen, in: ZfgK, H. 18/1967, S. 853 f.

[184] Vgl. Monatsberichte der DBB, Nr. 8/1967, S. 5, 21.

[185] Die Refinanzierungszusage für Kassenobligationen wird Ende 1968 aufgehoben. Danach emittierte Titel sind mit dem liquiditätserhöhenden Vorzug nicht mehr ausgestattet. Vgl. Geschäftsbericht der DBB 1969, S. 108.

[186] Siehe dazu auch o. V.: Zur jüngsten Offenmarktpolitik der Deutschen Bundesbank, in: Aktuelle Beiträge zur Wirtschafts- und Finanzpolitik, hrsg. v. Presse- und Informationsamt der Bundesregierung, Nr. 93/11. 12. 1967; *Köhler*, C.: Geldwirtschaft, Berlin 1970, S. 255 ff.; *Salomo*, W.: Geldangebot und Zentralbankpolitik, Kieler Studien, Bd. 116, hrsg. H. Giersch, Tübingen 1971, S. 110 ff.

[187] Vgl. auch Monatsberichte der DBB, Nr. 10/1967, S. 5 f., 16 f.; *Emminger*, O.: Aktuelle Probleme der Kredit- und Währungspolitik, in: DBB, Auszüge aus Presseartikeln, Nr. 91/1967, S. 6; Geschäftsbericht der DBB 1967, S. 74; *Marten*, H.: Kapitalmarkt und öffentliche Defizite, in: Konjunkturpolitik, 13. Jg./1967, S. 283 ff.

fährdet. Eine auch nur vorübergehende Verschlechterung der Finanzierungsbedingungen und damit negative Folgewirkungen für die Investitionstätigkeit der Unternehmer wollte sie unbedingt vermeiden. Der Bundesbank schien eine erste Abhilfe durch die Regulierung der Wertpapierverkäufe der Rentenversicherungsträger möglich zu sein. Am 7. Juni 1967 wandte sie sich in einem Schreiben an den Bundesfinanzminister:

Durch die Verkäufe (der Rentenversicherungsträger, der Verf.) wird „eine Tendenz zur Wiedereröffnung der Renditen und zur Verhinderung der angestrebten weiteren Zinssenkung ausgelöst. ... Diese Entwicklung ist unerwünscht. Sie steht im Widerspruch zur konjunkturpolitischen Zielsetzung der Bundesregierung, die darauf gerichtet ist, die Rentenmärkte zur Finanzierung öffentlicher und privater Investitionen verstärkt funktionsfähig zu machen und dabei den Zinssatz weiter zu senken. Im Interesse dieser Zielsetzung möchten wir ein Doppeltes zu erwägen geben: 1. Nach Informationen aus Ihrem Hause scheint es nicht mehr möglich zu sein, das für das Jahr 1967 zu erwartende Defizit... durch eine Beitragserhöhung auszugleichen; die Rentenversicherungen werden deshalb nicht umhin können, sich die notwendige Liquidität zur Deckung des Defizits und für die Übernahme von... nunmehr 1 450 Millionen DM Schuldbuchforderungen... durch Rückgriff auf ihre Liquiditätsreserven... zu beschaffen. Es sollte deshalb nach Wegen gesucht werden, den hierdurch ausgelösten unerwünschten Verkaufsdruck am Rentenmarkt durch entsprechende marktregulierende Käufe auszugleichen. Hierzu möchten wir anregen, daß der Bund die Bundesbank zu entsprechenden Interventionskäufen, die über die gegenwärtige flexible Marktregulierung... hinausgehen, ermächtigt. Ergänzend schlagen wir vor, daß der Bund sich die Mittel hierzu durch Begebung von U-Schätzen beschafft, die durch uns am Markt abgesetzt werden. ... Als Größenordnung für diese Transaktion, durch die Geldmarktmittel vorübergehend dem Kapitalmarkt zugeführt werden, schlagen wir zunächst einen Betrag von 200 bis 300 Mill DM vor. ... 2. Um einen verstärkten Druck am Rentenmarkt ... im Jahre 1968 ... zu verhindern, möchten wir empfehlen, sobald wie möglich die erforderlichen Maßnahmen zur Vermeidung des Defizits... einzuleiten“[188].

Bundesregierung und Bundestag gingen auf diese Vorschläge jedoch nicht ein[189]. Trotz der zusätzlichen „Finanzierungszusage“ der Notenbank, die erforderlichen Mittel für die Kurspflege auf dem Geldmarkt zu beschaffen, wurde der Haushaltsansatz für diese Operationen sogar noch gekürzt; aus dem Absatz von Kurspflegebeständen wurden stattdessen Einnahmen in Höhe von 150 Mill. DM eingeplant[190].

---

[188] Verhandlungen des Deutschen Bundestages, 5. Wahlperiode, Bd. 64, a.a.O., S. 5689 D f.

[189] Vgl. ebenda, S. 5533 D f., 5542 B ff., 5560 B.

[190] Vgl. ebenda, S. 5744 A. In der Haushaltsrechnung für das Jahr 1967, hrsg. v. Bundesministerium der Finanzen, Berlin 1969, S. 2149 (Kap. 3207/Tit. 301) ergibt sich dann eine Mindereinnahme von 82,5 Mill. DM. Dazu wird ausgeführt: „Die Verflüssigung des Kapitalmarktes durch die Notenbankpolitik hat nicht zu der erhofften Zinssenkung und damit auch nicht zu dem erwarteten Absatz der Kurspflegebestände geführt.“

Tabelle 15

Offenmarktoperationen der Bundesbank in inländischen langfristigen Wertpapieren 1967 und 1968

	Kauf (+) Verkauf (–) (1)	Bestand (2)
	— in Mill. DM —	
1967		
August	+ 9	
September	+ 89	98
Oktober	+ 367	465
November	+ 518	983
Dezember	+ 201	1 184
1968		
Januar	– 14	1 170
Februar	– 39	1 131
März	+ 15	1 146
April	– 51	1 095
Mai	+ 25	1 120
Juni	+ 98	1 218
Juli	+ 64	1 282
August	– 307	975
September	– 74	901
Oktober	+ 129	1 030
November	+ 88	1 118
Dezember	– 210	908

Quelle: Monatsberichte der DBB, Nr. 9/1966, S. 6*.

Die Bundesbank verstärkte daraufhin die kapitalmarktpolitische Komponente ihrer Geldpolitik[191]. Am 10. August 1967 entschloß sich die Notenbank, erstmalig die Offenmarktpolitik in langfristigen Wertpapieren aufzunehmen und durch den Erwerb öffentlicher Titel „den Geld-

[191] Der Weg dazu war durch die Aufhebung der Zinsverordnung erst frei geworden. Vgl. *v. Spindler*, J., *Becker*, W., *Starke*, O. E.: Die Deutsche Bundesbank, a.a.O., S. 368; siehe auch *Benning*, B: Notenbankpolitik und Kapitalmarkt, in: ZfgK, H. 13/1969, S. 578 ff.

markt liquide zu halten und zugleich den Rentenmarkt im Sinne ihrer Zinspolitik zu beeinflussen"[192]. Allerdings beruhte dieser Entschluß — wie aus den obigen Überlegungen ersichtlich — wohl kaum auf einer freien Entscheidung des Zentralbankrates. Durch die mangelnde Kooperationsbereitschaft von Bundesregierung und Bundestag sah er sich vielmehr zu dieser Maßnahme gezwungen, weil er die Konterkarierung der expansiven Kreditpolitik auf dem konjunkturpolitisch entscheidenden Rentenmarkt nicht in Kauf nehmen wollte.

Nach § 21 BBkG ist die Bundesbank zu einem solchen Schritt berechtigt, wenn sie diese Politik „im Rahmen ihrer pflichtgemäßen Beurteilung der gesamten Währungssituation für angemessen hält"[193]. Nun lassen langfristige öffentliche Titel im Portefeuille der Bundesbank sofort den Verdacht aufkommen, daß damit der Kreditplafond nach § 20 BBkG zu umgehen ist und auch umgangen werden soll. Da solche Titel nicht wie Schatzwechsel auf den Kreditplafond angerechnet werden müssen, ist mit dem Erwerb der Titel durch die Bundesbank nämlich eine *zusätzliche* indirekte Kreditquelle für die Emittentin dieser Rentenwerte — insbesondere also für den Bund — erschlossen. Spindler, Becker, Starke[194] sind jedoch der Ansicht, daß Kursstützungsmaßnahmen für öffentliche Titel, die normalerweise nicht zum Anlaß einer Offenmarktoperation genommen werden dürfen, unter konjunkturpolitischer Zielsetzung nicht auszuschließen seien. Sogar „eine gewisse Kredithilfe der Bundesbank gegenüber dem Staat auch außerhalb des Plafonds (sei) nicht unzulässig"[195].

So erwarb die Bundesbank im „Alleingang" von Mitte August 1967 bis Ende 1967 öffentliche Titel im Werte von rund 1,2 Mrd. DM. In fast gleichem Umfang, nämlich in Höhe von rund 1,4 Mrd. DM, veräußerten die Rentenversicherungsträger Wertpapiere am Rentenmarkt. Zwar ist eine direkte Beziehung zwischen diesen beiden Transaktionen natürlich nicht herstellbar, dennoch scheint der Kreis der Kreditbeziehungen auf diese Weise geschlossen zu sein. Die den Rentenversicherungsträgern vom Bund zugewiesenen Schuldbuchforderungen im Werte von 1,45 Mrd. DM waren nunmehr via Rentenmarkt — wenn auch in einer anderen wertpapierrechtlichen Form — bei der Bundesbank „gelandet",

---

192 Monatsberichte der DBB, Nr. 8/1967, S. 5; vgl. dazu auch Geschäftsbericht der DBB 1967, S. 17.

193 *v. Spindler*, J., *Becker*, W., *Starke*, O. E.: Die Deutsche Bundesbank, a.a.O., S. 366. Im April 1967 wurden diese Operationen von der Bundesbank noch abgelehnt, vgl. Geschäftsbericht der DBB 1966, S. 24.

194 Vgl. *v. Spindler*, J., *Becker*, W., *Starke*, O. E.: Die Deutsche Bundesbank, a.a.O., S. 366.

195 Ebenda, S. 355; siehe einschränkend dazu *Wagenhöfer*, C.: Was vermag die Notenbankpolitik ..., a.a.O., S. 6.

d. h. die Bundesbank hatte „damit indirekt Kredite an die öffentliche Hand gewährt“[196,197].

Übersicht 9

Geld- und kapitalmarktpolitische Maßnahmen 1968

8. Januar	Aufstockung des Plafonds B der AKA Ausfuhrkredit GmbH um 700 Mill. DM auf 2,5 Mrd. DM
31. Januar	Aufstockung des Plafonds A der AKA Ausfuhrkredit GmbH ebenfalls um 700 Mill. DM auf 2,5 Mrd. DM
15. Februar	Abgabesätze für Mobilisierungspapiere mit einer Laufzeit von 30 bis 45 Tagen auf 2 v. H. gesenkt
7. März	Bundesregierung kündigt Rückkauf von Schuldbuchforderungen in Höhe von 1,0 Mrd. DM an, die sich im Bestand der Arbeiterrentenversicherung befinden
8. *März*	Ankündigung des Zentralbankrates: Periode des „deficit spending“ geht bald zu Ende
28. März	Deutsch-Britischer Devisenausgleich: Bundesbank übernimmt mittelfristige britische Staatspapiere im Werte von 200 Mill. DM
9. Mai	Ablehnung einer Abwertung durch die Bundesbank
20. Mai	Bundeswirtschaftsminister empfiehlt eine verstärkte Placierung von ausländischen DM-Anleihen auf dem Rentenmarkt
25. Mai	Erhöhung der Swapsätze und Einschränkung der Swapvereinbarungen
10. Juni	Deutsch-Amerikanischer Devisenausgleich: Bundesbank übernimmt amerikanische Schatzanweisungen im Werte von rd. 2,0 Mrd. DM, zusätzlich übernimmt ein Bankenkonsortium Schatzanweisungen mit fünfjähriger Laufzeit im Werte von 500 Mill. DM
4. Juli	Spareinlagen mit einer Laufzeit von vier Jahren und mehr werden zum 1. 1. 1969 von der Mindestreservepflicht freigestellt
29. August	Swapsatz wird auf 3 v. H. gesenkt

[196] Geschäftsbericht der DBB 1967, S. 58.

[197] Insofern kann in Verbindung mit der oben erwähnten Offenmarktpolitik in kurzfristigen Titeln nur bedingt von einer „operation twist“ (*Köhler*, C.: Geldwirtschaft, a.a.O., S. 260) gesprochen werden. Siehe auch Monatsberichte der DBB, Nr. 10/1967, S. 7.

Übersicht 9 (Fortsetzung)

30. August	Swapsatz wird auf 2,5 v. H. gesenkt
3. September	Ankündigung des Zentralbankrates: Periode des „deficit spending" ist zu Ende
19. September	Übergang zum 6prozentigen Anleihetyp
7. November	Erhöhung des Mindestreservesatzes für Spareinlagen mit einer Laufzeit bis zu vier Jahren zum 1. 1. 1969 Stellungnahme des Zentralbankrates zur Emission des Bundesschatzbriefes
19. November	Ablehnung einer Aufwertung durch die Bundesregierung
21. November	Erhöhung der Mindestreservesätze für den Zuwachs an Verbindlichkeiten gegenüber Gebietsfremden zum 1. 12. auf 100 v. H.
20./22. November	Amtlicher Devisenmarkt geschlossen, Höhepunkt der Währungskrise
25. November	Einführung einer Genehmigungspflicht für Auslandseinlagen und Auslandskredite sowie für die Verzinsung von Guthaben auf neu eröffneten Sparkonten gebietsfremder natürlicher Personen; dazu Einführung einer Sonderumsatzsteuer für Ausfuhren und Gewährung einer Vergütung bei Einfuhren
5. Dezember	Lockerung der 100 v. H. Zuwachsreserve durch Modifizierung der Berechnung des Zuwachses an mindestreservepflichtigen Verbindlichkeiten gegenüber Gebietsfremden für Dezember
9. Dezember	Abschlußbericht der Bundesregierung über die beiden Konjunkturprogramme

Quelle: Geschäftsbericht der DBB 1968, S. 24; DBB, Auszüge aus Presseartikeln 1968.

Auch wenn die Bundesregierung am 7. März 1968 den Rückkauf von Schuldbuchforderungen in Höhe von 1,0 Mrd. DM ankündigte, änderte sich an dieser Kreditbeziehung im Jahre 1968 nur wenig. Zwar waren die Rentenversicherungsträger bezogen auf das ganze Jahr 1968 nicht mehr als Verkäufer im Markt; die Bundesbank konnte aber erst zum Jahresende damit beginnen, ihre Bestände an langfristigen Offenmarkttiteln abzubauen[198].

Durch den massiven Einsatz ihres geldpolitischen Instrumentariums einschließlich der geschilderten „flankierenden" Maßnahmen gelang es der Bundesbank, den Geld- und Rentenmarkt in dem erforderlichen

[198] Die Offenmarktkäufe von langfristigen Titeln werden Anfang Februar 1969 endgültig eingestellt.

Maße zins- und liquiditätspolitisch aufzulockern. Sie sicherte die reibungslose Unterbringung der öffentlichen Schuldtitel so lange, bis die öffentliche Verschuldung aufgrund verbesserter Konjunkturerwartungen durch eine steigende private Kreditnachfrage abgelöst wurde[199]. Die wirtschaftseigenen Auftriebskräfte gewannen schnell an Boden. Am 8. März 1968 kündigte der Bundesbankpräsident an, daß die Notenbank eine weitere monetäre Stützung des Konjunkturaufschwungs kaum für nötig halte: „Die Sanduhr für das ‚deficit spending' (wird) in absehbarer Zeit auslaufen[200].“ Nach der Finanzierungshilfe beim deutsch-amerikanischen Devisenausgleich (10. Juni 1968) erklärte die Bundesbank dann am 3. September 1968 die Phase der expansiven Geldpolitik für endgültig beendet[201]. Das konjunkturelle Bild hatte sich grundlegend geändert: Starke Liquiditätszuflüsse aus dem Ausland und erste Preissteigerungen im Inland verlangten nun eine zahlungsbilanzorientierte Notenbankpolitik[202].

V. Die gelungene Finanzierung der Haushaltsdefizite

Aus der Darstellung der verschiedenen Maßnahmen der Bundesbank wird einerseits deutlich, daß die Notenbank an allen verfügbaren Registern ihres Instrumentariums ziehen mußte[203], um durch eine „Manipulation“ der monetären Einflußfaktoren die gegebenen Finanzierungszusagen auch tatsächlich einhalten zu können. Die Vorstellung, die Notenbank habe im Rahmen ihrer „easy money policy“ lediglich den Mindestreserve- und den Diskontsatz zu senken, um die erforderliche Liquidität in das Bankensystem einzuschleusen und anschließend nur noch die öffentlichen Titel auf dem Kreditmarkt zu placieren, ist wegen der sich ändernden Marktdaten und der Ausgleichsoperationen der Kreditinstitute sicherlich zu mechanistisch.

Schwierigkeiten hatte andererseits aber auch das Schuldenreferat im Bundesfinanzministerium. Es stand unter dem Zwang[204], erstmalig ein

[199] Vgl. *Emminger,* O.: Aktuelle Probleme der Kredit- und Währungspolitik, a.a.O., S. 5; Monatsberichte der DBB, Nr. 1/1968, S. 8, Nr. /1968, S. 8 ff.

[200] Ansprache des Präsidenten der Deutschen Bundesbank K. Blessing bei dem hundertfünfzigjährigen Jubiläum der Württembergischen Landessparkasse in Stuttgart am 8. März 1968, abgedr. in: DBB, Auszüge aus Presseartikeln, Nr. 19/1968, S. 3.

[201] Vgl. Ansprache des Präsidenten der Deutschen Bundesbank K. Blessing bei der Feier des hundertzwanzigjährigen Bestehens der Volksbank Öhringen am 3. September 1968, abgedr. in: DBB, Auszüge aus Presseartikeln, Nr. 60/1968, S. 2.

[202] Vgl. Geschäftsbericht der DBB 1968, S. 23.

[203] Vgl. o. V.: Bundesbank kauft Bundesanleihen, in: Börsen-Zeitung, Nr. 177/14. 9. 1967, S. 3.

[204] Bundesfinanzminister F. J. Strauß führte bei den Beratungen des Kre-

solch hohes Schuldvolumen — wie auch immer — finanzieren zu müssen. Die dabei auftauchenden Fragen des „debt management", die bis zu dieser Zeit wegen der bisher relativ geringen Verschuldung nur eine untergeordnete praktische Bedeutung hatten, stellten nun die Politiker und Beamten vor ganz neue Aufgaben.

1. Die Erfüllung des fiskalischen Zieles mittels Geldschöpfung

Wie die erforderlichen Fremdmittel zu beschaffen sind, bringt die Bundesbank in Anerkennung der Konzeption der „fiscal policy" in ihrem Geschäftsbericht 1966 deutlich zum Ausdruck: „Direkte Maßnahmen ... können ... im Bereich der öffentlichen Haushalte ergriffen werden. Mit Ausgaben, die durch Geldschöpfung finanziert werden ..."[205].

In der Folgezeit wird zwar dieser Ansatz — vor allem wohl, um die Befürchtungen in der Öffentlichkeit vor inflationären Entwicklungen zu zerstreuen — von den Beteiligten immer wieder bestritten:

„Bei der Finanzierung des Eventualhaushaltes (kann) von einer Geldschöpfung keine Rede sein, ... Auch wenn die Bundesbank selbst Kredite zur Verfügung (stellt), was als eine ‚echte' Geldschöpfung angesehen werden (kann), (ist) eine solche Finanzierungsweise ... in der gegenwärtigen wirtschaftlichen Situation volkswirtschaftlich durchaus vertretbar[206]."

„Nun stimmt wohl nicht, ... daß nämlich die Bundesbank sich verpflichtet habe, das Steuerdefizit durch Notenbankgeld zu finanzieren. Die Zusage der Bundesbank verstehen wir anders: Sie werden den Geldmarkt flüssig genug halten, damit sich die Schuldtitel des Bundes in der erforderlichen Höhe absetzen lassen[207]."

„In letzter Zeit war immer zu hören, daß die Kurspflege für Bundesanleihen mit Mitteln der Bundesbank durchgeführt wird und ... damit eine Politik der inflationären Geldschöpfung betrieben werde. Dies ist nicht richtig[208]."

Doch bleibt der Tatbestand der Geldschöpfung trotz dieser nur beispielsweise angeführten Beschwichtigungsversuche bestehen. Um aber die Finanzierungs(um)wege des Schuldenreferats genauer verfolgen zu können, ist zwischen der *direkten* Kreditvergabe durch die Bundesbank

---

ditfinanzierungsgesetzes vor dem Deutschen Bundestag aus: „Es ging auch darum, ... sicherzugehen, daß ... aus dem mittelfristigen Markt mit Sicherheit finanziert werden (kann); sonst würde dieses Gesetz eine Blamage werden." Verhandlungen der Deutschen Bundestages, 5. Wahlperiode, Bd. 63, Bonn 1967, S. 4362 D.

[205] Geschäftsbericht der DBB 1966, S. 16.

[206] o. V.: Von Geldschöpfung keine Rede, Staatssekretär Grund zur Finanzpolitik, in: Blick durch die Wirtschaft, Nr. 72/28. 3. 1967, S. 1.

[207] o. V.: Der Stoßweg ist zu lang, in: Börsen-Zeitung, Nr. 86/6. 5. 1967, S. 1.

[208] *Ullmann*, K.: Offenmarktpolitik mit Bundesanleihen?, in: Handelsblatt, Nr. 176/12. 9. 1967, S. 20.

an den Bund und der *indirekten* Geldschöpfung zugunsten des Bundes zu unterscheiden:

a) *In Anspruch genommene Bundesbankkredite*

Zwar hatte die Bundesbank der Bundesregierung mit ihren Finanzierungszusagen keinen Blankoscheck ausgestellt, dennoch hat sie dem Bund mit direkten Finanzierungshilfen in einem nicht zu unterschätzenden Umfang unter die Arme gegriffen. Unabhängig von den unten zu behandelnden regulären Betriebsmittelkrediten ist hier zum einen auf die Übernahme der britischen und amerikanischen Staatstitel im Werte von insgesamt 3,0 Mrd. DM im Rahmen des Devisenausgleichs zu verweisen. Ferner ist zum anderen der Ankauf öffentlicher Rentenwerte im Zuge der Offenmarktpolitik mit langfristigen Titeln anzuführen. Der Spitzenbestand solcher Titel im Portefeuille der Bundesbank machte immerhin 1,3 Mrd. DM aus, was in etwa dem zu finanzierenden Anteil des Bundes am zweiten Konjunkturprogramm entspricht.

Während aber die Finanzierungshilfe beim Devisenausgleich in den Veröffentlichungen der Bundesregierung und der Bundesbank meistens nur am Rande vermerkt wird, rückt die Bundesbank den Erwerb der langfristigen Wertpapiere selbst in den Bereich der direkten Kreditgewährung, wenn sie schreibt: „Zwar waren die Buchkredite am Jahresende 1967 ... höher als im Jahr zuvor, und (Sperrung v. Verf.) im Rahmen der ... Offenmarkttransaktionen am Rentenmarkt hat die Bank ... Bundesanleihen ... angekauft[209].“ Die Zurückhaltung bei der Angabe dieser Direktkredite ist verständlich. Sie kann damit begründet werden, daß einerseits diese Kreditgewährung teilweise nicht im Einklang mit dem Bundesbankgesetz stand und daß wohl andererseits die Schaffung eines Präzedenzfalls für die Zukunft vermieden werden sollte[210].

---

209 Geschäftsbericht der DBB 1967, S. 81; *Schmölders*, G.: Grenzen der Staatsverschuldung, in: ZfgK, H. 23/1967, S. 1069, führt dazu aus: „In dem Augenblick, in dem die Notenbank öffentliche Anleihen auf eigene Rechnung aus dem Markt nimmt, um damit der öffentlichen Hand die Placierung neuer Anleihen zu ermöglichen, wird im Effekt Geldschöpfung zur Deckung von Haushaltsdefiziten getrieben und nichts anderes.“ Und *Veit*, O.: Grundriß der Währungspolitik, 3. Aufl., Frankfurt 1969, S. 283, führt aus: „Wenngleich diese Sonderaktion als Offenmarktgeschäft im Sinne des Gesetzes gekennzeichnet werden konnte, handelt es sich theoretisch um etwas anderes: um einen Sonderkredit der Zentralbank an die öffentliche Hand.“

210 *Oberhauser*, A.: Die Zentralbank als Geschäftsbank des Staates, a.a.O., S. 393 (Fußnote 3), rückt außerdem die Einbeziehung des Kassenobligationen mit einer Restlaufzeit von 18 Monaten in den Bereich der Direktkredite, wenn er schreibt: „Es handelt sich hierbei um eine unzulängliche und zugleich bedenkliche Ersatzmaßnahme für die fehlende Möglichkeit, direkt Konjunkturkredite an den Staat zu geben.“

b) Hohe Geldmarktverschuldung des Bundes

Abgesehen von dieser Problematik bei den Direktkrediten, auf die unten noch ausführlich einzugehen sein wird[211], bestand „die entscheidende Hilfe der Bundesbank ... nicht in der unmittelbaren Kreditgewährung an die öffentliche Hand — ... sondern darin, daß sie den Kreditapparat durch verschiedene Maßnahmen aufnahmefähiger und aufnahmewilliger für öffentliche Schuldtitel machte“[212]. Die öffentliche Hand konnte sich also in dem geplanten Volumen auf dem Kreditmarkt verschulden; einschließlich der Schuldaufnahme des Lastenausgleichsfonds und der Inanspruchnahme von Kassenkrediten wurden in den beiden Jahren 1967 und 1968 öffentliche Kredite in Höhe von 41,9 Mrd. DM (brutto) bzw. 23,6 Mrd. DM (netto) finanziert[213, 214].

Wie der Tabelle 16 zu entnehmen ist, hat sich der Bund an dem Zuwachs der Nettoverschuldung in Höhe von 14,9 Mrd. DM (1967) mit 7,9 Mrd. DM — der Verteilung der stabilisierungspolitischen Lasten entsprechend — am stärksten beteiligt. Die Länder haben sich zwar mit 3,9 Mrd. DM um rund 1,0 Mrd. DM höher verschuldet als im Vorjahr. Jedoch war das — wie bereits erwähnt — „nicht so sehr Ausfluß einer bewußt antizyklischen Haushalts- und Verschuldungspolitik: die Länder waren vielmehr bestrebt, die konjunkturbedingt hohen Steuerausfälle wenigstens zum Teil wettzumachen“[215]. Gänzlich prozyklisch aber verhielten sich die Gemeinden. Wegen der Bindung der Neuverschuldung an bestimmte Verschuldungsgrenzen blieben sie mit 2,5 Mrd. DM um 1,0 Mrd. DM hinter der Kreditaufnahme des Vorjahres zurück[216].

Im Jahre 1968 hat sich die Nettokreditaufnahme mit 8,7 Mrd. DM aufgrund der bereits ansteigenden Steuereinnahmen (einschließlich einiger Steuerrechtsänderungen) gegenüber dem „Ausnahmejahr 1967“ wesentlich verringert. Zwar nutzte der Bund die gesamten Kreditermächtigun-

---

[211] Siehe unten 3. Kap.

[212] Geschäftsbericht der DBB 1967, S. 81.

[213] In diesen Beträgen sind die oben ermittelten situationsbedingten Kreditanforderungen enthalten. Da in den Finanzverwaltungen eine Aufschlüsselung der Fremdmittel nach Betrag und Schuldform für die verschiedenen Verschuldungsanlässe (Kernhaushalte, Steuermindereinnahmen und Konjunkturprogramme) leider nicht vorgenommen worden ist (Schreiben des Bundesfinanzministers vom 13. März 1970 an den Verfasser), können die folgenden Überlegungen zur Schuldenstatistik auch nur von den jeweils aufaddierten Beträgen ausgehen.

[214] Vgl. dazu auch Monatsberichte der DBB, Nr. 8/1970, S. 13 ff. (Neuere Tendenzen der öffentlichen Verschuldung); Geschäftsbericht der DBB 1967, S. 79 ff.

[215] Monatsberichte der DBB, Nr. 8/1970, S. 16; vgl. dazu auch ebenda, Nr. 5/1967, S. 10.

[216] Wegen der zu niedrigen Verschuldung von Ländern und Gemeinden hält der Sachverständigenrat — JG 1967/68, Ziff. 157 ff. — die von der öffentlichen Verschuldung ausgehenden expansiven Wirkungen für sehr gering.

Tabelle 16: **Brutto- und Nettoverschuldung[a] der öffentlichen Haushalte 1966—1969**

	Bund (1)	Länder (2)	Gemeinden (3)	ERP-Sondervermögen (4)	Lastenausgleichsfonds (5)	Summe (6)
	— in Mrd. DM —					
Bruttoverschuldung						
1966	7,308 [b]	4,085	5,031	—	0,285	16,709
1967	11,816 [b]	5,539	4,440	0,150	0,515	22,460
1968	10,849	3,352	4,489	0,390	0,400	19,480
1969	11,936	1,259	4,765	0,190	0,514	18,664
Nettoverschuldung						
1966	2,564	2,927	3,621	−0,004	0,203	9,130
1967	7,887	3,860	2,522	0,146	0,470	14,884
1968	3,724	2,151	2,200	0,369	0,251	8,695
1969	−1,833	−0,569	2,477	0,152	0,043	0,271

a) Einschließlich Kassenkredite. — b) Ohne Zuteilung von Schuldbuchforderungen an die Rentenversicherungsträger.

Quelle: Zusammengestellt nach: Monatsberichte der DBB, Nr. 8/1970, S. 16; Statistisches Bundesamt: Finanzen und Steuern, R. 3, I. Schulden, 1966, S. 11; 1967, S. 10; 1968, S. 11; 1969, S. 11.

gen in Höhe von 8,5 Mrd. DM (ohne Kassenkredite) für Umschuldungsoperationen[217] aus, die Nettoverschuldung lag aber mit 3,7 Mrd. DM weit unter diesem Betrag. Auch die Länder und Gemeinden blieben insgesamt unter der Schuldaufnahme des Vorjahres; sie nahmen jeweils nur Fremdmittel in Höhe von 2,2 Mrd. DM (netto) auf.

Das ERP-Sondervermögen verschuldete sich in dem oben ermittelten Umfang, also im Rahmen des ihm übertragenen Anteils am zweiten Konjunkturprogramm innerhalb der beiden Jahre.

Es ist also festzuhalten, daß die erforderliche situationsbedingte Kreditaufnahme, wie sie oben abgeleitet worden ist, im Laufe der Expansionsperiode 1967/1968 realisiert werden konnte und damit die notwendigen öffentlichen Ausgaben zur Ankurbelung der Konjunktur eingeleitet wurden. Jedoch sind damit die Überlegungen zur situationsorientierten Verschuldung noch nicht abgeschlossen. Denn die gelungene Unterbringung der zusätzlichen Verschuldung sagt für sich allein wenig aus[218], wenn sie nicht nach ihren fiskalischen und vor allem nach ihren nichtfiskalischen Wirkungen untersucht wird. Dazu ist eine Analyse der strukturellen Zusammensetzung der zusätzlichen Verschuldung nach den Verschuldungsformen und ihren Fälligkeiten sowie nach den Gläubigern und deren Verhaltensweisen erforderlich[219].

aa) Dominierende kurzfristige Fälligkeiten

Während in den Jahren zuvor der Anteil der kurzfristigen Titel an den Gesamtschulden, nicht zuletzt wegen der bestehenden traditionellen Deckungsregeln, mit 7 v. H. minimal war[220], ergab sich durch diese situationsbedingte Verschuldung eine grundlegende Verschiebung in

---

[217] Siehe unten 2. Kap. V. 2. c).

[218] Oftmals wird zur Rechtfertigung der Schuldaufnahme ein Vergleich zur Verschuldung anderer Länder oder zum Sozialprodukt herangezogen. Solche Vergleiche sind aber ziemlich bedeutungslos. Vgl. dazu *Haller*, H.: Lerneffekte, in: Der Volkswirt, Nr. 17/1970, S. 100; Wissenschaftlicher Beirat beim Bundeswirtschaftsministerium: Kriterien und Konsequenzen der Staatsverschuldung, abgedr. in: Finanzpolitik, hrsg. v. H. C. Recktenwald, Köln, Berlin 1969, S. 425.

[219] Die folgenden Ausführungen beziehen sich auf die strukturelle Zusammensetzung der zusätzlichen Bundesschulden, weil die Schuldaufnahme der Länder und Gemeinden keine besonders markanten Abweichungen gegenüber der „üblichen" Verschuldung aufweisen. *Irmler*, H.: Möglichkeiten und Grenzen der öffentlichen Verschuldung, a.a.O., S. 1028, begründet: „Die kurz- und mittelfristige Finanzierung ... begegnet ... vor allem auch im Kreis der Finanzverwaltung selbst immer wieder Bedenken. Sie widerstreitet den klassischen Vorstellungen von solider Finanzgebarung. Man fragt sich daher besorgt, wie kurzfristige Schulden so bedeutender Größenordnung termingemäß zurückgezahlt werden können und wie sie zumindest aus Kapitalmarktmitteln ohne schwere Störungen des Marktes zu konsolidieren wären."

[220] Vgl. Monatsberichte der DBB, Nr. 4/1967, S. 28 f.

Tabelle 17: **Verschuldungsformen des Bundes 1967 und 1968a)**

	U-Schätze	Kassen-obligationen	Darlehen	Anleihen	Summe
	(1)	(2)	(3)	(4)	(5)
	— in Mrd. DM —				
1967					
1. Vierteljahr	0,280	0,400	0,025	—	0,705
2. Vierteljahr	1,650	0,703	—	0,250	2,603
3. Vierteljahr	1,548	0,500	0,260	0,300	2,608
4. Vierteljahr	2,414	—	0,161	—	2,575
Gesamt	5,892	1,603	0,446	0,550	8,491
1968					
1. Vierteljahr	0,900	1,065	0,868	—	2,833
2. Vierteljahr	0,350	—	1,233	0,300	1,883
3. Vierteljahr	—	—	1,894	0,400	2,294
4. Vierteljahr	0,047	—	0,850	—	0,897
Gesamt	1,297	1,065	4,845	0,700	7,907

a) Diese Angaben weichen von anderen Statistiken (Deutsche Bundesbank, Statistisches Bundesamt) wohl wegen unterschiedlicher Periodenabgrenzung zum Teil beträchtlich ab.

Quelle: Schreiben des Bundesministers der Finanzen vom 2. April 1970 an den Verfasser.

der strukturellen Zusammensetzung der Schulden des Bundes. Den konjunkturpolitischen Erfordernissen und der Lage auf dem Kreditmarkt entsprechend verschuldete der Bund sich überwiegend kurz- und mittelfristig. Leider werden über die Fälligkeiten der Kredite — wie das beispielsweise aus einem Tilgungsplan ersichtlich werden kann — keine detaillierten Statistiken veröffentlicht[221]. So können nur aus den Verschuldungsformen einige Schlüsse hinsichtlich der Laufzeit der Kredite gezogen werden.

Betrachten wird den Zeitraum von Anfang 1967 bis Mitte 1968, der für die situationsbezogene Verschuldung ja vor allem in Frage kommt, so nahmen die unverzinslichen Schatzanweisungen (U-Schätze) mit 7,1 Mrd. DM den größten Anteil ein. Sie waren aufgrund der oben bereits erwähnten Laufzeitenverlängerung nach 24 Monaten zu tilgen. Es folgten mit 2,7 Mrd. DM die Kassenobligationen, die mit Fälligkeiten von drei und vier Jahren konditioniert waren. Etwa zwei Drittel dieser Titel konnten mit einer vierjährigen Laufzeit emittiert werden. Nicht viel weniger machten die direkten Bankkredite mit 2,5 Mrd. DM aus, von denen allerdings der größere Teil in mehreren hundert Einzelabschlüssen[222] erst im Laufe des Jahres 1968 aufgenommen werden konnte[223]. Diese Kredite, bei denen es sich vor allem um Schuldscheindarlehen handelte, hatten Laufzeiten von über fünf Jahren. Der Finanzierungsanteil der Anleihen (ohne die nicht abzugrenzende Beteiligung am Absatzergebnis der Kommunalobligationen) war dagegen mit fast 0,9 Mrd. DM sehr gering; die Anleihen wurden mit Laufzeiten bis zu zwölf Jahren ausgestattet.

Trotz dieser überwiegend kurz- bis mittelfristigen Schuldaufnahme wurde der Anteil der langfristigen Verschuldung an der gesamten zusätzlichen Verschuldung von der Bundesbank als noch zu hoch kritisiert; sie hätte eine weit stärkere kurzfristige Kreditaufnahme aus zinspolitischen Gründen für besser gehalten[224]. Deswegen ist es auch erstaunlich, daß die auf den Kreditplafond anzurechnenden Schatzwechselkredite nahezu vollständig getilgt und eben nicht ausgeweitet wurden[225]. Die Begründung des Finanzministeriums für dieses Vorgehen ist nicht sehr aufschlußreich: Der Abbau der Schatzwechselkredite erfolgte „im Einvernehmen mit der Bundesbank entsprechend den aktuellen kredit-

[221] Auch die entsprechenden Angaben in der mittelfristigen Finanzplanung sind noch viel zu ungenau. Siehe dazu beispielsweise Finanzbericht 1969, S. 112 (Finanzierungsrechnung).

[222] Schreiben des Bundesministers der Finanzen vom 21. April 1970 an den Verfasser.

[223] Vgl. auch Geschäftsbericht der DBB 1968, S. 79.

[224] Vgl. Geschäftsbericht der DBB 1967, S. 80.

[225] Siehe unten Tabelle 19.

politischen Notwendigkeiten"[226]. Zwei Gründe können diese Maßnahme vielleicht erklären: Einmal sollte wohl der Eindruck vermieden werden, daß sich der Bund mit (zu) kurzfristigen *Notenbank*krediten finanzierte, um ein Mißtrauen in der Öffentlichkeit gegen das schuldenpolitische Verhalten des Bundes und damit negative Signaleffekte gar nicht erst entstehen zu lassen. Zum anderen hätten diese Titel noch während der Auflockerungsperiode umgeschuldet werden müssen, was zu einer unerwünschten Beunruhigung des Geldmarktes und des Zinsniveaus hätte beitragen können.

Unter dem Aspekt der Fristigkeit der Schuldtitel ist zunächst einmal festzuhalten, daß durch die kurz- bis mittelfristige Finanzierung Geldmarkttitel im Werte von rund 12,2 Mrd. DM (unter Einbeziehung der bedingt refinanzierungsfähigen Kassenobligationen[227]) in den Verkehr gebracht wurden. Damit ist zugleich auch schon angedeutet, in welchen Portefeuilles sich diese Titel hauptsächlich befanden.

bb) Kreditinstitute — stärkste Gläubigergruppe

Den Zielsetzungen der „easy money policy" und den institutionellen Gegebenheiten des Kreditmarktes entsprechend wurden die öffentlichen Titel vorwiegend von den Kreditinstituten erworben. Da zudem die privaten Anleger wegen der in den Vorjahren entstandenen Kursverluste und wegen der zunächst noch bestehenden konjunkturellen Unsicherheit Sicht- und Spareinlagen einer Wertpapieranlage vorzogen, bestätigte sich (notwendigerweise) die Feststellung von K.-H. Hansmeyer[228], „daß Staatskredit heute im wesentlichen Bankkredit ist". Die Bundesbank unterstreicht: „Mehr noch als früher war in dem Zeitraum 1966 bis 1969 der Bankkredit die mit Abstand bedeutendste Verschuldungsart der öffentlichen Haushalte[229]."

Von der gesamten Nettoverschuldung[230] der öffentlichen Hand finanzierten die Kreditinstitute im Jahre 1967 12,3 Mrd. DM (82,8 v. H.). Im Jahre 1968 leisteten sie mit 11,1 Mrd. DM einen relativ gesehen noch größeren Finanzierungsbeitrag, da ein Teil der bei den Banken aufgenommenen Kredite für Tilgungszwecke bei anderen Gläubigern verwandt wurde.

Wie stark sich die zunehmende Verschuldung bei den Kreditinstituten auf die strukturelle Zusammensetzung der Gläubiger bezüglich der ge-

---

[226] Finanzbericht 1969, S. 271.

[227] Einschließlich der bereits früher emittierten Kassenobligationen, die in Höhe von 4,2 Mrd. DM in die Geldmarktregulierung einbezogen wurden.

[228] *Hansmeyer*, K.-H.: Der öffentliche Kredit, a.a.O., S. 32.

[229] Monatsberichte der DBB, Nr. 8/1970, S. 17.

[230] Der Verfasser muß sich mit diesen globalen Angaben begnügen, da über die Gläubigerstruktur detallierte Statistiken nicht veröffentlicht werden.

Tabelle 18

Anteile der Gläubigergruppen an der Nettoverschuldung der Gebietskörperschaften[a] 1966—1969

	1966	1967	1968	1969
	— in Mrd. DM —			
1. Bankensystem				
a) Bundesbank	0,343	0,302	— 1,907	0,809
b) Kreditinstitute	6,052	12,323	11,137	1,637
2. Inländische Nichtbanken				
a) Sozialversicherungen	0,873	0,982	— 1,214	— 1,754
b) Sonstige[b]	2,476	2,015	0,987	0,103
3. Ausland[c]	— 0,433	— 0,739	— 0,307	— 0,524
Gesamt	9,311	14,884	8,695	0,271

a) Einschließlich ERP-Sondervermögen und Lastenausgleichsfonds. — b) Öffentliche und private Stellen (als Differenz ermittelt). — c) Zum Teil geschätzt.

Quelle: Geschäftsbericht der DBB 1968, S. 80; 1970, S. 79.

samten Schulden auswirkte, kann an folgenden Zahlen verdeutlicht werden: Im Jahre 1965 hatten die Kreditinstitute einen Anteil von 47 v. H. an den gesamten öffentlichen Schulden; ihr Anteil stieg bis Ende 1968 auf 59,1 v. H. und überschritt 1969 die 60-Prozent-Linie.

Aus diesem eindeutigen Übergewicht der Banken als Gläubiger — und die obigen Relationen dürfen wohl mit nur unwesentlichen Abweichungen auf die Gläubigerstruktur des Bundes übertragen werden — erwuchsen dem Bund als Kreditnachfrager zusätzliche Probleme. Bei der Darstellung der geldpolitischen Auflockerungsmaßnahmen hatte sich gezeigt, daß auch die Bundesbank diese Abhängigkeiten nicht beliebig abzuschwächen vermochte[231]. Die Banken legten ihre Mittel eben nicht nur in öffentlichen Titeln an — solange die private Kreditnachfrage noch nicht eingesetzt hatte —, sondern versuchten, aufgrund ihrer rentabilitätsmäßigen Zielsetzung unter Beachtung der liquiditäts- und risikopolitischen Grundsätze eine Anlagenstreuung vorzunehmen. So wurden erhebliche Beträge der freigegebenen Liquidität ins Ausland transferiert. Die dadurch entstehenden liquiditätsmäßigen „Sickerver-

[231] Deswegen hat die Notenbank beispielsweise versucht, die Banken durch mit rückwirkender Kraft wirksam werdende Mindestreservesatzsenkungen unter „Anlagezwang" zu setzen.

luste“ waren aber neben der Blockierung der Bemühungen um eine Zinssenkung vor allem wegen des fiskalischen Ziels der Einnahmeerzielung unerwünscht. Die Bundesbank bestätigt: „Der Bund hatte insoweit keine traditionellen Kreditgeber unter den Banken; er mußte sie in der Regel erst suchen[232].“

Die aus dem Anlageverhalten der Banken resultierenden Dosierungsprobleme erschwerten also nicht nur die Notenbankpolitik, sondern sie verlangten auch vom Schuldenreferat schnelle, der jeweiligen Marktsituation angepaßte Verschuldungsoperationen. Da diese Fragen aber wegen ihrer Situationsgebundenheit allgemeingültig kaum zu lösen sind, blieb der Spielraum für eine situationsbedingte Verschuldung immer vom Anlageverhalten der Banken abhängig[233].

c) *Umdispositionen bei den Kassenkrediten*

Um das Bild der Kreditaufnahme in der Expansionsperiode 1967/1968 zu vervollständigen, ist schließlich noch zu prüfen, in welchem Umfang der Kreditplafond nach § 20 BBkG (Buchkredite der Bundesbank und Schatzwechselkredite) vom Bund in Anspruch genommen wurde. Dabei zeigt sich überraschenderweise — wenn vom bereits erwähnten außergewöhnlichen Abbau der Schatzwechselkredite einmal abgesehen wird —, daß Kassenkredite über ein „normales“ Maß hinaus nicht abgerufen worden sind. Die Erhöhung des Kreditvolumens um 400 Mill. DM im Laufe des Jahres 1967 ist bei den gegebenen außergewöhnlichen Finanzierungsschwierigkeiten nicht von Bedeutung.

Da während der ganzen Expansionsperiode kurz- und mittelfristige Kredite aufgenommen wurden und in der Folgezeit dann die Steuereinnahmen stiegen, ist also die seit dem 30. November 1967 durch die Aufstockung des Kreditplafonds eingeräumte Möglichkeit, in einem größeren Volumen Kassenkredite aufzunehmen, nicht — wie vielfach befürchtet[234] — für die stabilisierungspolitischen Zwecke „mißbraucht“ worden.

---

[232] Monatsberichte der DBB, Nr. 8/1970, S. 20.

[233] „Der Eventualhaushalt ... (ist) natürlich nur möglich, wenn die Bundesbank und wenn das Bankensystem im ganzen in der Lage ist, mitzumachen.“ *Schiller*, K.: Reden zur Wirtschaftspolitik, BMWI-Tetxe 1, a.a.O., S. 32 f. Deutlich wird das beispielsweise bei der Einbeziehung der Kassenoblgationen mit einer Restlaufzeit von 18 Monaten in die Offenmarktoperationen der Bundesbank; dieses Zugeständnis der Notenbank haben sich die Banken erzwungen.

[234] Vgl. beispielsweise *Schmölders*, G.: Grenzen der Staatsverschuldung, a.a.O., S. 1069.

Tabelle 19

Kassenkredite[a] des Bundes 1966—1969

	Buchkredite (1)	Schatzwechselkredite (2)	Summe (3)
	— in Mrd. DM —		
1966	0,667	1,196	1,863
1967			
1. Vierteljahr	—	1,619	1,619
2. Vierteljahr	0,016	1,631	1,647
3. Vierteljahr	—	0,837	0,837
4. Vierteljahr	2,062	0,204	2,266
1968			
1. Vierteljahr	—	0,471	0,471
2. Vierteljahr	—	—	—
3. Vierteljahr	—	—	—
4. Vierteljahr	1,344	0,150	1,494
1969			
1. Vierteljahr	—	—	—
2. Vierteljahr	—	—	—

a) Stand zum Jahres- bzw. Vierteljahresende; Abweichungen zu diesen Angaben in der Übersicht 6 (I. 8.; II. 6.) wahrscheinlich durch unterschiedliche (Perioden)Abgrenzungen.

Quelle: Zusammengestellt nach: Monatsberichte der DBB, Nr. 12/1967, S. 85; Nr. 12/1969, S. 58*; Nr. 8/1970, S. 56*.

d) *Zinskostenminimierung nur Nebenziel*

Da die reibungslose Unterbringung der Schuldtitel des Bundes in dem gewünschten Umfang das wichtigste Ziel der Schuldoperationen sein mußte, um die stabilisierungspolitischen Ziele realisieren zu können, konnte zwar einerseits die Frage der Zinskostenminimierung für den Bund in diesem Fall von zunächst nur zweitrangiger Bedeutung sein. Weil aber andererseits die Zinskosten sowohl in die Finanzierungsüberlegungen der Jahre 1967/1968[235] eingingen und darüber hinaus auch für die daran anschließenden Haushaltsplanungen zu beachten waren, konnten sie dennoch nicht vollkommen vernachlässigt werden.

---

[235] So ist die hohe Verschuldung mittels der U-Schätze unter diesem Aspekt unvorteilhaft, weil die Zinsen mit der Abdiskontierung fällig werden, was in entsprechender Höhe eine sofortige Liquiditätseinbuße zur Folge hat.

Unter diesem liquiditätsmäßigen Blickwinkel ist es letztlich überraschend, daß die im Zuge der Defizitfinanzierung entstehenden Zinslasten in den Debatten des Bundestages kaum diskutiert worden sind. Nur einmal wurde diese Frage durch den Abgeordneten Junghans deutlich angeschnitten, der die zinssenkenden Maßnahmen der Bundesbank begrüßte, „die auch — das ist hier nicht zum Ausdruck gebracht worden — bei der Finanzierung ... eine wichtige Rolle spielen, wenn man z. B. an die dafür vorgesehenen Zinsen denkt"[236].

Immerhin stiegen die Zinsaufwendungen des Bundes beträchtlich; im Jahre 1967 hatte der Bund Zinszahlungen in Höhe von 2,2 Mrd. DM zu leisten, die um über 800 Mill. DM über dem Betrag des Vorjahres lagen. Auch in den Folgejahren änderte sich an diesem hohen Zinsendienst nur wenig, auch wenn sich die Zins-Steuer-Quote[237] allmählich wieder verminderte.

Tabelle 20

Zinsendienst[a)] des Bundes und Zins-Steuer-Quote 1966—1969

	1966	1967	1968	1969
Zinsaufwendungen in Mrd. DM	1,413	2,228	2,132	2,368
Zins-Steuer-Quote in v. H.	2,3	3,6	3,2	3,0

a) Die Zahlen sind dem Finanzbericht 1971, S. 213, entnommen. Die dort gemachten Angaben (Bundesausgaben nach Aufgabenbereichen) stehen hinter dem Titel „Schulden', wobei in einer Fußnote vermerkt wird, daß es sich überwiegend um Zinsausgaben handelt. Genauere Angaben finden sich in den veröffentlichten Statistiken leider nicht.

Quelle: Finanzbericht 1971, S. 213, 220 f.; Berechnungen des Verfassers.

Obwohl dieser Anstieg in der Zinsbelastung beachtlich war, konnte das Ziel der Zinskostenminimierung wegen der gleichgerichteten Interessenlage von Geld- und Schuldenpolitik nahezu automatisch realisiert werden. Das war allerdings weniger auf die Bemühungen des Schuldenreferates, als auf die zinspolitischen Bemühungen der Bundesbank zurückzuführen. Zum einen achtete die Notenbank streng darauf, daß die Renditen der neu emittierten öffentlichen Titel die nachgebenden Zinssätze des Geld- und Rentenmarktes möglichst nicht negativ beeinflußten. Zum anderen versuchte sie durch die Forcierung der kurzfristigen

236 Verhandlungen des Deutschen Bundestages, 5. Wahlperiode, Bd. 63, a.a.O., S. 4325 A.

237 Diese „Quote", die statt der sonst üblichen Relation von Zinsen zu Gesamtausgaben auf die Relation Zinsen zu Gesamtsteueraufkommen abstellt, empfiehlt der Wissenschaftliche Beirat beim Bundeswirtschaftsministerium: Kriterien und Konsequenzen ..., a.a.O., S. 426.

Verschuldung der unterschiedlichen Entwicklung des Zinsniveaus auf dem Geld- und Rentenmarkt besonders Rechnung zu tragen. Während nämlich das Zinsniveau für Geldmarktkredite — wie oben dargestellt — auf die notenbankpolitischen Maßnahmen am schnellsten und stärksten reagierte, folgte das Zinsniveau für langfristige Kredite den Auflockerungsbestrebungen nur mit einer zeitlichen Verzögerung und in einem geringeren Ausmaß. Die bereits unter dem zinspolitischen Aspekt erwähnte Kritik der Notenbank an der nach ihrer Ansicht noch zu sehr langfristig orientierten Schuldaufnahme[238] deutet außerdem darauf hin, daß seitens des Schuldenreferates der Zinskostenminimierung keine allzu große Aufmerksamkeit gewidmet worden ist.

2. Die Beachtung von nichtfiskalischen Zielen

Wenn auch nach diesen Überlegungen die fiskalischen Ziele zum größten Teil erfüllt waren — das geplante Schuldvolumen war zu einigermaßen günstigen Konditionen finanziert —, so bleiben jedoch bei der Überprüfung der nichtfiskalischen Ziele einige Fragen offen. Diese Fragen beziehen sich nicht auf die Verwendung der aufgenommenen Fremdmittel für stabilisierungspolitische Zwecke. Der konjunkturelle Aufschwung war seit Mitte 1967 in Gang gekommen, sein Verlauf soll hier nicht weiter verfolgt werden[239]. Gemeint sind vielmehr die schuldpolitischen Fragen, die sich aus dem beträchtlichen Zuwachs der Bundesverschuldung und aus der einseitigen strukturellen Zusammensetzung der Schuld hinsichtlich der Fristigkeiten und Gläubiger ergeben. Neben verteilungspolitischen Konsequenzen handelt es sich hierbei vor allem um einige Schlußfolgerungen, die das spätere Zusammenspiel von Schuldenpolitik und Geldpolitik betreffen.

a) Erschwerte Geldpolitik durch aufgebautes Inflationspotential

Aus der oben dargestellten Abhängigkeit der Bundesbank (und des Schuldenreferates) als „fiskal agent" des Bundes vom Anlageverhalten der Kreditinstitute erwachsen der Bundesbank auch als Währungsbehörde Schwierigkeiten. Sie machen sich dann bemerkbar, wenn die Notenbank zu einem späteren Zeitpunkt[240] zur Dämpfung von konjunk-

---

[238] Vgl. Geschäftsbericht der DBB 1967, S. 80.

[239] Siehe dazu JG des Sachverständigenrates 1968/69, Ziff. 10 ff.

[240] Deswegen ist *die* Schuldenpolitik zu kurzfristig angelegt, die eine hohe zusätzliche Schuldaufnahme mit dem Hinweis auf ihre *momentane* konjunkturpolitische Ungefährlichkeit zu rechtfertigen versucht. Die von der Verschuldung ausgehenden Wirkungen sind nicht nur „jetzt" zu betrachten, sondern während der gesamten Laufzeit, also von der Ankündigung der Emission bis hin zur Schuldentilgung.

turellen Überhitzungserscheinungen einen restriktiven Kurs einzuschlagen beabsichtigt[241]. Die Banken können nämlich bei dem hier gewählten Verfahren der Verschuldung über eine überwiegend indirekte Geldschöpfung einer restriktiven Geldpolitik für eine mehr oder weniger lange Übergangsperiode widerstehen: Einmal können sie die in den verschiedenen Anlagekanälen „versickerte" Liquidität mobilisieren und die Entzugseffekte der Notenbankpolitik abblocken[242]. Außerdem dienen die kurzfristigen öffentlichen Titel in den Portefeuilles der Banken als Liquiditätspuffer; diese Titel sind als Offenmarktpapiere für die Refinanzierungszwecke hervorragend geeignet[243], da die Notenbank zu einem Ankauf praktisch verpflichtet ist[244]. Die Banken werden dieses Liquiditätspotential, das in der oben ermittelten, stark erhöhten Liquiditätsquote zu erkennen ist, solange ausnutzen, wie ihnen die private Kreditnachfrage im konjunkturellen Boom eine angemessene Verzinsung der eingesetzten Mittel unter Beachtung der liquiditäts- und risikopolitischen Vorstellungen gewährleistet. Zwar nimmt H. Rittershausen[245] an, daß die im Ermessen der Notenbank liegende Variation der Rücknahmesätze „eine ziemlich wirksame Bremse gegen von der Zentralbank nicht gewünschte Liquiditätsdispositionen ... der Kreditinstitute" ist. Jedoch dürfte wohl dieser für den Bereich der langfristigen Wertpapiere abgeleitete und dort schon umstrittene sog. Locking-in-Effekt[246] für den Bereich der kurzfristigen Titel keine Bedeutung

---

241 Vgl. Wissenschaftlicher Beirat beim Bundeswirtschaftsministerium: Kriterien und Konsequenzen ..., a.a.O., S. 427; *Wagenhöfer*, C.: Was vermag die Notenbank zu leisten, was nicht?, a.a.O., S. 5: „Besonders schwerwiegend ist m. E. das Bedenken, das durch eine nicht unbedingt notwendige überreichliche Liquiditätsversorgung ... der spätere Bremsweg der notenbankpolitischen Maßnahmen wieder verlängert wird, da die Banken ein Liquiditätspolster ... bilden können, von dem sie später bei einem neuen Boom zunächst zehren können."

242 Vgl. *Emminger*, O.: Aktuelle Probleme ..., a.a.O., S. 5; siehe auch *Haller*, H.: Neue Motivation der Staatsverschuldung?, in: Finanz- und Geldpolitik im Umbruch, hrsg. v. H. Haller, H. C. Recktenwald, Mainz 1969, S. 323 f.

243 Dies gilt jedoch nicht für die „individuelle" Schuldform des Schuldscheindarlehens, das unter diesem Aspekt „problemlos" ist. Siehe auch ergänzend dazu Geschäftsbericht der DBB 1968, S. 69.

244 Außerdem weist *Pfleiderer*, O.: Transaktionen mit der Notenbank und mit Geschäftsbanken im System der antizyklischen Finanzpolitik, in: Theorie und Praxis des finanzpolitischen Interventionismus, Fritz Neumark zum 70. Geburtstag, hrsg. v. H. Haller u. a., Tübingen 1970, S. 520, ausdrücklich darauf hin, daß „es im Zusammenhang mit einer Zunahme der Nettoverschuldung des Staates zu einer Erhöhung der Bankenliquidität nicht nur durch einer vorhergehende Geldschöpfung von Seiten der Notenbank kommen kann, sondern auch dadurch, daß die Kreditinstitute ohne vorhergehenden Zufluß von Notenbankgeld notenbankfähige Titel (...) in ihr Portefeuille nehmen".

245 *Rittershausen*, H.: Die Zentralnotenbank, Frankfurt 1962, S. 106; siehe auch *Hagenmüller*, K. F.: Der Bankbetrieb, Bd. II, Wiesbaden 1964, S. 169.

246 Dieser Effekt (auch als Lock-in-Effekt oder Roosa-Effekt bezeichnet)

haben. Handelt es sich doch bei den Geldmarktpapieren um ein „Vorratslager an Liquidität“, das für den Einsatz im (primären) Kreditgeschäft bestimmt ist.

Infolgedessen werden diese „money bubbles“ zu einem Inflationspotential[247], wenn und weil sie zu einem von der Bundesbank unerwünschten Zeitpunkt mobilisiert werden und damit die Politik der Notenbank konterkarieren (können). Diese Gefahr besteht so lange, wie die Notenbank damit rechnen muß, daß die öffentliche Hand dann nicht mehr mit der Bundesbank kooperiert, wenn sie auf die Finanzierungshilfe der Notenbank nicht mehr angewiesen ist[248]. Wird die Bundesbank von der Finanz- und Haushaltspolitik im Stich gelassen — wie das beispielsweise in den Jahren 1965/1966 und 1969/1970 der Fall war —, so ist sie gezwungen, den für richtig erachteten Restriktionskurs länger und/oder schärfer durchzuhalten, als es unter Umständen von der gesamtwirtschaftlichen Lage her vertretbar wäre. So kann zum Beispiel ein dann notwendigerweise „zu hoher“ Diskontsatz „hot money“ aus dem Ausland anziehen und ein unerwünschtes Zahlungsbilanzungleichgewicht mit entsprechenden binnenwirtschaftlichen Auswirkungen auslösen[249]. D. h. wichtige monetäre Daten und daran anschließende andere gesamtwirtschaftlich bedeutende Indikatoren sind starken Veränderungen unterworfen. Da es aber gerade das Ziel der Stabilisierungspolitik ist, die sich daraus ergebenden Konjunkturschwankungen zu glätten, können solche Ausschläge der Indikatoren einer stetigen konjunkturellen Entwicklung nur schaden.

---

beruht auf der These, daß die Banken als Inhaber langfristiger Wertpapiere bei steigenden Zinssätzen bzw. fallenden Kursen vor einem Verkauf dieser Titel zurückschrecken, um eine Realisierung der entstandenen Kursverluste zu vermeiden. Siehe dazu *Timmermann*, V.: Wertpapierbestände und Rendite, Liquiditätsentwicklung und Kredite — Eine empirische Analyse über die Wirksamkeit des Roosa-Effektes in der BRD, in: Zeitschrift für die gesamte Staatswissenschaft, Bd. 124/1968, S. 684 ff. und die daran anschließenden Diskussionsbeiträge von W. Neubauer; M. J. M. Neumann und V. Timmermann in: ebenda, Bd. 125/1969 sowie *Graebner*, W.: Die Wirkungsgrenzen der amerikanischen Notenbankpolitik, Veröffentlichungen des Instituts für Bankwirtschaft und Bankrecht an der Universität Köln, Bd. XVIII, hrsg. v. W. Erman u. a., Frankfurt 1966, S. 194 ff.; *Dürr*, E.: Wirkungsanalyse der monetären Konjunkturpolitik, Frankfurt 1966, S. 319 f.

247 Vgl. Rede des Präsidenten der Deutschen Bundesbank K. Blessing bei der Hundertjahrfeier der Industrie- und Handelkammer Rottweil ..., a.a.O., S. 3 f.

248 Das Stabilitätsgesetz bietet zwar zahlreiche Instrumente an, die für eine Dämpfungspolitik eingesetzt werden könnten. Die Hoffnungen, die an das Gesetz bei seiner Verabschiedung geknüpft wurden, haben sich aber bisher kaum erfüllt.

249 Wie sehr die notenbankpolitischen Maßnahmen unter solchen Umständen gestört werden können, schreibt die Bundesbank in ihrem Geschäftsbericht 1969, S. 13: „Die Heraufsetzung des Diskontsatzes von 3 auf 6 % wirkte sich wegen der nicht zu beseitigenden Überliquidität nur relativ wenig auf die Zinsen aus ... ; langfristige Bankkredite verteuerten sich ... lediglich um einen halben Prozentpunkt.“

b) Keine Expansionseffekte bei der Schuldentilgung

Neben dieser gerade aufgezeigten Möglichkeit des Bankensystems, die Wirksamkeit der Notenbankpolitik einzuschränken, wurde bis vor kurzem in der Literatur, die sich mit schuldenpolitischen Fragen beschäftigt, die Ansicht vertreten, daß eine restriktive Geldpolitik auch durch die aus einer Schuldentilgung, welche aus Steuermitteln finanziert wird, resultierende Liquiditätszuführung bei den Banken unterlaufen wird[250]. Der Ablauf der Wirkungszusammenhänge kann nach dieser Argumentation etwa wie folgt beschrieben werden: Im Zuge der Schulendtilgung erhalten die Kreditinstitute für die getilgten Schuldtitel[251] Primärliquidität (Aktivtausch). Die Kreditinstitute werden damit in die Lage versetzt, ihren Kreditspielraum auszudehnen. Das aber muß in einer Zeit des Booms mit hoher privater Kreditnachfrage vermieden werden, um die Konjunktur nicht noch weiter anzuheizen. Die daraus zu ziehende Schlußfolgerung lautet: Nur mit einer Schuldentilgung bei der Notenbank (bzw. im Ausland) kann ein Liquiditätsentzug mit entsprechenden kontraktiven Effekten erzielt werden. — In der Tat müßte die Tilgung der in der Rezession 1967/1968 aufgenommenen hohen Schulden bei diesen Wirkungen konjunkturpolitisch unerwünscht sein, wenn die Fälligkeitstermine der kurz- und mittelfristigen Schuldtitel in eine Boomperiode fallen[252].

Diese Betrachtungsweise übersieht jedoch zum einen, daß die Giralgeldschöpfungsmöglichkeit des Bankensystems nicht (allein) von der Primärliquidität abhängig ist, sondern vor allem von der Sekundärliquidität (near money), die also die jederzeit bei den Notenbank refinanzierungsfähigen Titel zur Grundlage hat[253]. Insofern brauchen die

---

[250] Siehe zu dieser Auffassung die Darstellung bei *Pfleiderer*, O.: Transaktionen mit der Notenbank ..., a.a.O., S. 512 ff. und die dort angegebene Literatur; *Albers*, W.: Staatsverschuldung und Geld- und Kreditpolitik, a.a.O., S. 37; ders.: Haushaltsrechtliche Grundlagen ..., a.a.O., S. 88; *Nöll v. d. Nahmer*, R.: Die Geldschöpfung drosseln, in: Frankfurter Allgemeine Zeitung, Nr. 137/18. 6. 1970, S. 15; Institut Finanzen und Steuern: Zur Problematik der öffentlichen Verschuldung, Brief 115, Bonn 1969, S. 15; *Hettlage*, K. M.: Möglichkeiten und Grenzen der öffentlichen Verschuldung, in: ZfgK, H. 23/1967, S. 1066; JG des Sachverständigenrates 1969/70, Ziff. 126. Davon gehen wohl auch die Paragraphen 5 II, 6 I StabG aus, die neben der Bildung einer Konjunkturausgleichsrücklage *nur* die Schuldentilgung bei der Bundesbank vorsehen.

[251] Dabei ist es im Grunde unerheblich, ob es sich um Geldmarkttitel (Sekundärliquidität)) oder um langfristige Wertpapiere handelt.

[252] Sind dagegen die Schuldtitel in einer Rezession fällig, müßte die Schuldentilgung ebenfalls expansive Effekte haben. Allerdings ergibt sich dann das Problem, die notwendigen Tilgungsmittel aufzubringen.

[253] Die Bundesbank hält die begriffliche Unterteilung in Primär- und Sekundärliquidität wegen des Near-money-Charakters der Sekundärliquidität und wegen der ständigen Ausgleichsoperationen zwischen diesen beiden Liquiditätsformen für unzweckmäßig; sie spricht deswegen von freien Liquiditätsreserven. Vgl. auch *Bockelmann*, H.: Keine verlorene Liebesmüh, in: Der Volkswirt, Nr. 50/1969, S. 30.

Kreditinstitute gar nicht erst den Liquiditätszufluß aus den Schuldentilgung abzuwarten; das erforderliche Zentralbankgeld können sie sich jederzeit aus dem oben beschriebenen „Inflationspotential" beschaffen. Von geringfügiger Bedeutung dürfte es dabei sein, daß bei der Schuldentilgung die Initiative vom Schuldner ausgeht, während bei der Refinanzierung über die Notenbank die Banken selbst entscheiden können, welche Titel sie nach ihrer eigenen Liquiditätsrechnung abgeben wollen. Die Institute kennen nämlich die Fälligkeiten ihrer Bestände genau und haben dementsprechend den Mittelzufluß aus der Schuldentilgung dispositiv in ihren Planungen berücksichtigt.

Zum zweiten haben K. Richebächer[254] und im Anschluß daran auch O. Pfleiderer[255] gegen diese angenommenen expansiven Wirkungen einer steuerfinanzierten Schuldentilgung einen noch weitergehenden Einwand vorgetragen. Danach ergeben sich bei der Schuldentilgung folgende Liquiditätseffekte: Die Steuerzahler lassen die zu zahlenden Steuerbeträge zu Lasten ihrer Sichtkonten bei den Kreditinstituten abbuchen. Die Banken überweisen diese Beträge auf das Konto des Bundes bei der Notenbank und verlieren dadurch in entsprechender Höhe Primärliquidität. Werden nun die Steuereinnahmen zur Schuldentilgung verwandt[256], so erfolgt in den Bilanzen der Banken ein Aktivtausch, d. h. Sekundärliquidität wird zu Primärliquidität. Insgesamt aber hat sich dadurch eine Bilanzverkürzung — die freien Liquiditätsreserven der Banken als Grundlage der Giralgeldschöpfungsmöglichkeit und Kreditvergabe haben sich damit verringert — ergeben. Der durch die Steuerzahlung bewirkte Liquiditätsentzug wird also durch die Schuldentilgung nicht wieder rückgängig gemacht.

Ähnlich läuft der Prozeß nun ab, wenn statt der Schulden im Bankensystem Schulden (bzw. Stillegung von Steuermitteln bei der Bundesbank zur Bildung einer Konjunkturausgleichsrücklage) bei der Bundesbank getilgt werden. Die Kreditinstitute ersetzen jetzt von sich aus den Verlust an Primärliquidität bei der Steuerzahlung durch eine Rück-

---

[254] *Richebächer*, K.: Geldabschöpfung durch Schuldentilgung, in: Der Volkswirt, Nr. 36/1969, S. 27 ff.; ähnliche Überlegungen finden sich auch schon bei *Hirsch*, H.: Die Finanzpolitik im Aufschwung, besonders im Hinblick auf das Problem der Schuldentilgung, in: Finanzarchiv, N. F. Bd. 23/1963/64, S. 404 f.

[255] *Pfleiderer*, O.: Transaktionen mit der Notenbank ..., a.a.O., S. 511 ff. „Es ist ... zu fragen, ob es denkbar ist, das sowohl die Aufnahme von Krediten bei Geschäftsbanken durch öffentliche Stellen wie die Tilgung solcher Kredite expansiv wirkt, was mindestens von unerhörter Paradoxie wäre." (S. 517).

[256] Es wird unterstellt, daß nur kurzfristige Titel getilgt werden und daß die Tilgungsbeträge zur gleichen Zeit ausgezahlt werden, wie die Steuerzahlungen zu leisten sind. (Beide Annahmen sind für den hier betrachteten Zeitraum durchaus realistisch.) Die durch den Abzug von Sichteinlagen verminderten Mindestreserververpflichtungen werden vernachlässigt.

gabe von Offenmarkttiteln an die Notenbank. Auch diesmal hat das eine Kürzung der Bankbilanz zu Folge.

Die Schuldentilgung bei der Bundesbank und im Bankensystem hat demnach identische kontraktive Wirkungen. „Für die Liquidität des Bankenapparates macht es überhaupt keinen Unterschied, ob die Kassenüberschüsse des Staates zur Ansammlung einer Konjunkturausgleichsrücklage bei der Notenbank, zur Tilgung von Staatsschulden bei der Notenbank oder zur Tilgung von Geldmarktpapieren im Portefeuille von Geschäftsbanken verwendet werden[257, 258].“

Nach diesen Überlegungen kann also eine Schuldentilgung zur konjunkturpolitischen Steuerung durchaus erwünscht sein — in der Hochkonjunktur. Auch die während der Periode der situationsbedingten Schuldaufnahme anfänglich noch eingeräumten Versprechungen der Bundesregierung und die Hoffnungen der Bundesbank zielten in diese Richtung: Die Politiker sprachen zur Beruhigung der Öffentlichkeit von einer schnellen Schuldenrückzahlung, ohne allerdings einen konkreten Tilgungsplan vorzulegen[259], und die Notenbank „forderte“ entsprechende Maßnahmen bei steigenden Steuereinnahmen und konjunkturellen Überhitzungserscheinungen[260]. Beide aber hatten weniger die oben beschriebenen kontraktiven Wirkungen, die durch eine *Schuldentilgung* erzielt werden können, im Sinn, als eine verringerte Ausgabentätigkeit des Bundes.

---

[257] *Pfleiderer,* O.: Transaktionen mit der Notenbank ..., a.a.O., S. 256.

[258] Allerdings ergeben sich neben der Frage der politischen Durchsetzbarkeit einige Fragen hinsichtlich der fiskalischen Belastung. Die Schuldnerin ist einerseits zur Schuldentilgung vertraglich verpflichtet, sie wird andererseits die Tilgung der Bildung einer Konjunkturausgleichsrücklage wegen der Zinsersparnisse vorziehen. Aus letzterem Grund befanden sich in den Jahren 1969/1970 auch der Bund und die Länder in einer besseren Position, die aufgrund ihrer kurzfristigen Verschuldung in den Jahren 1967/1968 Investitionen vorziehen konnten und nun im Jahre 1969 Schulden tilgen konnten, statt diese Mittel zinslos in die Konjunkturausgleichsrücklage (mit einem Ausfall an Investitionen) einbringen zu müssen. Vgl. dazu die aufgrund von § 15 StabG erlassene Verordnung über die Bildung von Konjunkturausgleichsrücklagen durch Bund und Länder im Haushaltsjahr 1969 v. 24. 7. 1969 (BGBl. I, S. 940).

[259] Vgl. beispielsweise Verhandlungen des Deutschen Bundestages, 5. Wahlperiode, Bd. 64, a.a.O., S. 6012 D, 6017 B.

[260] So führt *Emminger,* O.: Aktuelle Probleme ..., a.a.O., S. 3, aus: „Die Bundesregierung ihrerseits ist durch eine Reihe feierlicher Erklärungen des Bundesfinanz- und des Bundeswirtschaftsministers im Wort, daß sie bei einer Änderung der Konjunktur sofort entsprechend dem neuen Stabilitätsgesetz reagieren werde, vor allem auch, daß sie konjunkturbedingte Steuer-Mehreinnahmen nicht, wie früher üblich, zu zusätzlichen Ausgaben, sondern zu einer Tilgung der in der Rezession aufgenommenen Schulden verwenden werde. Wir dürfen hier hoffentlich auch auf den Druck der öffentlichen Meinung vertrauen.“

Auch unabhängig von den hinter einer solchen Maßnahme stehenden Motiven gelang es dem Bund (und mit 0,6 Mrd. DM Nettotilgung auch den Ländern), von den im Jahre 1969 anstehenden festen Tilgungsverpflichtungen in Höhe von 7,9 Mrd. DM[261] einen beträchtlichen Teil abzubauen: Gegenüber den Banken und der Bundesbank sind die Geldmarktkredite in Höhe von 5,2 Mrd. DM getilgt[262] und die Bundesschulden insgesamt durch eine Nettotilgung um 1,8 Mrd. DM vermindert worden[263]. Damit wurde in der Tat ein echter, wenn auch längst nicht ausreichender antizyklischer Beitrag zur Dämpfung der nun bereits heißgelaufenen Konjunktur geleistet.

Nun darf aber nicht aufgrund dieser veränderten Betrachtungsweise[264] und des erfolgreichen Einsatzes der „Schuldentilgung als Instrument der Liquiditätspolitik" gefolgert werden, daß damit das konjunkturpolitische Instrumentarium eine wesentliche Bereichung erfahren hat. Die Schuldentilgung ist nämlich nicht so „beliebig" steuerbar, wie das vielfach angenommen wird:

Die haushaltspolitische Situation nahm in den Jahren 1969/1970 eine ausgesprochen günstige Entwicklung; die Steuereinnahmen stiegen stärker als erwartet. So war es möglich, daß ein Teil der Schuldtitel[265] bei ihrer Fälligkeit — und mehr als es nach der ersten mittelfristigen Finanzplanung (1967—1971)[266] vorgesehen war —, getilgt wurde. Nur in diesem Sinne ist das in dieser Zeit oftmals verwandte Wort der (vorzeitigen, verstärkten) *zusätzlichen* Schuldentilgung zu verstehen. Wenn sich jedoch die staatlichen Ausgaben nicht so schnell und in diesem Ausmaß auf die konjunkturelle Entwicklung und damit auf die Steuereinnahmen ausgewirkt hätten, wie es tatsächlich geschehen ist, dann wäre diese Schuldentilgung aus Steuermitteln zu diesem Zeitpunkt nicht möglich gewesen. Der Kredithahn hätte noch einmal aufgedreht werden müssen[267], um die erforderlichen Umschuldungsoperationen finanzieren zu können. D. h. die hier vorgefundene günstige konjunkturelle und haushaltspolitische Entwicklung im Anschluß an eine situationsbedingte Verschuldung kann bei späteren, gleichartigen Anlässen nicht immer vorausgesetzt werden.

---

[261] Vgl. Bundesministerium der Finanzen: Konjunkturdämpfung durch Schuldentilgung, in: Finanznachrichten, Nr. 128/5. 8. 1969, S. 1.

[262] Vgl. Geschäftsbericht der DBB 1969, S. 52.

[263] Siehe Tabelle 16, S. 130.

[264] Vgl. Geschäftsbericht der DBB 1969, S. 12, 52; Monatsberichte der DBB, Nr. 8/1969, S. 6 f.; Nr. 9/1969, S. 15.

[265] Der größere Teil der Verpflichtungen mußte dennoch prolongiert bzw. konsolidiert werden, darauf wird im nächsten Abschnitt einzugehen sein.

[266] Vgl. Finanzbericht 1968, S. 104 (Anlage 4 a).

[267] Die im Herbst 1967 gemachten Vorschläge für ein drittes Konjunkturprogramm deuten auf diese Gefahr hin.

Darüber hinaus bleibt noch ein anderer Einwand zu erwähnen, der an die Vorstellung der „zusätzlichen" oder „vorzeitigen" Schuldentilgung anknüpft. Soll das nämlich in dem Sinne verstanden sein, daß Kredite vor ihrer Fälligkeit zurückgezahlt werden, so wird dabei übersehen[268], daß die Schuldtitel mit einer vertraglichen Laufzeit ausgestattet sind. Daran ist der Bund als Emittentin zunächst einmal gebunden. Eine Schuldentilgung, die vor (oder auch nach) der vertraglichen Fälligkeit vorgenommen werden soll, ist also nur möglich (von einem freiwilligen Verkauf soll einmal abgesehen werden), wenn dazu eine entsprechende Bereitschaft der Kreditinstitute als Titelinhaber vorliegt. Hier zeigt sich wiederum, daß die Abhängigkeit vom Anlageverhalten der Banken nicht nur bei der Emission gegeben ist. Denn ein Schuldnerkündigungsrecht gibt es in den Konditionen der kurzfristigen Titel noch nicht[269, 270].

Deswegen kommt unter den gegebenen Umständen eine Verkürzung (bzw. Verlängerung) der Fälligkeiten wohl nur für Kreditbeziehungen mit der Bundesbank in Frage, falls eine solche Maßnahme in das notenbankpolitische Konzept paßt. Da aber eine Defizitfinanzierung durch die Bundesbank ausgeschlossen ist, wäre nur eine Tilgung von Betriebsmittelkrediten (und eventuell der Abbau der Ausgleichsforderungen gegen den Bund) möglich. Wegen des relativ geringen Volumens der Kassenkredite und wegen der nur einmal möglichen Tilgung der Ausgleichsforderungen sind damit aber merkliche Liquiditätsentzugseffekte kaum zu erzielen[271, 272].

---

268 So auch von *Andel,* N.: Probleme der Staatsschuldentilgung, Finanzwissenschaftliche Forschungsarbeiten, N. F., H. 30, hrsg. v. G. Schmölders, Berlin 1964, S. 132 ff.

269 Es wird vom Sachverständigenrat, JG 1967/68, Ziff. 524 — Fußnote 2 — und von *Koch,* W. A. S.: Debt management bei wachsender Staatsschuld I, a.a.O., S. 400 vorgeschlagen. Da dadurch aber die Liquiditätsdispositionen der Banken wesentlich erschwert würden, ist kaum anzunehmen, daß sich die Kreditinstitute auf eine solche Kondition einlassen werden, solange sie ihre bisherige starke Marktstellung behaupten können, oder aber sie würden sich diese Verschlechterung der Ausstattung durch ein Aufgeld vergüten lassen. Siehe ferner *Wildhagen,* J.: Das Schuldnerkündigungsrecht in Anleiheverträgen, in: Kredit und Kapital, H. 1/1971, S. 57 ff.

270 Insofern stimmen nicht die Aussagen von *Hettlage,* K. M.: Möglichkeiten und Grenzen ..., a.a.O., S. 1067: „Eine gewisse Beweglichkeit wird also auch dem Tilgungsdienst unter konjunkturpolitischem Gesichtspunkt zuzusprechen sein. Nicht die juristische Fälligkeit der Staatsschulden entscheidet in erster Linie über den Tilgungszeitpunkt, sondern die gesamten Verhältnisse der Konjunktur und des Geld- und Kapitalmarktes am Fälligkeitszeitpunkt.", und vom Sachverständigenrat, JG 1967/68, Ziff. 187: „Die Tilgung dieser Kredite aus Steuereinnahmen ist eine ebenso selbständige konjunkturpolitische Maßnahme, wie es zuvor die Kreditfinanzierung zusätzlicher Ausgaben war."

271 Da eine vorzeitige Tilgung im Bankensystem kaum möglich ist, erscheint es allerdings sinnvoll, sie nicht in den Katalog der Maßnahmen nach §§ 5 II, 6 I StabG aufzunehmen (Ergänzung zur Fußnote 250 auf S. 142).

c) Schuldenkonsolidierung mit Hilfe des Bundesschatzbriefes?

Neben der im zu geringen Umfang möglichen Schuldentilgung war der Bund gezwungen — was sich bereits bei der Konzipierung der ersten mittelfristigen Finanzplanung herausstellte[273] — die fällig werdenden Titel zum größeren Teil durch Neuemissionen zu ersetzen. Die Veränderung der „Struktur des Fälligkeitsfächers[274]“, wie diese Operationen vereinfachend umschrieben werden, ist Aufgabe der Schuldenstrukturpolitik. Das hieß in diesem Falle, die fällig werdenden kurz- und mittelfristigen Titel durch langfristige Titel zu substituieren, wobei auch her wiederum fiskalische und nichtfiskalische Ziele zu beachten waren[275].

Die beträchtlichen Unterschiede zwischen der Brutto- und Nettoverschuldung in den an die Rezessionsperiode anschließenden Jahren[276] geben einen Anhaltspunkt für das Volumen der Prolongations- und Konsolidierungsoperationen. Da in diesen Beträgen jedoch auch die „normale“ Schuldaufnahme enthalten ist, kann der tatsächliche „Umsatz“ in etwa der aktualisierten dritten mittelfristigen Finanzplanung 1969—1973 entnommen werden. Danach waren für die sog. Anschlußfinanzierung folgende Beträge vorgesehen[277]:

im Jahr	1969	1970	1971	1972	1973
Anschlußfinanzierung in Mrd. DM	7,9	3,4	3,7	3,0	3,4

[272] Siehe auch *Hansmeyer,* K.-H.: in: *Stern,* K., *Münch,* P., *Hansmeyer,* K.-H.: Gesetz zur Förderung der Stabilität ..., a.a.O., Anm. zu § 5.

[273] „Die hohen Tilgungsverpflichtungen . . .können im Interesse einer kontinuierlichen Haushaltsentwicklung nicht sämtlich zu Lasten der ordentlichen Einnahmen der Jahre bis 1971 aufgebracht werden. Insoweit müssen bei Fälligkeit zur Tilgungsstreckung zusätzliche Kreditengagements (Prolongationen) eingegangen werden.“ Finanzbericht 1968, S. 96; vgl. auch Bulletin, Nr. 73/8. 7. 1967, S. 630 (Die Finanzplanung des Bundes bis 1971); Verhandlungen des Bundestages, 5. Wahlperiode, Bd. 64, a.a.O., S. 4323 C und Bd. 64, a.a.O., S. 5690 D f. Siehe zu dieser Auffassung die kritische Stellungnahme von *Muthesius,* V.: Schuldnermoral, in: ZfgK, H. 13/1967, S. 591 ff.

[274] *Irmler,* H.: Möglichkeiten und Grenzen der öffentlichen Verschuldung, a.a.O., S. 1028.

[275] Siehe ausführlich dazu *Hansmeyer,* K.-H.; *Mackscheidt,* K.: Die fiskalische Komponente ..., a.a.O., S. 241; *Hansmeyer,* K.-H.: Die optimale Schuldenstruktur bei gegebenem Schuldenstand, a.a.O.; zu den gesetzlichen Voraussetzungen der Umschuldung siehe *Koch,* W. A. S.: Debt management — seine rechtlichen Grundlagen II, in: ZfgK, H. 11/1971, S. 448 ff.

[276] Vgl. Tabelle 16, S. 130.

[277] Entnommen Finanzbericht 1970, S. 132.

Auch wenn nun aus den veröffentlichten Statistiken nicht eindeutig hervorgeht, in welchem Maße die situationsbezogene Verschuldung der Jahre 1967/1968 in die Umschuldungsoperationen einbezogen worden ist (von den Wirkungen her ist es letztlich unerheblich), so lassen sich doch aus den Veränderungen in der strukturellen Zusammensetzung der Schuldarten einige Schlüsse ziehen:

Tabelle 21

Schuldenstand des Bundes nach ausgewählten Schuldarten 1967—1970

	1967	1968	1969	1970
	— in Mrd. DM —			
1. Buchkredite der Bundesbank	2,062	1,344	1,790	1,915
2. Geldmarktpapiere[a)]	7,679	8,467	2,360	1,700
3. Kassenobligationen	2,625	3,240	3,163	2,900
Summe 2. und 3.	10,304	11,707	5,523	4,600
4. Anleihen[b)]	7,284	7,911	8,325	9,240
5. Bankkredite	0,750	5,421	9,853	11,800
Summe 4 und 5	8,034	13,332	18,178	21,040

a) Zum größten Teil unverzinsliche Schatzanweisungen. — b) Ab 1969 einschließlich Bundesschatzbriefe; ohne im eigenen Bestand befindliche Anleihestücke.
Quelle: Monatsberichte der DBB, Nr. 6/1971, S. 60*.

Aus der vorstehenden Tabelle wird ersichtlich, daß die (in der zweiten Hälfte des Jahres 1968 bereits einsetzende) langfristige Schuldaufnahme im Jahre 1969 weiter fortgesetzt werden konnte (plus 4,8 Mrd. DM) und damit die kurzfristigen Verpflichtungen (vor allem die im Jahre 1969 fällig werdenden U-Schätze) um 6,2 Mrd. DM abgebaut worden sind. Auch im Jahre 1970 setzte sich dieser Trend — wenn auch in stark abgeschwächtem Maße — fort. Diese Umschuldungsoperationen unterstützten die während dieser Zeit verfolgten geldpolitischen Ziele der Bundesbank. Durch den Verkauf langfristiger Titel und die verstärkte Inanspruchnahme von Bankkrediten (Schuldscheindarlehen) wurde der Liquiditätsgrad der umlaufenden Titel wegen der Anhebung der durchschnittlichen Restlaufzeit und wegen der mangelnden Refinanzierungsfähigkeit der Schuldscheindarlehen verschlechtert. Da nun die Wirkungen einer Schuldentilgung kurzfristiger Titel mittels Steuereinnahmen oder langfristiger Schuldaufnahme identisch sind[278], ergaben sich ten-

[278] Vgl. Monatsberichte der DBB, Nr. 8/1969, S. 7; *Pfleiderer*, O.: Transaktionen mit der Notenbank ..., a.a.O., S. 527.

denziell kontraktive Effekte, d. h. der Kreditspielraum der Banken wurde eingeengt. — Zugleich konnte bei diesen Maßnahmen das fiskalische Ziel der Zinskostenminimierung mitverfolgt werden, da die Kreditnachfrage des Bundes auf ein zwischenzeitlich gesunkenes Zinsniveau des Rentenmarktes traf[279]. Allerdings machten sich bereits im Frühsommer 1969 Anspannungserscheinungen auf dem Rentenmarkt bemerkbar: Die Neigung der Kreditinstitute, sich in längerfristigen Wertpapieren zu engagieren, ließ wegen der wachsenden privaten Kreditanforderungen nach. Die Banken konnten nun mit dem lukrativeren Kreditgeschäft gegenüber der als Zusatz- oder Ersatzgeschäft betriebenen Wertpapieranlage eine höhere Rendite erzielen[280]. Außerdem schränkten auch die Nichtbanken einschließlich der privaten Anleger ihre Käufe ein, da sie wegen des einsetzenden restriktiven Kurses[281] der Bundesbank mit steigenden Zinssätzen bzw. sinkenden Kursen rechneten.

Hier wird nun deutlich, daß es mit dem erreichten konjunkturellen Aufschwung und zunehmender privater Kreditnachfrage immer schwieriger wurde, bei der starken Marktposition der Banken als Wertpapierkäufer — hier allerdings als „Nichtkäufer" — die erforderlichen Prolongations- und Konsolidierungsoperationen über den Markt abzuwickeln. So wurden in der Börsen-Zeitung folgerichtig die Konsequenzen aus einer solchen Entwicklung gezogen[282]: „Nachdem es so weit gediehen ist, müssen die Paten dieser Neuverschuldung für einen Markt sorgen, der das Tilgen und Prolongieren und Neuplacieren sicherstellt, soll nicht eines Tages eine Verlegenheit entstehen. Gibt es einen Engpaß, dann muß der Bund eine Rückzugslinie haben, die nach Lage der Dinge derzeit nur in Richtung Bundesbank offen ist. Die Zentralbank hat A gesagt, sie muß nun B sagen." Und K. Richebächer[283] stellt fest, „daß der Abbau der Geldschöpfung durch Konsolidierung der schwebenden Schulden ... allzu oft an der Sorge vor einer möglichen und sogar wahrscheinlichen Steigerung des langfristigen Zinses" scheitert[284].

---

279 Erst im Juli 1969 überschreitet die Umlaufrendite für festverzinsliche Wertpapiere wieder die 7-%-Grenze.

280 Siehe *Mauersberger*, E.: Die Wertpapieranlage der westdeutschen Kreditinstitute, Diss. Köln 1963, S. 132; *Willners*, G.: Der Wertpapieranlage der Kreditbanken und ihre Bestimmungsfaktoren, Wiesbaden 1966, S. 72 ff.

281 Am 18. April 1969 wird der Diskontsatz von 3 v. H. auf 4 v. H. erhöht.

282 o. V.: Hier gibt es kein Zurück, in: Börsen-Zeitung, Nr. 143/28. 7. 1967, S. 1.

283 *Richebächer*, K.: Geldabschöpfung durch Schuldentilgung, a.a.O., S. 28.

284 Der Vorschlag des Sachverständigenrates im JG 1967/68, Ziff. 522, auf die anstehende Konsolidierung kurz- und mittelfristiger Schulden vorübergehend zu verzichten und sie stattdessen zu prolongieren, ändert an diesem Problem grundsätzlich nichts, es wird nur aufgeschoben. Neben den wiederum gegebenen Rückwirkungen auf das Zinsniveau bleibt die Abhängigkeit von der Prolongationsbereitschaft der Banken bestehen. Die Titel aber gehören für den Fall einer gelungenen Prolongation zur jederzeit mobilisier-

In diesem Dilemma befand sich die Bundesregierung, als im Wirtschafts- und Finanzministerium die bereits im Jahre 1961 entwickelte Idee wieder aufgegriffen wurde[285], eine sog. Volksobligation zu emittieren und diese bevorzugt dem Kleinsparer anzubieten[286]. Nach langen Verhandlungen, in denen insbesondere die Bedenken der Kreditinstitute gegen diese Schuldform aus dem Weg geräumt werden mußten, wurde die Emission des Bundesschatzbriefes im Jahreswirtschaftsbericht 1968[287] der Bundesregierung angekündigt: „Die Bundesregierung bereitet die Ausgabe eines nicht mit einem Kursrisiko behafteten ‚Sparbriefes der öffentlichen Hand‘ vor. Wie diese Papiere für die Bezieher niedriger Einkommen attraktiv gemacht werden können, wird noch geprüft.“

Obwohl die Emission des Bundesschatzbriefes meistens mit dem nichtfiskalischen Ziel der Vermögensbildung in breiten Bevölkerungskreisen begründet wird, stand zumindest am Anfang die Mittelbeschaffung für den Bund wohl im Vordergrund des Interesses. Finanzminister F. J. Strauß[288] referierte am 24. April 1969 vor dem Deutschen Sparkassentag in Karlsruhe: „Jede DM, die über den Bundeschatzbrief hereinkommt, entlastet natürlich (die) Kreditaufnahme über Anleihen, Darlehen oder kurzfristige Schuldtitel.“

Die erste Tranche des Bundesschatzbriefes wurde schließlich am 2. Januar 1969 zum Kauf angeboten. Doch die Politik der Marktspaltung, die mit der besonderen Ausstattung des Bundesschatzbriefes und der Beschränkung auf die Anlegergruppe der privaten Haushalte angestrebt wurde, und der Versuch der „lautlosen“ Kreditfinanzierung über eine Daueremission brachten nicht das erhoffte Absatzergebnis. Bis zum Jahresende 1970 konnten wegen der unübersichtlichen Ausstattung und

---

baren Liquiditätsreserve. Deswegen schlägt der Wissenschaftliche Beirat beim Bundeswirtschaftsministerium: Kriterien und Konsequenzen ..., a.a.O., S. 435, vor, möglichst langfristige und nicht ohne weiteres monetisierbare Schuldtitel im Publikum unterzubringen; er denkt dabei an den unten zu besprechenden Bundesschatzbrief.

[285] Vgl. Verhandlungen des Deutschen Bundestages, 5. Wahlperiode, Bd. 64, a.a.O., S. 6042 C.

[286] Das Folgende nach *Dickertmann*, D., *von Möllendorff*, R.: Der Bundesschatzbrief — aus fiskalischer Sicht I, II, III, in: ZfgK, H. 21/1971, S. 994 ff.; H. 22/1971, S. 1039 ff.; H. 23/1971, S. 1071 ff.

[287] Jahreswirtschaftsbericht der Bundesregierung 1968, BTag-Drucksache V/2511, S. 17; vgl. dazu auch *Muthesius*, V.: Neues Attentat auf den Kapitalmarkt, in: ZfgK, H. 4/1968, S. 148 f.

[288] *Strauß*, F. J.: Der öffentliche Kredit als Mittel der Haushaltspolitik — Notwendigkeiten und Grenzen —, in: Finanznachrichten, Nr. 95/29. 4. 1969, Anhang 1, S. 15. Ein kurz vor dem angeführten Zitat stehender Satz lautet: Der „Bundesschatzbrief war n i e (Sperrung v. Verf.) als fiskalisches Instrument geplant ..., das dem Staat zusätzliche Geldquellen erschließt. Haushaltswirtschaftlich erforderliche Kreditaufnahmen des Bundes werden sich durch (den) Bundesschatzbrief weder erhöhen noch vermindern“.

wegen zahlreicher Veränderungen der Konditionen sowie aufgrund der Konkurrenz mit den von den Kreditinstituten für eigene Finanzierungszwecke vertriebenen Sparbriefen nur für 575 Mill. DM[289] Bundesschatzbriefe abgesetzt werden. Erst nachdem den Anlegern eine gegenüber dem Marktzins (unter Berücksichtigung des bei öffentlichen Titeln erstmalig eingeräumten Gläubigerkündigungsrechtes und der damit verbundenen Kursgarantie sowie unter Berücksichtigung der relativ kurzen Laufzeit der Titel) liegende Superrendite geboten worden war, konnte das Absatzergebnis wesentlich verbessert und der Marktanteil vergrößert werden.

Durch diese besonderen Konditionen wird jedoch nicht nur das fiskalische Ziel der Zinskostenminimierung negativ tangiert, sondern darüber hinaus das Zinsniveau tendenziell so beeinflußt, daß sich daraus für die notenbankpolitischen Maßnahmen ein Störfaktor entwickeln kann. Schließlich ergeben sich daraus auch verteilungspolitische Fragen.

d) Widersprüche bei den verteilungspolitischen Wirkungen

Von der hier dargestellten Schuldaufnahme und den daran anschließenden Umschuldungsoperationen gingen schließlich verteilungspolitische Wirkungen aus. In der finanzwissenschaftlichen Literatur, die sich mit diesem Problemkreis beschäftigt, wurde bisher der sog. Transferansatz[290] vertreten. Dabei wird davon ausgegangen, daß sich der größte Teil der öffentlichen Titel im Besitz der „Reichen[291]“ befindet. Indem nun mit den von den „Armen“ aufgebrachten Steuern die Zinszahlungen an die Reichen geleistet werden, wird durch den Schuldendienst ein Einkommenstransfer ausgelöst, so daß auf diese Weise die bestehenden verteilungspolitischen Ungleichgewichte weiter verschärft werden.

Gegen diese Argumentation wendet sich nun O. Gandenberger unter besitmmten, hier nicht zu diskutierenden Annahmen mit folgenden Überlegungen[292]: Die Anleger — und hier sind wiederum vor allem Kreditinstitute zu betrachten — können eine entsprechende Verzinsung ihrer anlagebereiten Mittel auch an anderer Stelle erzielen; sie sind auf

[289] Monatsberichte der DBB, Nr. 6/1971, S. 60*.

[290] Siehe im einzelnen dazu die Darstellung bei *Gandenberger*, O.: Öffentlicher Kredit und Einkommensverteilung, in: Finanzarchiv, N. F. Bd. 29/1970, S. 1 ff. (mit weiteren Literaturhinweisen); *Hansmeyer*, K.-H.: Der öffentliche Kredit, a.a.O., S. 107 f.

[291] Wegen des überragenden Anteils des Kreditinstitute an der hier betrachteten Schuldaufnahme sind unter den „Reichen“ die Kreditinstitute zu verstehen. Auch wenn bei der verteilungspolitischen Inzidenz auf die Aktionäre dieser Institute zurückgegriffen wird, ändert sich — wenn von den Sparkasseninstituten einmal abgesehen wird — an der Aussage nichts.

[292] Vgl. *Gandenberger*, O.: Öffentlicher Kredit und Einkommensverteilung, a.a.O., S. 9 ff.; *Hansmeyer*, K.-H.: Der öffentliche Kredit, a.a.O., S 108 ff.

eine Anlage in öffentlichen Titeln nicht angewiesen. Insofern können die verteilungspolitisch unerwünschten Zinskumulierungen nicht speziell der Emission der öffentlichen Titel angelastet werden.

Für „normale" Zeiten, in denen die Kreditinstitute geeignete Engagements aus einem breiten Anlagefächer auswählen können, ist diese Argumentation zutreffend. Bei der hier zugrunde liegenden Ausgangssituation aber ist zu fragen, ob die Institute genügend andere Anlagemöglichkeiten auch ohne die situationsbedingte öffentliche Verschuldung gehabt hätten. Die Notenbank pumpte mittels Geldschöpfung[293] soviel Geld in das Bankensystem, wie es für die Unterbringung der öffentlichen Titel erforderlich war. Sie mußte die Kreditinstitute zur Zeichnung der Titel „zwingen", wenn sie nicht ihre Finanzierungszusage durch Selbsteintritt, also die Gewährung von Direktkrediten, erfüllen wollte. Die Banken aber legten ihre Mittel zuerst auf den zinsgünstigen ausländischen Geldmärkten an. Erst nachdem sie dabei — wie dargestellt — auf die von ihnen selbst festgelegten liquiditäts- und risikopolitischen Grenzen gestoßen waren, die eine weitere Anlage im Ausland ausschlossen, erwarben sie öffentliche Titel auf dem Geld- und Rentenmarkt. Andere Anlagemöglichkeiten, die ihren Anlagegrundsätzen entsprochen hätten, standen ihnen nicht zur Wahl, da die private Kreditnachfrage einschließlich des Angebots von Industrieobligationen (noch) stagnierte[294].

Ohne diesen *Zwang* zur öffentlichen Verschuldung wäre aber eine solch starke Geldschöpfung nicht erforderlich gewesen, hätten somit die Banken die aus diesen Anlagen auflaufenden Zinsen nicht vereinnahmen können[295, 296].

---

[293] Allerdings kann an dieser Stelle eingewandt werden, daß die Liquidität teilweise aus der Freigabe unverzinslicher Mindestreserven stammt. Durch die mit der Liquiditätsfreigabe ermöglichte Anlage in öffentlichen Titeln wird nun die den Banken vorher auferlegte Zinseinbuße — eine Art Steuer auf monetäre Vorgänge — wieder rückgängig gemacht. Da aber die Steuerung der Kreditvergabe der Banken als ein Teil der Geld- und Konjunkturpolitik der Allgemeinheit zugute kommt, kann nun auch die Allgemeinheit die Kosten für diese Maßnahme (Zinsen) tragen. Auf das Problem der Verzinsung von Mindestreserven soll hier nicht weiter eingegangen werden.

[294] Bei diesen Wertpapieranlagen sind allerdings die auszuklammern, bei denen die Banken eine Fristentransformation übernehmen, weil die privaten Anleger dem Wertpapierkauf eine Anlage in Sichtdepositen vorziehen. Siehe auch Geschäftsbericht der DBB 1968, S. 12, 66 ff.

[295] *Albers*, W.: Haushaltsrechtliche Grundlagen ..., a.a.O., S. 88, veranschlagt die aus der situationsbedingten Verschuldung resultierenden Zinseinnahmen der Banken auf 400 Mill. DM jährlich, wobei er allerdings keine Aussage über die Laufzeiten der Titel und über die Umschuldungsoperationen macht. Zu einem ähnlichen Ergebnis kommt *Recktenwald*, H.-C.: Tor zum Fortschritt, in: Der Volkswirt, Nr. 13/1969, S. 44.

[296] Das wird besonders deutlich, wenn man dieses Ergebnis mit dem einer Direktfinanzierung des Bundes bei der Bundesbank vergleicht. Siehe dazu unter 3. Kap. II., III. 3.

Aufgrund ihrer einmaligen Marktstellung, die durch die institutionelle Abschottung des Geldmarktes begünstigt wird[297], waren die Kreditinstitute außerdem in der Lage, Sonderkonditionen durchzusetzen, die der „kleine Anleger" niemals für sich in Anspruch nehmen kann[298]. Auch bei den späteren Emissionen, die für Prolongations- und Konsolidierungszwecke aufgelegt wurden, lassen sich die Konditionsvorteile der Banken gegenüber anderen Anlegern nicht ausschließen[299]. Dieser Tatbestand wird von der Bundesbank bestätigt: „Kostenmäßig war die Aufnahme von Direktdarlehen (bei den Banken, der Verf.) nicht immer von Vorteil[300]." Diese unbefriedigenden verteilungspolitischen Konsequenzen setzten sich in abgewandelter Form beim Absatz des Bundesschatzbriefes fort. Nur die öffentliche Hand als Emittentin kann es sich erlauben, eine vom Marktzins abweichende Superrendite zu bieten. In den Genuß dieses speziell durch diesen öffentlichen Titel ermöglichten Zinsvorteils kamen in der Regel aber nicht die „kleinen Anleger". Wie aus der Käuferstruktur zu ersehen und aus dem zur Superrendite korrelierenden jeweiligen Absatzergebnis zu vermuten ist, handelte es sich zum überwiegenden Teil beim Schatzbriefkäufer um kapitalkräftige Anleger[301].

Schließlich ist noch auf einen besonderen verteilungspolitischen Effekt aufmerksam zu machen, der durch die erwähnte Zuteilung der Schuld-

---

297 Die mit der Einführung des Tenderverfahrens erschlossene Möglichkeit, auch den privaten Anleger am Versteigerungsverfahren teilnehmen zu lassen und ihn so allmählich an den Geldmarkt heranzuführen, kann als Versuch begrüßt werden. Inzwischen ist dieser Ansatz erweitert worden; im Rahmen ihrer Offenmarktpolitik bietet die Bundesbank seit Juni 1971 auch den privaten Anlegern Geldmarktpapiere zum Kauf an. Vgl. dazu DBB, Auszüge aus Presseartikeln, Nr. 44/1971, S. 1 (Aktivierung der Offenmarktgeschäfte der Deutschen Bundesbank).

298 So stellt der Sachverständigenrat im JG 1967/68, Ziff. 524 (Fußnote 3), fest: „Öffentliche Anleihen werden an Übernahmekonsortien abgegeben; ... Die Abgabepreise werden nach Art von ‚Funktionsrabatten' gestaffelt; ob der Käufer zum Kreis der Begünstigten gehört oder nicht, entscheidet darüber, ob er die Titel billiger oder teurer bekommt; reine Mengenrabatte, unabhängig von der Person der Käufer ... sind nicht üblich." Auch *Strauß*, F. J.: Der öffentliche Kredit als Mittel ..., a.a.O., S. 16, bestätigt Sondervereinbarungen mit Großanlegern.

299 Dagegen kann eingewandt werden, daß diese Möglichkeit nicht nur bei öffentlichen Emissionen besteht. Jedoch ergibt sich im Vergleich zu privaten Emissionen der Unterschied, daß dort aufgrund der unterschiedlichen Zusammensetzung der Konsortien und aufgrund des Wettbewerbs der Konsortien untereinander die Konditionen schärfer ausgehandelt werden als bei dem in sich geschlossenen Konsortium für öffentliche Titel. Vgl. o. V.: Begehrte Papierexistenz, in: Der Volkswirt, Nr. 9/1969, S. 72; teilweise anderer Ansicht Reiter, W.: Das Bundesanleihekonsortium im Zusammenhang mit Gemeinwirtschaft, Staat, Banken und Kapitalmarkt, Wiesbaden 1967, S. 387 f.

300 Monatsberichte der DBB, Nr. 8/1970, S. 20.

301 Vgl. *Dickertmann*, D., *von Möllendorff*, R.: Der Bundesschatzbrief — aus fiskalischer Sicht III, a.a.O., S. 1074.

buchforderungen an die Rentenversicherungsträger ausgelöst wurde. Die Rentenversicherungsträger waren — wie geschildert — gezwungen, Wertpapiere aus ihren Beständen auf dem Rentenmarkt zu veräußern. Zwar konnte die von der Bundesbank eingeleitete Offenmarktpolitik in langfristigen Titeln eine graduelle Kursstabilisierung bewirken, die Realisierung von Kursverlusten zu Lasten der Versicherten wurde damit jedoch nicht verhindert. Diese via Rentenmarkt in den Besitz der Notenbank gelangten Titel wurden nach Beendigung der Ankäufe zu tendenziell steigenden Kursen wieder auf dem Markt untergebracht. Die erzielten Kursgewinne aber gingen in den Notenbankgewinn ein, der dann an den Bund abgeführt worden ist. Auch wenn es sich hier nur um kleine Beträge gehandelt haben dürfte, sollte dieser „Umverteilungseffekt", der sich in diesem Bereich der Defizitfinanzierung ergeben hat, nicht unberücksichtigt bleiben.

3. Einige ungelöste schuldenpolitische Fragen

Da der Bund mit den Anforderungen, die ihm aus einer solch hohen zusätzlichen Verschuldung erwachsen, erstmalig konfrontiert wurde, ist es nicht verwunderlich[302], daß er bei seinen Schuldoperationen mehr auf die Anforderungen des Augenblicks reagierte, als planvoll nach schuldenpolitischen Zielvorstellungen vorging. Zahlreiche Fragen, welche die Zinskosten, die Struktur der Fälligkeiten und der Gläubiger, die Tilgungsmöglichkeiten und das Prolongations- und Konsolidierungsverfahren sowie verteilungspolitische Wirkungen betreffen, wurden nicht hinreichend genug geprüft. So war beispielsweise in der ersten mittelfristigen Finanzplanung (1967—1971) noch vorgesehen, die Umschuldungsfinanzierung in erster Linie mit kurzfristigen Titeln vorzunehmen[303], während in der zweiten Finanzplanung (1968—1972) von Umschuldungsanforderungen gar nicht mehr die Rede ist[304]. W. A. S. Koch kommt so zu dem Ergebnis, daß bei den Schuldenoperationen „eine gewisse Konzeptionslosigkeit unverkennbar"[305] war.

Auch wenn davon ausgegangen wird, daß die bisher gesammelten Erfahrungen bei einer ähnlich gelagerten situationsbedingten Verschuldung vom Schuldenreferat des Finanzministeriums in Zusammenarbeit mit der Bundesbank nutzbringend für das „debt management" ausgewertet werden, bleiben einige grundsätzliche Fragen bestehen, die — wie es scheint — bei den gegebenen gesetzlichen und institutionellen Voraussetzungen auch nicht durch ein geschicktes „debt management"

[302] Vgl. auch JG des Sachverständigenrates 1967/68, Ziff. 524.
[303] Vgl. Finanzbericht 1968, S. 114.
[304] Vgl. Finanzbericht 1969, S. 96 f.
[305] *Koch*, W. A. S.: Debt management — aktuelle schuldenpolitische Fragen III, in: ZfgK, H. 12/1971, S. 506.

einer Lösung zugeführt werden können. Insbesondere handelt es sich dabei neben den besonderen Methoden, „unbemerkt“ Kreditbeziehungen zwischen dem Bund und der Bundesbank herzustellen, um folgende Fragen:

(1) Das „debt management“ ist, solange die Kreditinstitute für die Defizitfinanzierung die führende Gläubigerposition einnehmen (müssen), vom Anlegerverhalten der Banken abhängig; die Schuldenoperationen werden dadurch wesentlich erschwert.

(2) Daraus resultieren für die „easy money policy“ der Bundesbank die Schwierigkeiten, die richtige Dimensionierung der Liquiditätsauflockerung des Bankensystems zu erreichen. Ein Zuwenig an Liquidität verhindert die reibungslose Unterbringung der öffentlichen Titel, ein Zuviel läßt den Banken zu große Dispositionsfreiheiten.

(3) Auf jeden Fall aber entsteht bei den Kreditinstituten ein Inflationspotential; die bei der Notenbank refinanzierungsfähigen öffentlichen Titel können jederzeit von den Banken mobilisiert werden und dadurch die Geldpolitik empfindlich stören[306].

(4) Die deswegen erforderliche starke und/oder zeitlich lang andauernde Dimensionierung der notenbankpolitischen Restriktionsmaßnahmen trägt zu stärker schwankenden Konjunkturzyklen bei.

(5) Auch die Schuldentilgung, gegebenenfalls als kontraktives Instrument durchaus verwendbar, kann für Stabilisierungszwecke nicht „beliebig“ eingesetzt werden, da sich der Bund als Schuldner, abgesehen von dem für Tilgungszwecke verfügbaren Mittelaufkommen, an seine vertraglich eingegangenen Verpflichtungen zu halten hat. Bei einer Abweichung von den vertraglichen Bindungen ist die Zustimmung der Gläubiger, vor allem also der Kreditinstitute, erforderlich.

(6) Umschuldungserfordernisse stellen das „debt management“ vor zusätzliche Probleme fiskalischer, liquiditäts- und verteilungspolitischer Natur[307], wobei letztlich wiederum der Abhängigkeit vom Bankensystem besondere Bedeutung zukommt.

(7) Schließlich werden die verteilungspolitischen Ungleichgewichte durch die situationsbezogene Verschuldung verstärkt, da hauptsächlich die Banken aufgrund ihrer Marktstellung von dem Verschuldungszwang profitieren.

---

[306] „Es wird deshalb stets einer besonders sorgfältigen Abwägung bedürfen, wieweit das etwaige konjunkturpolitische Interesse an einer Ausweitung der Liquidität den Vorrang vor der längerfristigen Rücksicht auf Preisniveaustabilität beanspruchen kann.“ Der Wissenschaftliche Beirat beim Bundeswirtschaftsministerium: Kriterien und Konsequenzen..., a.a.O., S. 434.

[307] Siehe wiederum *Hansmeyer*, K.-H., *Mackscheidt*, K.: Die fiskalische Komponente..., a.a.O., S. 241 ff.; *Hansmeyer*, K.-H.: Die optimale Schuldenstruktur bei gegebenem Schuldenstand, a.a.O., S. 19 ff.

Drittes Kapitel

Das grundsätzliche Problem: Konjunkturbedingte Defizitfinanzierung durch Direktkredite der Deutschen Bundesbank?

Bei den bisherigen Überlegungen war der zur Zeit bestehende gesetzliche und institutionelle Rahmen für eine situationsbezogene Verschuldung des Bundes als gegeben unterstellt worden. Eine Defizitfinanzierung durch die Bundesbank war demnach ausgeschlossen.

Wegen der kritischen Anmerkungen zu diesem Finanzierungsverfahren sollte aber geprüft werden, ob nicht in einer Rezession die direkte Verschuldung des Bundes bei der Bundesbank zweckmäßiger wäre und zukünftig zugelassen werden sollte. Diese Frage hat sich beispielsweise auch die Prognos-Studie für das Bundeskanzleramt[1] vorgelegt, die unter Hinweis auf die Erfahrungen des Jahres 1967 zu dem Ergebnis kommt: „In der ‚Talsohle' hingegen kann der Fiskus die dann erforderlichen Ausgabenüberschüsse durch kurzfristige Verschuldung gegenüber der Bundesbank finanzieren, ohne den Kapitalmarkt in Anspruch zu nehmen und damit die Wiederbelebung der in erster Linie auf den Kapitalmarkt angewiesenen privatwirtschaftlichen Aktivitäten zu verzögern."

In der finanzwissenschaftlichen Literatur finden sich zahlreiche Überlegungen, die hinsichtlich der Finanzierung eines einzuleitenden Konjunkturaufschwungs zu dem gleichen Ergebnis kommen, d. h. die Verschuldung bei der Notenbank grundsätzlich für am zweckmäßigsten halten[2]. Während aber eine Gruppe von Autoren — wie beispielsweise W. Albers[3], J. Palke[4] und A. Oberhauser[5] — zum Teil sehr konkrete Vor-

---

[1] *Schröder,* D. unter Mitarbeit von *K. Roesler* und *G. Zubeil:* Wachstum und Gesellschaftspolitik, Prognos-Studien 4, Beiträge zur angewandten Wirtschaftsforschung, hrsg. von Prognos-AG-Basel, Stuttgart, Berlin, Köln, Mainz 1971, S. 337.

[2] So z. B. die allerdings schon älteren Aufsätze von *Nöll v. d. Nahmer,* R.: Die Deckung des öffentlichen Bedarfs durch nichtinflatorische Papiergeldausgabe, in: Finanzarchiv, N. F. Bd. 2/1934, S. 564 ff. u. *Pedersen,* J.: Einige Probleme der Finanzwirtschaft, in: Weltwirtschaftliches Archiv, 45. Bd./1937 I, 481 ff. sowie *Veit,* O.: Grundriß der Währungspolitik, a.a.O., S. 31, 248 ff.

[3] *Albers,* W.: Staatsverschuldung ..., a.a.O., S. 42 ff.; ders.: Haushaltsrechtliche Grundlagen ..., a.a.O., S. 95 ff.

schläge für eine solche Direktfinanzierung entwickeln, trägt eine zweite Autorengruppe — so beispielsweise F. Neumark[6] und K.-H. Hansmeyer[7] — Bedenken gegen eine Gewährung von Direktkrediten vor, indem sie vor allem vor den (inflationären) Gefahren bei einem möglichen Mißbrauch durch den Politiker warnen und deswegen lieber die Mängel der bisherigen Finanzierungspraxis in Kauf nehmen. Letztlich verfolgen jedoch alle Autoren dasselbe ökonomische Ziel, die Sicherung der wirtschaftlichen Stabilität, denn die Warnung von einem möglichen Mißbrauch allein kann „kein geeignetes Kriterium für einer rationale Verschuldungspolitik sein"[8].

Wenn es aber gelänge, die von allen Autoren anerkannten Vorteile einer Direktfinanzierung zu nutzen und dabei gleichzeitig die Gefahren eines möglichen Mißbrauchs weitgehend einzuschränken, könnten die Bemühungen um die wirtschaftliche Stabilität in diesem Teilbereich der öffentlichen Verschuldung und bei den davon ausgehenden Effekten wirkungsvoll unterstützt werden.

I. Die gesetzliche Neuregelung der Verschuldung

Während die Schuldaufnahme der Jahre 1967/1968 noch auf dem alten Recht mit den traditionellen Deckungsvorstellungen basierte, ist bei einer rezessiven konjunkturellen Entwicklung in der Zukunft von geänderten gesetzlichen Bestimmungen für die Verschuldung auszugehen. Diese als Kernstück der Haushaltsreform[9] besonders herausgestellten

---

[4] *Palke*, J.: Beziehungen zwischen der konjunkturpolitischen Zielsetzung und anderen Aufgaben der Finanzpolitik sowie den politischen Gegebenheiten, in: Konjunkturelle Stabilität als wirtschaftspolitische Aufgabe, hrsg. v. G. Zeitel, J. Palke, Tübingen 1962, S. 61 ff.; ders.: Steuerbedarf und Geldpolitik in der wachsenden Wirtschaft, Beiträge zur Geldlehre, hrsg. v. R. Schilcher, Berlin 1970, S. 103 ff.

[5] *Oberhauser*, A.: Probleme der Geldversorgung einer wachsenden Wirtschaft, in: Finanzarchiv, N. F. Bd. 25/1966, S. 405 ff.; ders.: Die Zentralbank als Geschäftsbank des Staates, a.a.O., S. 390 ff. A. Oberhauser bettet ebenso wie J. Palke die Fragen der Defizitfinanzierung in das Problem der Geldversorgung einer wachsenden Wirtschaft ein; siehe dazu auch *Wittmann*, W.: Versuch einer volkswirtschaftlichen Theorie des öffentlichen Kredits, in: Jahrbücher für Nationalökonomie und Statistik, Bd. 179/1966, S. 273 ff.

[6] *Neumark*, F.: Grundsätze und Arten ..., a.a.O., S. 647 ff.; ders.: Fiskalpolitik und Wachstumsschwankungen, a.a.O., S. 89 ff.

[7] *Hansmeyer*, K-H.: Der öffentliche Kredit, a.a.O., S. 98; ders. in *Stern*, K.; *Münch*, P., *Hansmeyer*, K.-H.: Gesetz zur Förderung ..., a.a.O., Anm. zu §§ 5,6.

[8] *Görgens*, H.: Sollen die Investitionen des Staates durch Kredite finanziert werden?, in: Mitteilungen, hrsg. v. Rheinisch-Westfälischen Institut für Wirtschaftsforschung, H. 1/1969, S. 7.

[9] Vgl. Zwanzigstes Gesetz zur Änderung des Grundgesetzes v. 12. 5. 1969 (BGBl. I, S. 357).

Neuregelungen wurden von den Politikern als der entscheidende, nun auch in der Praxis endlich vollzogene Übergang zur situationsbezogenen Verschuldung begrüßt[10].

Hinsichtlich der Schuldaufnahme formuliert Art. 115 I GG n. F. nunmehr: „Die Einnahmen aus Krediten dürfen die Summe der im Haushaltsplan veranschlagten Ausgaben für Investitionen nicht überschreiten; Ausnahmen sind nur zulässig zur Abwehr einer Störung des gesamtwirtschaftlichen Gleichgewichts". Diese Bestimmung enthält im Grunde zwei Deckungsregeln[11]: Die eine bezieht sich auf die konjunkturelle „Normallage", für die das Volumen der Investitionsausgaben als Obergrenze der Schuldaufnahme angesetzt wird. Auf die Problematik dieser Verschuldungsgrenze braucht hier nicht weiter eingegangen werden[12]. Interessanter unter dem hier zu prüfenden Aspekt ist die zweite Deckungsregel, nach der eine das Investitionsvolumen überschreitende Verschuldung zur Abwehr einer Störung des gesamtwirtschaftlichen Gleichgewichts zulässig ist. Da diese „Obergenze" unter den gegebenen Umständen — wie aus einem Vergleich der Höhe des Investitionsvolumens des Bundes und der Ergiebigkeit des Kreditmarktes unschwer zu erkennen ist — wenig operational ist, muß zur Interpretation des Gesetzestextes (ebenso wie bei der ersten Deckungsregel) Art. 109 II GG herangezogen werden. Danach hat der Bund bei seiner Haushaltswirtschaft, also auch bei der Schuldaufnahme, „den Erfordernissen des gesamtwirtschaftlichen Gleichgewichts Rechnung zu tragen"[13]. Aber mit dieser Forderung sind nicht nur die Grenzen für die situationsbezogene Schuldaufnahme nicht viel klarer geworden, auch über die Finanzierungsmöglichkeiten eines solchen Schuldbetrages ist damit noch nichts gesagt.

Hier muß nun wegen des sachlichen Zusammenhangs hilfsweise auf den bereits erwähnten § 6 III StabG zurückgegriffen werden, auch wenn es sich dabei nicht um eine Ausführungsvorschrift zu Art. 115 I GG handelt[14]. § 6 III StabG ermächtigt den Bundesminister der Finanzen, für bestimmte Zwecke (es handelt sich dabei um im Rahmen der mittel-

---

[10] Siehe z. B. *Möller*, A.: Staatsschuldenpolitik einst und heute, in: Blickpunkt Finanzen, Nr. 2, hrsg. v. Bundesministerium der Finanzen, Bonn 1970, S. 23 f.; *Strauß*, F. J.: Die Finanzverfassung, München, Wien 1969, S. 162.

[11] Zu dem darin enthaltenen Widerspruch vgl. *Dreißig*, W.: Zur Neuregelung der Kreditfinanzierung ..., a.a.O., S. 501 ff. und die dort angegebene Literatur.

[12] Siehe dazu u. a. *Hansmeyer*, K.-H.: Der öffentliche Kredit, a.a.O., S. 69 ff.; *Heier*, H. B.: Offene Fragen der Finanzpolitik, Beiträge des Deutschen Industrieinstituts, H. 8/1969, S. 25 ff.; Institut Finanzen und Steuern: Die Gesetzeentwürfe zur Haushaltsreform, Bonn 1969, H. 92, S. 23 ff.

[13] Siehe dazu im einzelnen *Piduch*, E. A.: Bundeshaushaltsrecht, a.a.O., Anm. zu Art. 109, RN 15 ff.

[14] Ebenda, Anm. zu Art. 115, RN 31.

fristigen Finanzplanung vorgesehene Ausgaben) „Kredite über die im Haushaltsgesetz erteilten Kreditermächtigungen hinaus bis zur Höhe von fünf Milliarden Deutsche Mark, gegebenenfalls mit Hilfe von Geldmarktpapieren, aufzunehmen". Die Widersprüche von Art. 115 I GG nehmen in dieser Bestimmung ihren Fortgang. Betrachtet man nämlich diese Regelung etwas genauer[15], so ist folgendes festzuhalten: Mit der Klausel „gegebenenfalls" wird an die traditionelle Deckungsregel wieder angeknüpft; denn in erster Linie sollen die zusätzlichen Ausgaben eines erforderlich werdenden Konjunkturprogramms langfristig finanziert werden[16], erst *danach* dürfen auch kurzfristige Kredite aufgenommen werden. Dabei muß man sich aber darüber klar sein, daß in einer Rezession langfristige Titel ohne Störungen des Marktes kaum placiert werden können. Die Entwicklung in den Jahren 1967/1968 hat das deutlich gemacht. Ferner ist zu bedenken, daß mit einer langfristigen Finanzierung der anzuregenden privaten Investitions- und Kreditnachfrage unnötig Konkurrenz gemacht wird.

Insoweit sind wegen des latent vorhandenen Mißtrauens gegenüber der öffentlichen Verschuldung Formulierungen gewählt worden, die den tatsächlich gemeinten Tatbestand verschleiern. Die Reformer hatten „Angst vor der eigenen (wirtschaftstheoretischen) Courage bekommen"[17]. Ohne die Kredithilfe der Bundesbank ist nämlich ein solches 5-Mrd.-DM-Kreditvolumen, eventuell auch noch revolvierend, gar nicht zu finanzieren[18]. Wird das aber zugegeben, so ist der Schritt bis zu einem Direktkredit der Bundesbank gar nicht mehr weit.

Die Entwicklung des Jahres 1967/1968 hat auch das bewiesen. Die dem Bund von der Bundesbank „heimlich" eingeräumten Direktkredite waren nahezu eine notwendige Konsequenz dieser gesetzlichen Regelung. Problematisch ist dabei eben der Tatbestand, den die Gegner einer direkten Kreditgewährung besonders herausstellen: Es gibt für den Umfang dieser Finanzierungshilfen keine Grenzen wie etwa beim Kassenkreditplafond nach § 20 BBkG, auf den beispielsweise emittierte Schatzwechsel angerechnet werden. Anzufügen ist schließlich, daß sich die Bundesbank verpflichtet hatte, die Steuermindereinnahmen und die beiden Konjunkturprogramme „zu finanzieren". Wenn dies nicht in dem gewünschten Umfang über den Kreditmarkt zu realisieren gewesen wäre, hätte die Bundesbank notgedrungen in noch stärkerem Maße, als

---

[15] Siehe dazu auch *Hansmeyer,* K.-H. in *Stern,* K., *Münch,* P., *Hansmeyer,* K.-H.: Gesetz zur Förderung ..., a.a.O., Anm. zu § 6.

[16] Während der Beratungen des Wirtschaftsausschusses des Deutschen Bundestages zum Stabilitätsgesetz wurde vorgeschlagen, die Formel „gegebenenfalls" ganz zu streichen, um den Grundsätzen einer soliden Finanzgebarung zu entsprechen.

[17] *Recktenwald,* H. C.: Tor zum Fortschritt, a.a.O., S. 44.

[18] Siehe dazu auch *Faber,* H.: Wirtschaftplanung und Bundesbankautonomie, Baden-Baden 1969, S. 22 ff.

es tatsächlich geschehen ist, mit eigenen Mitteln einspringen müssen[19]. Das hätte aber zur Folge, daß auch nach der gesetzlichen Neuregelung der Verschuldung durch das Stabilitätsgesetz und die Gesetze der Haushaltsrechtsreform eine wirksame Defizitfinanzierung nur durch eine breite Auslegung der bestehenden Gesetze zur Verschuldung möglich ist.

Unter diesen Umständen dürfte es zweckmäßig sein, durch eine Änderung der gesetzlichen Bestimmungen von vornherein bessere Voraussetzungen für eine Defizitfinanzierung zu schaffen. Dabei könnte es für eine politische Kontrolle und für die Vermeidung eines möglichen Mißbrauchs der zur Zeit bestehenden gesetzlichen Bestimmungen sinnvoll sein, dem Bund einen situationsbezogenen Direktkredit bei der Bundesbank einzuräumen, der auf einem „Stabilisierungskonto“[20] verbucht werden könnte. Damit wäre man bezüglich der Kreditbeziehungen zwischen Bund und Bundesbank zugleich der Forderung von G. Schmölders[21], „einmal klare Verhältnisse, eindeutige Verantwortlichkeiten und festumrissene Grenzen staatlicher Verschuldung zu schaffen“, zumindest einen guten Schritt nähergekommen.

Außerdem wäre der damit „ökonomisch an sich sinnlose Umweg“[22] der Finanzierung über das Bankensystem, den J. Pedersen[23] als eine „bloße Zeremonie“ abqualifiziert, überflüssig geworden[24]. Die ökonomischen Vorteile der Direktfinanzierung könnten sich dann voll auf den einzuleitenden konjunkturellen Aufschwung auswirken.

Nebenbei würde schließlich ein „Mangel an Folgerichtigkeit“[25] im Stabilitätsgesetz beseitigt: Zur Bekämpfung der Hochkonjunktur schreiben die Paragraphen 5 II, 6 I StabG vor, Schulden bei der Bundesbank zu tilgen und darüber hinaus Mittel in der Konjunkturausgleichsrücklage bei der Notenbank stillzulegen. Diesen Verpflichtungen steht nun zur Behebung einer Rezession nur die Auflösung der Konjunkturaus-

---

[19] „Es ist ferner ein ... höchst bedeutsames Novum in der Geschichte der deutschen Währungspolitik, daß die Notenbank der Regierung im voraus (Sperrung d. Verf.) zugesichert hat ... konjunsturbedingte(n) Steuerausfälle auf dem Kreditwege zu decken.“ Aus den Ausführungen des Vorstandsmitgiedes E. Vierhub auf der Hauptversammlung der Dresdner Bank AG am 4. Mai 1967, abgedr. in: DBB, Auszüge aus Presseartikeln, Nr. 37/1967, S. 5.

[20] *Pedersen,* J.: Einige Probleme ..., a.a.O., S. 487, spricht in diesem Zusammhang von einem Konjunkturausgleichsfonds.

[21] *Schmölders,* G.: Grenzen der Staatsverschuldung, a.a.O., S. 1070.

[22] *Hansmeyer,* K.-H.: Der öffentliche Kredit, a.a.O., S. 98.

[23] *Pedersen,* J.: Einige Probleme ..., a.a.O., S. 482.

[24] Siehe dazu auch *Neumark,* F.: Grundsätze und Arten ..., a.a.O., S. 648.

[25] *Koch,* W.: Die finanzpolitischen Mittel als Stabilisierungsgesetz, in: Fragen der wirtschaftlichen Stabilisierung, hrsg. v. A. E. Ott, Tübingen 1967, S. 48.

gleichsrücklage als Pendant gegenüber. Die Verschuldung bei der Notenbank als Gegenstück zur Schuldentilgung ist wegen der Befürchtungen von einem Mißbrauch[26] nicht zugelassen worden. Überraschend ist dabei, daß der Gesetzgeber trotz der schlechten Erfahrungen bei der Auflösung des sog. Juliusturms offensichtlich unterstellt, eine Konjunkturausgleichsrücklage werde zum konjunkturpolitisch richtigen Zeitpunkt aufgelöst[27]. Jedenfalls überläßt er der Regierung nach § 6 II StabG die nahezu volle Entscheidungsgewalt über die in der Konjunkturausgleichsrücklage angesammelten Mittel. Ende Juni 1971 handelte es sich dabei um einen Betrag von immerhin rund 3,0 Mrd. DM. Warum aber sollte der für eine konjunkturgerechte Auflösung der Konjunkturausgleichsrücklage an den Tag gelegte Optimismus[28] nicht auch für die Inanspruchnahme des Notenbankkredits gelten?

II. Die Einrichtung eines „Stabilisierungskontos“

Bei der Auflösung einer Konjunkturausgleichsrücklage aber wird dem Wirtschaftskreislauf „zusätzliche“ Liquidität zugeführt[29]. Von daher unterscheidet sich dieser Vorgang in keiner Weise von einer Verschuldung des Bundes bei der Bundesbank; in beiden Fällen handelt es sich um Geldschöpfung. — In der theoretischen Konzeption läßt sich also ein solches Verfahren der Direktfinanzierung leicht beschreiben: Wenn sich die konjunkturelle Entwicklung in einer Rezession befindet, wendet sich der Bund an die Bundesbank mit der Bitte, das Stabilisierungskonto in der Höhe überziehen zu dürfen, daß der konjunkturelle Aufschwung von der Finanzierungsseite her eingeleitet werden kann. Die Notenbank stellt die erforderlichen Mittel durch Geldschöpfung zur Verfügung. Die bei dem Umweg über den Kreditmarkt anzustellenden Überlegungen hinsichtlich der Signaleffekte, der liquiditäts- und verteilungspolitischen Wirkungen bei der Emission der öffentlichen Titel, bei der Tilgung[30] und bei einer eventuellen Umschuldung entfallen also

---

[26] Letztlich stellen damit die Parlamentarier sich selbst und der Regierung, die ja vom Parlament kontrolliert werden soll, ein Armutszeugnis aus.

[27] Vielleicht beruhigte man sich ursprünglich auch mit der Annahme, daß dieses Instrument „weitgehend auf dem Papier bleiben“ werde. *Zuck*, R.: Die Konjunkturausgleichsrücklage des Bundes und der Länder, in: Die öffentliche Verwaltung, 21. Jg./1968, S. 565.

[28] Siehe z. B. *Neumark*, F.: Fiskalpolitik und Wachstumsschwankungen, a.a.O., S. 87. Immerhin ist es theoretisch vorstellbar, daß die Regierung die Konjunkturausgleichsrücklage gegen den Willen der Bundesbank, die hier kein Mitspracherecht hat, auflöst. Vgl. *Faber*, H.: Wirtschaftsplanung ..., a.a.O., S. 21.

[29] Vgl. *Hansmeyer*, K.-H. in *Stern*, K., *Münch*, P., *Hansmeyer*, K.-H.: Gesetz zur Förderung ..., a.a.O., Anm. zu § 6.

[30] Siehe dazu noch unten 3. Kap. II. 4.

und lassen dementsprechend ein viel schnelleres und reibungsloseres Reagieren durch Bund und Bundesbank auf die konjunkturelle Lage zu[31].

In der politischen Praxis wären bei dieser Finanzierungsweise allerdings verschiedene Fragen von entscheidender Bedeutung zu regeln, um eine Inanspruchnahme dieses (zu) *bequemen* Finanzierungsweges zum konjunkturell falschen Zeitpunkt, für falsche Zwecke und/oder in einem zu großen Volumen möglichst zu vermeiden[32]. Denn Politiker (und schwache Regierungen) scheinen ohne zusätzliche Ausgabenwünsche kaum denkbar zu sein. Die Gefahr, daß die Notenbank zum Erfüllungsgehilfen des Bundes wird, müßte also hinreichend abgesichert werden.

1. Der Zeitpunkt einer Direktfinanzierung

Eine erste Frage könnte lauten, unter welchen konjunkturellen Umständen der Notenbankkredit vom Bund in Anspruch genommen werden darf und soll. Wann ist also eine Rezession gegeben, die nur durch staatliche Impulse beseitigt werden kann? Diese Frage bezieht sich auf die bisher auch in der Theorie nur für Teilbereiche gelösten Probleme der Konjunkturdiagnose und -prognose[33]. So können denn auch die gesetzlichen Bestimmungen zur Konjunkturpolitik auf diese Fragen keine Antwort geben. Zwar spricht das Grundgesetz in Art. 109 II vom „gesamtwirtschaftlichen Gleichgewicht“, auch im Stabilitätsgesetz wird auf diesen Terminus mehrfach Bezug genommen. Dennoch fehlt eine Konkretisierung dieses Begriffes, nach dem dann die Abweichungen als „Rezession“ bzw. „Hochkonjunktur“ eventuell abgeleitet werden könnten[34].

Aus dieser mangelnden Operationalisierung der Zielvorstellungen, die auch durch die Normierung von Teilzielen nach § 1 StabG nicht verbessert wird, ergibt sich nun, daß diese Schwierigkeit (noch) für den Einsatz aller bedeutenden konjunkturpolitischen Instrumente besteht. Die Nichtbeantwortung dieser Frage ist somit kein spezifisches Problem der Direktfinanzierung durch die Notenbank, sie kann ihr folglich auch nicht angelastet werden.

---

[31] So „wird man doch schon um der größeren Sicherheit und Schnelligkeit der angestrebten Wirkungen willen eine Kreditnahme des Staates beim Notenbankinstitut meist als die optimale Methode ansehen müssen“. *Neumark*, F.: Fiskalpolitik und Wachstumsschwankungen, a.a.O., S. 89.

[32] Dabei ist zu bedenken, daß in der Hochkonjunktur jede Kreditausweitung, nicht nur die über den Notenbankkredit, inflationistisch wirkt, da sie das Produktionspotential überfordert.

[33] Siehe dazu beispielsweise *Neumark*, F.: Fiskalpolitik und Wachstumsschwankungen, a.a.O., S. 28 ff.

[34] Siehe dazu den Versuch des Sachverständigenrates, JG 1970/71 (Konjunktur im Umbruch), Ziff. 142 ff., einen „Gesamtindikator“ zur Bestimmung der konjunkturellen Lage zu entwickeln.

2. Der Konjunkturrat mit Entscheidungsbefugnis

Aus den vorstehenden Überlegungen wird deutlich, daß damit das Problem des möglichen Mißbrauchs auf die Frage übertragen wird, *wer* die Entscheidung darüber zu treffen hätte, daß „die Situation da ist" und ein Notenbankkredit aufgenommen werden *muß*.

Wenn zur Beantwortung dieser Frage von den bisher bestehenden Regelungen nach §§ 6 II, III StabG ausgegangen wird, so liegt die Entscheidung für die Mobilisierung zusätzlicher Mittel, also für die Auflösung der Konjunkturausgleichsrücklage bzw. die Aufnahme von Krediten, bei der Bundesregierung bzw. beim Bundesfinanzminister. Das Parlament hat bei der Mittelbereitstellung auf seine Rechte weitgehend verzichtet[35]. Dennoch hält A. Möller[36] einen Mißbrauch dieser erweiterten Machtbefugnisse der Exekutive durch die Bundesregierung für wenig wahrscheinlich, weil „die Bundesregierung ... nur bei einer die Ziele des § 1 gefährdenden Abschwächung der allgemeinen Wirtschaftstätigkeit befugt (ist), die zur Deckung zusätzlicher Ausgaben ... nötigen Mittel im Kreditwege zu beschaffen; damit ist auch der Gefahr vorgebeugt, daß die Bundesregierung den Bundestag durch vorzeitige Kreditaufnahme hinsichtlich der Ausgabenbewilligung präjudiziert". Eine Präjudizierung durch eine vorsorgliche Kreditaufnahme wäre aber bei der Möglichkeit, einen Direktkredit bei der Bundesbank aufzunehmen, noch viel weniger als bei einer Verschuldung auf dem Kreditmarkt nötig, da ja die Mittel unter bestimmten Umständen *jederzeit* verfügbar wären. Für den Finanzminister wäre es nämlich wenig sinnvoll, diese Kredite bereits aufzunehmen für Ausgaben, deren Bewilligung durch das Parlament nach § 8 I StabG noch nicht vorliegt.

Zwar liegt hier ein gegenseitiges Abhängigkeitsverhältnis von Parlament und Bundesregierung vor — das Parlament muß die Ausgaben bewilligen, und der Bundesfinanzminister muß die Kredite aufnehmen —, dennoch könnte bei einer gleichgerichteten Interessenlage von Regierung und Parlament (etwa vor einer Wahl) die Gefahr einer mißbräuchlichen Inanspruchnahme des Direktkredits bestehen, zumal diese Kreditaufnahme *leichter* erfolgen könnte, als die im Stabilitätsgesetz

---

[35] *Neumark,* F.: Fiskalpolitik und Wachstumsschwankungen, a.a.O., S. 52, spricht von einer „gewaltige(n) Machtverschiebung zugunsten der Exekutive". Ähnlich auch *Koch,* W.: Die finanzpolitischen Mittel ..., a.a.O., S. 52. Kritisch äußert sich dazu *Huffschmid,* J.: Die Politik des Kapitals, Konzentration und Wirtschaftspolitik in der Bundesrepublik, Frankfurt 1969, S. 159 f.

[36] *Möller,* A.: Kommentar zum Gesetz zur Förderung der Stabilität ..., a.a.O., S. 146 (Anm. zu § 8); vgl. auch *Neumark,* F.: Fiskalpolitik und Wachstumsschwankungen, a.a.O., S. 87. Schließlich betont *Hankel,* W: Die Bundesbank und die Geschäftsbanken, BMWI-Texte, N. 99 (Bonn), 1970, S. 9, daß das Stabilitätsgesetz „in seiner Substanz eine Verpflichtung aller staatlichen Instanzen zur permanenten Amtshilfe an die Bundesbank" beinhaltet.

vorgesehene Verschuldung über den Kreditmarkt. Nach den Vorstellungen von W. Albers[37] könnte hier eine zusätzliche Sicherung in der Weise eingebaut werden, daß die Entscheidung über die Kreditaufnahme dem Konjunkturrat übertragen wird. Die Zustimmung des Konjunkturrates zur Direktfinanzierung könnte eventuell auch von der Bedingung abhängig gemacht werden, daß der Konjunkturrat zuvor den „Konjunkturnotstand“ zu erklären hätte[38]. Allerdings wäre es bei einer solchen Funktionserweiterung des Konjunkturrates, der bisher nur als Beratergremium „bei der Bundesregierung“ (§ 18 StabG) fungiert, sinnvoll, dann der Bundesbank als direkt betroffener Institution einer solchen Maßnahme statt des bisher gewährten Rechtes zur Teilnahme an den Beratungen das volle Stimmrecht einzuräumen[39].

3. Die Aufnahme des Direktkredits in Tranchen

Über die Einschränkung der Entscheidungsbefugnisse von Bundesregierung und Parlament hinaus könnte durch die Regelung des verfügbaren Schuldvolumens eine weitere Sicherung gegen eine falsche (zu hohe) Inanspruchnahme des Direktkredits eingeplant werden.

Wird wiederum den Bestimmungen des Stabilitätsgesetzes gefolgt, so müßte gemäß § 6 II StabG — hier allerdings mit Billigung des Konjunkturrates[40] — für die Finanzierung der zusätzlichen Ausgaben *zunächst* auf die Mittel der Konjunkturausgleichsrücklage zurückgegriffen werden[41]. Erst wenn die auf diese Weise bereitgestellten Mittel

---

[37] Vgl. *Albers*, W.: Staatsverschuldung und Geld- und Kreditpolitik, a.a.O., S. 44; ders.: Haushaltsrechtliche Grundlagen..., a.a.O., S. 89 f.; siehe zur Begründung auch *Dreißig*, W.: Zur Neuregelung der Kreditfinanzierung..., a.a.O., S. 506.

[38] Vgl. *Albers*, W.: Haushaltsrechtliche Grundlagen..., a.a.O., S. 89. Die Erklärung des Konjunkturnotstandes ist während der Beratungen zum Stabilitätsgesetz in den Ausschüssen lebhaft diskutiert worden. Sie wurde wegen der dahinter stehenden Ermessensentscheidung und aus psychologischen Gründen abgelehnt.

[39] *Palke*, J.: Beziehungen zwischen der konjunkturpolitischen Zielsetzung ..., a.a.O., S. 61 ff.; ders.: Steuerbedarf und Geldpolitik ..., a.a.O., S. 105, 108, möchte das Bewilligungsrecht zur Verschuldung allein der Notenbank übertragen, sie soll nach eigenem Ermessen vom Staat „Zuschüsse“ fordern oder dem Staat „Zuschüsse“ zur Verfügung stellen und sogar während des Haushaltsvollzuges eine betragsmäßige und/oder zeitliche Variation der „Zuschüsse“ vornehmen können. Siehe die Kritik dazu bei *Neumark*, F.: Fiskalpolitik und Wachstumsschwankungen, a.a.O., S. 90 (Fußnote 1).

[40] Damit wäre dann die Bundesbank an der Auflösung (und an der Bildung, siehe unten) der Konjunkturausgleichsrücklage beteiligt; bei den Beratungen zum Stabilitätsgesetz war ihr diese (von ihr selbst geforderte) Mitsprache verweigert worden.

[41] *Neumark*, F.: Fiskalpolitik und Wachstumsschwankungen, a.a.O., S. 89, sieht in der Bestimmung, „zunächst“ die Konjunkturausgleichsrücklage aufzulösen, „eine gewisse (sachlich freilich unerhebliche) Konzession an die traditionellen Auffassungen“, nach denen eine Auflösung von Rücklagen besser ist als die Schuldaufnahme.

zur Einleitung des Aufschwungs nicht ausreichen, dürfte das Stabilisierungskonto bei der Bundesbank überzogen werden.

Ohne eine wesentliche Änderung der bereits bestehenden Verhältnisse könnte eine *erste Tranche* für den Direktkredit mit 5,0 Mrd. DM ausgestattet sein, wenn man berücksichtigt, daß die Bundesbank in der Rezession 1967/1968 dem Bund mit Direktkrediten in Höhe von rund 4,2 Mrd. DM unter die Arme gegriffen hat. Diese Tranche könnte der Finanzminister nach einem Mehrheitsbeschluß des Konjunkturrates von der Notenbank abrufen.

Diese Mittel dürften wiederum den Bestimmungen des Stabilitätsgesetzes entsprechend (§ 6 III StabG) nur für solche Ausgaben verwendet werden, die im Rahmen der mittelfristigen Finanzplanung vorgesehen sind. Um zu vermeiden, daß die Regierung die Mittel dennoch für andere Zwecke verwendet, könnte zudem das Anweisungsrecht zur Bezahlung der Rechnungen für diesen Fall der Notenbank übertragen werden. Um nun bei einer Ablehnung dieser Anweisung durch die Notenbank eine übergebührliche Belastung des Kassenkreditplafonds zu vermeiden, könnte dieser Plafond nach dem Vorschlag von A. Oberhauser[42] um 1,0 bis 2,0 Mrd. DM vermindert werden.

Eine *zweite Tranche* von weiteren 5,0 Mrd. DM dürfte darüber hinaus der Finanzminister nur dann in Anspruch nehmen, wenn die Bundesbank bei den Beratungen des Konjunkturrates gegen diese Anforderung kein Veto einlegt. Dabei könnte das Veto in der Weise modifiziert werden, daß die Notenbank einem unter dem Höchstbetrag von 5,0 Mrd. DM liegenden Kreditbetrag zustimmt. Bei einer positiven Entscheidung hätten für die Verwendung der Mittel wiederum die gleichen Auflagen zu gelten, wie bei der ersten Tranche.

Sollte das Veto der Bundesbank jedoch von der Bundesregierung nicht abzeptiert werden, so müßte sie dazu eine Entscheidung des Bundestages herbeiführen[43]. Der Bundestag könnte dann mit einem Mehrheitsbeschluß das Veto der Bundesbank aufheben. Damit es bei dieser Entscheidung aber nicht zu unerwünschten zeitlichen Verzögerungen kommt, dürfte für die Beratungen des Parlaments nur eine bestimmte Frist vorgegeben werden.

Danach könnte der Bund über eine Kreditlinie[44] von 10,0 Mrd. DM für eine situationsbezogene Verschuldung verfügen. Unter Einbezie-

[42] *Oberhauser*, A.: Die Zentralbank als Geschäftsbank ..., a.a.O., S. 392.

[43] Ähnlich auch *Neumark*, F.: Fiskalpolitik und Wachstumsschwankungen, a.a.O., S. 90, der dafür plädiert, „daß man den Konflikt unverschleiert dem Parlament und der Öffentlichkeit darlegt und den Gegner im Wege geduldiger Verhandlungen zu einem vernünftigen Kompromiß zu bewegen sucht“. Vgl. auch *Schmölders*, G.: Geldpolitik, 2. Aufl., Tübingen, Zürich 1968, S. 208 f.

[44] In der Literatur bestehen unterschiedliche Vorstellungen darüber, ob

hung einer eventuell vorhandenen Konjunkturausgleichsrücklage und eines möglicherweise ähnlich einzurichtenden Stabilisierungskontos für die Länder[45] dürfte wohl das Kreditvolumen für die Einleitung eines konjunkturellen Aufschwungs ausreichen.

Eine darüber hinaus gehende kurzfristige Verschuldung des Bundes im Bankensystem wäre deswegen auszuschließen. An kurzfristigen Titeln könnten dann nur noch Schatzwechsel zur Finanzierung von Kassenkrediten im Rahmen des Kreditplafonds auf dem Markt untergebracht werden.

Unberührt von dieser Finanzierungsregelung bliebe aber die Verschuldung in langfristigen Wertpapieren; diese Titel sollten im Rahmen der gesetzlichen[46] und marktmäßigen Möglichkeiten im Publikum weiterhin placiert werden können[47].

4. Schuldentilgung nach konjunkturpolitischen Erfordernissen

Als ein besonderes Problem bei einer Direktfinanzierung wird vielfach der mangelnde Zwang zur Tilgung der Kredite hervorgehoben, der zu einer erhöhten Mißbrauchsgefahr Anlaß gibt. So begründet K.-H. Hansmeyer[48] seine ablehnende Haltung zur Direktfinanzierung mit der

---

ein Höchstbetrag für den Direktkredit festgelegt werden sollte oder ob darauf ganz verzichtet werden kann. So schlägt *Pedersen*, J.: Einige Probleme ..., a.a.O., S. 483 f., vor, die Kreditaufnahme zu stoppen, wenn eine „normale" Beschäftigung erreicht ist; *Albers*, W.: Haushaltsrechtliche Grundlagen ..., a.a.O., S. 94, möchte „die effektive monetäre Gesamtnachfrage auf einen dem gesamtwirtschaftlichen Gleichgewicht entsprechenden Umfang bringen"; *Oberhauser*, A.: Die Zentralbank als Geschäftsbank ..., a.a.O., S. 392, würde auf eine Obergenze überhaupt verzichten, wenn man „strenge Bedingungen" für die Schuldaufnahme festsetzt; für die Bundesbank könnte nach *Emminger*, O.: Aktuelle Probleme der Kredit- und Währungspolitik, a.a.O., S. 5, die Defizitfinanzierung so lange fortgesetzt werden, „bis der Kreditbedarf der Wirtschaft sich wieder normalisiert". Hier soll aus finanzpsychologischen Gründen und zum Zwecke der politischen Kontrolle an einer Obergrenze festgehalten werden.

[45] Siehe dazu *Dickertmann*, D., *Siedenberg*, A.: Konjunkturpolitische Instrumente für Länder und Gemeinden — Gedanken zu einem niedersächsischen Gesetzentwurf, in: Archiv für Kommunalwissenschaften, H. 2/1971, S. 274 ff.; bezüglich einer Verschuldung der Gemeinden für konjunkturelle Ziele *Wilms*, E. H.: Probleme einer konjunkturgerechten Gestaltung der Gemeindefinanzen, Diss. Freiburg 1968, S. 132 ff.; *Oberhauser*, A.: Die konjunkturpolitische Koordinierung der öffentlichen Finanzwirtschaften und ihre finanz- und haushaltsrechtlichen Voraussetzungen, in: Probleme der Haushalts- und Finanzplanung ..., a.a.O., S. 121 ff.

[46] Die gesetzlichen Bestimmungen wären allerdings bei der Einführung der Direktfinanzierung neu zu formulieren.

[47] *Albers*, W.: Haushaltsrechtliche Grundlagen ..., a.a.O., S. 90, verzichtet auf eine über die situationsbezogene Verschuldung hinausgehende Kreditaufnahme; ähnlich auch *Palke*, J.: Steuerbedarf und Geldpolitik ..., a.a.O., S. 105.

[48] *Hansmeyer*, K.-H.: Der öffentliche Kredit, a.a.O., S. 98. Auch für *Albers*,

Ansicht, daß die bisher praktizierte Finanzierung über das Bankensystem „seine Rechtfertigung allein (Sperrung v. Verf.) durch die Tatsache (erfährt), daß nunmehr ein privatrechtliches und damit stärker bindendes Schuldverhältnis entstanden ist" als bei einem Notenbankkredit. D. h. der Bund könnte von einer Rückzahlung der Kredite bei der *Bundesbank* absehen, während er sich ein solches Verhalten gegenüber dem *Bankensystem* wegen des nicht wieder gutzumachenden Vertrauensschadens nicht erlauben darf.

Demgegenüber sind andere Autoren wie beispielsweise J. Palke und W. Albers der Meinung, daß auf eine Schuldentilgung wegen der damit eventuell verbundenen kontraktiven Wirkungen zu einem konjunkturell unerwünschten Zeitpunkt ganz verzichtet werden sollte[49].

An der Schuldentilgung sollte jedoch festgehalten werden: Nicht nur, weil sonst die aus finanzpsychologischen Gründen gewählte Bezeichnung „Direkt*kredit*" unsinnig wäre, sondern insbesondere auch deswegen, weil die „Schuldentilgung" für stabilisierungspolitische Zwecke eingesetzt werden könnte.

Die nach §§ 5 II, 6 I StabG beabsichtigten Wirkungen mittels Schuldentilgung können — wie oben dargelegt — nur dann erzielt werden, wenn eine ausreichend hohe Verschuldung des Bundes bei der Notenbank gegeben ist. Zudem wäre für den wirkungsvollen Einsatz der Schuldentilgung vorauszusetzen, daß für die auf dem Stabilisierungskonto verbuchten Kredite keine juristischen Fälligkeiten vereinbart werden. Einerseits würde zwar damit eine (eventuell wünschenswerte) automatische Tilgung ausgeschlossen, andererseits könnte jedoch erst auf diese Weise die Schuldentilgung liquiditätspolitisch voll zur Geltung kommen. Um nun aber sicherzustellen, daß der Bund seine Verpflichtung zur Schuldentilgung dennoch ernst genug nimmt[50], könnten folgende *Auflagen* vorgesehen werden.

Falls dem Konjunkturrat bei der Auflösung der Konjunkturausgleichsrücklage und bei der Inanspruchnahme des Notenbankkredits wesentliche Entscheidungsbefugnisse eingeräumt werden, müßten ihm nun auch für den umgekehrten Fall entsprechende Rechte zugestanden werden. D. h. der Konjunkturrat hätte zu entscheiden, wann und in welcher Höhe Schulden zu tilgen bzw. eine Konjunkturausgleichsrücklage zu bilden wäre. Beide Operationen würden über das Stabilisie-

---

W.: Haushaltsrechtliche Grundlagen ..., a.a.O., S. 95, ist das „der kritische Punkt" (Sperrung d. Verf.) seines Vorschlages, den er aber durch bewußt hohe Anforderungen für eine Inanspruchnahme des Direktkredits neutralisieren will.

[49] Vgl. z. B. *Albers*, W.: Haushaltsrechtliche Grundlagen ..., a.a.O., S. 94 f.

[50] Es ist übrigens festzuhalten, daß der Bund seine gesamten Verpflichtungen gegenüber der Bundesbank bisher stets pünktlich erfüllt hat.

rungskonto abzuwickeln sein, so daß der Saldo des Kontos Auskunft darüber gibt, in welcher Höhe ein situationsbezogener Direktkredit in Anspruch genommen bzw. in welcher Höhe eine Konjunkturausgleichsrücklage angesammelt worden ist[51].

Die Mittel für die Schuldentilgung und die daran anschließend zu bildende Konjunkturausgleichsrücklage stammen aus den nach den bisherigen Bestimmungen des Stabilitätsgesetzes vorgesehenen freiwilligen oder obligatorischen Quellen. Da es nun aber möglich ist, daß eine solche Geldlöschung bzw. Geldstillegung in einem nach Ansicht der Bundesbank nicht ausreichenden Maße vorgenommen und sie im Konjunkturrat überstimmt wird, könnte die irrtümlich oft als Einlagenpolitik apostrophierte zentrale Kassenhaltung des Bundes folgendermaßen aktiviert werden[52]: Die Bundesbank wird ermächtigt, aus den laufenden Steuereinnahmen des Bundes bis zu 10 v. H. pro Jahr eines eventuell bestehenden Negativsaldos des Stabilisierungskontos für die Schuldentilgung abzuzweigen. Außerdem dürfte die Bundesbank in diesem Fall ihren an sich an den Bund abzuführenden Jahresgewinn zweckgebunden für die Schuldentilgung bzw. für die Bildung einer Konjunkturausgleichsrücklage verwenden[53].

5. Die Verzinsung ohne wesentliche Funktion

Bei einer Kreditaufnahme des Bundes bei der Notenbank scheint es wenig sinnvoll zu sein, dem Bund Zinsen in Rechnung zu stellen. Bei der Verschuldung zum Zwecke der Rezessionsbekämpfung spielt die ausreichende Mittelbereitstellung zur Einleitung des konjunkturellen Aufschwungs die wesentliche Rolle; der Zins kann — wie sich auch in den Jahren 1967/68 gezeigt hat — für die erforderliche Kreditaufnahme kein Hindernis sein. F. Neumark[54] weist zwar darauf hin, „daß beim völligen Fehlen einer Hemmung, wie sie wenigstens bis zu einem gewissen Grade die Verzinslichkeit darstellt, Geldemissionen zur Finan-

---

[51] Dabei ist darauf hinzuweisen, daß eine Schuldentilgung politisch-psychologisch leichter durchzusetzen ist als die Bildung einer Konjunkturausgleichrücklage (umgekehrt ist es allerdings auch leichter durchsetzbar, zusätzliche Ausgaben durch die Auflösung einer Rücklage statt durch Verschuldung zu finanzieren). Siehe dazu auch *Andreae*, C. A., *Smekal*, C.: Möglichkeiten und Probleme der Geldstillegung in der Finanzpolitik, in: Geldtheorie und Geldpolitik, G. Schmölders zum 65. Geburtstag, hrsg. v. C. A. Andreae, K.-H. Hansmeyer, G. Scherhorn, Berlin 1968, S. 216 ff.; *Neumark*, F.: Fiskalpolitik und Wachstumsschwankungen, a.a.O., S. 88 f.

[52] Siehe auch *Gaude*, B.: Die Mechanismen der Zentralbankgeldschöpfung ..., a.a.O., S. 179 ff.

[53] *Oberhauser*, A.: Probleme der Geldversorgung ..., a.a.O., S. 408, hält dagegen eine Verpflichtung des Staates, gegebenenfalls einen Teil des Kredits auf Verlangen der Notenbank zurückzuzahlen, für ausreichend.

[54] *Neumark*, F.: Grundsätze und Arten ..., a.a.O., S. 649.

zierung von (politisch und ökonomisch fragwürdigen) Ausgaben verwendet werden" können. Dagegen ist jedoch einzuwenden, daß letztlich auch die Verzinsung keinen Einfluß mehr auf die Entscheidung des Polikers haben dürfte, wenn er sich erst einmal dazu entschlossen hat, zusätzliche Ausgaben, die gegen die konjunkturpolitische Zielsetzung verstoßen, zu tätigen.

So lange allerdings der Notenbankgewinn — wie gerade vorgeschlagen — für die Schuldentilgung bzw. für die Bildung einer Konjunkturausgleichsrücklage verwendet wird, ergibt sich bei einer aus Steuermitteln zu finanzierenden Zinsleistung eine liquiditätsmäßig erwünschte Belastung des Bundeshaushaltes, so daß zusätzliche Mittel dem Kreislauf entzogen werden könnten. Unter diesem Aspekt müßte deswegen eine Verzinsung der Kredite vorgesehen werden, auch wenn der Betrag für die Zinsleistungen nur relativ niedrig anzusetzen wäre.

III. Vorbedingungen und Konsequenzen einer Direktfinanzierung

Aus der Realisierung eines Vorschlages zur Direktfinanzierung resultieren natürlich Folgewirkungen, die hauptsächlich die Beziehungen zwischen dem Bund, der Bundesbank und dem Bankensystem betreffen, so daß dafür ergänzende Überlegungen angestellt werden müssen. Einige der dabei zu klärenden Fragen sollen hier angedeutet werden.

1. Unangetastete Autonomie der Bundesbank

Da die Öffentlichkeit bei einer möglichen Beeinträchtigung des Handlungsspielraums der Notenbank sehr allergisch reagiert, ist bei einem solchen Vorschlag zur Direktfinanzierung die Frage von besonderer Relevanz, ob und in welcher Weise damit Veränderungen für die Stellung der Notenbank verbunden wären. Dazu kann zunächst einmal festgestellt werden, daß es in der Zukunft immer schwieriger werden dürfte, die Notenbankautonomie zu verteidigen, wenn an der bisherigen Finanzierungspraxis mit heimlichen, unkontrollierten Direktkrediten festgehalten wird. Diese allmähliche Unterwanderung der Notenbankautonomie könnte sich zu „einem schleichenden Gift" entwickeln. Unter solchen Umständen scheint es deswegen zweckmäßiger zu sein, für den Einsatz eines sinnvollen Instrumentariums klare Bahnen vorzugeben, bei denen auf die Notenbankautonomie gebührende Rücksicht genommen wird[55].

[55] Siehe dazu auch *Hansmeyer*, K.-H.: Wandlungen im Handlungsspielraum der Notenbank?, in: Geldtheorie und Geldpolitik, a.a.O., S. 155 ff.; *Mairose*, R.: Soll die Bundesbank den Kurs bestimmen?, in: Wirtschafts-

Darüber hinaus ist bezüglich des hier diskutierten Vorschlags folgendes festzuhalten: Gegenüber dem bisherigne Verfahren einer situationsbezogenen Defizitfinanzierung müßte die Notenbank eine gewisse Einengung ihres Handlungsspielraums hinnehmen, falls sie bei dem Abruf der ersten Tranche im Konjunkturrat überstimmt wird. Diese Machteinbuße würde aber durch einige Erweiterungen ihrer Einflußmöglichkeiten kompensiert. Die Bundesbank hätte ein Stimmrecht in einem mit Entscheidungsbefugnis ausgestatteten Konjunkturrat, d. h. sie könnte nunmehr stärker als bei der bisherigen Regelung des Stabilitätsgesetzes ihren Einfluß bei der Bildung und Auflösung der Konjunkturausgleichsrücklage sowie bei der Schuldaufnahme und Schuldentilgung geltend machen. So darf angenommen werden, daß die Regierung (und auch der Bundestag) keinen wesentlich stärkeren Druck als bisher auf die Entscheidungen des Zentralbankrates auszuüben vermögen. Eher ist sogar zu vermuten, daß die Regierung nun erzwungenermaßen mit der Bundesbank kooperieren muß[56] — und zwar nicht nur in der Rezession, sondern vor allem *auch* in der Hochkonjunktur —, wenn sie nicht allzusehr die Aufmerksamkeit der Öffentlichkeit auf den sichtbaren und leicht zu interpretierenden Saldo des Stabilisierungskontos lenken will. Der Zwang zu einem konjunkturgerechteren Verhalten des Bundes dürfte auch größer sein als etwa im Jahre 1967, als es der Bundesbank gelang, die Auflockerung des Kreditmarktes von der Erfüllung ihrer Bedingungen durch die Bundesregierung abhängig zu machen.

2. Erhöhte Effizienz der Geldpolitik

Über die Frage der Bundesbankautonomie hinaus könnte der Handlungsspielraum der Notenbank hinsichtlich des Einsatzes ihres gegebenen Instrumentariums bei einer Direktfinanzierung dahingehend erweitert werden, daß nun bei der öffentlichen Verschuldung die Abhängigkeiten vom Anlageverhalten der Kreditinstitute entfallen.

dienst, Nr. 5/1970, S. 285 ff. und die daran anschließenden Diskussionsbeiträge von W. Hankel, W. Steuer und K. D. Gronau (ebendort); *Pfleiderer*, O.: Die Notenbank im Spannungsfeld von Wirtschafts- und Finanzpolitik, in: Interdependenzen von Politik und Wirtschaft, Festgabe für G. v. Eynern, Berlin 1967, S. 563 ff.

[56] Siehe dazu ergänzend *Neumark*, F.: Grundsätze und Arten ..., a.a.O., S. 666 ff.; *Hankel*, W.: Die Bundesbank ..., a.a.O., S. 13 f.; *Pfleiderer*, O.: Das Verhältnis von Geld- und Finanzpolitik und dessen institutionelle Regelung, in: Probleme der Staatsverschuldung, a.a.O., S. 10 f., betont: „Sowohl in der modernen Fiskaltheorie wie im Stabilitätsgesetz besteht eine deutliche Präferenz für unmittelbare Transaktionen mit der Zentralbank. Dieser Präferenz liegt vielfach die Annahme zugrunde, daß für die Verwirklichung konjunkturpolitischer Zielsetzungen ... den Transaktionen mit der Notenbank (Bereitstellung von Geld für die Finanzierung von Defiziten durch die Notenbank, Ansammlung von Konjunkturausgleichsrücklagen ... und dgl.) wirkliche Effizienz zukommt."

In der Rezission braucht die Notenbank die von verschiedenen Faktoren beeinflußte Auflockerung des Kreditmarktes nicht mehr in dem Ausmaß vorzunehmen, wie es bis heute für die öffentliche Verschuldung erforderlich ist. Dementsprechend entsteht auch nicht mehr das Inflationspotential, aus dem sich die Banken in der Hochkonjunktur in einem unerwünschten Maße refinanzieren können[57]. Allenfalls können die Banken nun auf ihre „normalen“ Auslandsanlagen und auf die Offenmarktpapiere zurückgreifen, die ihnen im Rahmen der Offenmarktpolitik von der Bundesbank verkauft worden sind[58, 59], d. h. also, daß sich die Sekundärliquidität der Kreditinstitute zum überwiegenden Teil aus dem von der Bundesbank direkt steuerbaren Umfang der umlaufenden Mobilisierungs- und Liquiditätspapiere zusammensetzt. Über diese Titel verfügt die Notenbank in ausreichendem Maße; neben der möglichen Umwandlung der Ausgleichsforderungen in Höhe von rund 8,0 Mrd. DM (§ 42 I BBkG) kann sich die Bundesbank auf Anforderung Liquiditätspapiere im Werte von weiteren 8,0 Mrd. DM gemäß § 42 a BBkG vom Bund ausstellen lassen[60].

Schließlich könnte die Schuldentilgung mit der möglichen Aktivierung der Einlagenpolitik zu einem wirkungsvolleren Instrument ausgebaut werden; dem Wirtschaftskreislauf könnte auf diese Weise — allein auf die geldpolitische Zielsetzung hin ausgerichtet[61] — zusätzlich Liquidität entzogen werden.

Aus diesen Überlegungen ergibt sich, daß die Bundesbank tendenziell schneller und/oder mit einem geringeren restriktiven Einsatz ihres Instrumentariums auf die monetäre Gesamtnachfrage einzuwirken vermag. Dadurch wird im zweiten Schritt erreicht, daß die Konjunkturausschläge tendenziell geglättet werden.

---

[57] Hinsichtlich der Liquiditätswirkungen, die sich im Anschluß an die schuldenfinanzierten Ausgaben ergeben, unterscheidet sich der Direktkredit von dem bisherigen Finanzierungskredit jedoch nicht.

[58] Insoweit ist *Dreißig*, W.: Zur Neuregelung der Kreditfinanzierung..., a.a.O., S. 505, nicht zuzustimmen; dort wird bei der Kritik an dem Vorschlag zur Defizitfinanzierung von W. Albers unterstellt, daß die Offenmarktpolitik der Notenbank bei einer nicht mehr vorgesehenen Staatsverschuldung ausgeschlossen ist. Dabei wird jedoch übersehen, daß zwischen den aus der Verschuldung stammenden Titeln und den Titeln für Offenmarkttransaktionen, bei denen dem Staat keine Mittel zufließen, zu unterscheiden ist. Siehe auch *v. Spindler*, J., *Becker*, W., *Starke* O. E.: Die Deutsche Bundesbank, a.a.O., S. 500 ff.

[59] Auch die Befürchtung von *Neumark*, F.: Grundsätze und Arten..., a.a.O., S. 649, daß bei einer Direktverschuldung die Banken durch den Fortfall einer wichtigen Profitquelle in einer schwierige Lage gebracht werden könnten, bestätigt sich somit nicht.

[60] Eine Aufstockung dieses Plafonds könnte bei Bedarf vorgesehen werden.

[61] Vgl. *Oberhauser*, A.: Die Zentralbank als Geschäftsbank..., a.a.O., S. 385 f.

3. „Erleichterte" Schuldenpolitik

Bei einer situationsbezogenen Direktfinanzierung durch die Bundesbank könnten sich schließlich — unabhängig davon, daß ausreichende Mittel verfügbar sind und die Frage nach der Zinskostenminimierung nicht mehr gestellt zu werden braucht — wesentliche Vereinfachungen für die Schuldenpolitik des Bundes ergeben.

Da eine kurzfristige Verschuldung nicht mehr erforderlich wäre, brauchten die aus der kurzfristigen Kreditaufnahme resultierenden Anforderungen an ein „debt management" — insbesondere auch die in diesem Finanzierungsbereich mit der Umschuldung zusammenhängenden Fragen — nicht mehr gelöst zu werden. Die Schuldenpolitik hätte sich nach diesen Überlegungen lediglich auf die Unterbringung und Umschuldung langfristiger Titel zu konzentrieren[62]. Das auf diese Weise erleichterte schuldenpolitische Programm dürfte zudem davon profitieren, daß die Notenbank schneller bzw. mit geringeren Mitteln zu ihren Zielen vorstößt. Weil auf diese Weise tendenziell allzu große Zins- und Kursschwankungen vermieden werden könnten, dürfte sich als Folgewirkung die Ergiebigkeit des Marktes für langfristige Titel ebenfalls tendenziell verbessern, d. h. mit einer größeren Anlagebereitschaft der privaten Anleger für langfristige Titel wäre eine breitere Streuung dieser Titel im Publikum verbunden. Die auch für den Bereich der Rentenwerte bestehende Abhängigkeit der öffentlichen Hand als Emittentin vom Bankensystem könnte somit allmählich abgeschwächt werden.

Zugleich könnte dadurch der Konflikt zwischen dem Schuldenreferat und der Bundesbank, der bei einer auf längere Sicht wachsenden Staatsschuld voraussichtlich zu erwarten ist, abgemildert werden[63]. Bei einer Beibehaltung des bisher praktizierten Verschuldungsverfahrens ist nämlich abzusehen, wann das Schuldenreferat mit der Forderung nach einer Politik des billigen Geldes Zinskosten einzusparen beabsichtigt bzw. wann die Notenbank dem Zwang unterliegt, Umtauschemissionen anzukaufen, weil sie auf dem Markt nicht mehr unterzubringen sind. Der Bestand an öffentlichen Titeln in den Notenbankbilanzen anderer Länder deutet zumindest auf eine solche Entwicklung hin.

Nicht zuletzt ergäben sich verteilungspolitische Konsequenzen aus einer Direktverschuldung. Die geschilderten Probleme, die unter diesem Aspekt mit einer kurzfristigen Verschuldung im Bankensystem verbunden sind, entfielen. Die Banken würden in diesem Bereich keine

---

[62] Vgl. *Oberhauser*, A.: Probleme der Geldversorgung ..., a.a.O., S. 409.

[63] Wegen dieser Konfliktmöglichkeiten plädiert *Willms*, M.: Der Einsatz der Staatsschuld ..., a.a.O., S. 410, für „ein einheitliches Staatsschuldenmanagement" des Schuldenreferats und der Zentralbank.

Zinsleistungen mehr erhalten, die sie bisher aufgrund ihrer Monopolstellung „zusätzlich" verbuchen konnten[64].

Ob die Verwirklichung eines solchen Vorschlages zur Direktfinanzierung mit einer „psychologischen Schockwirkung[65]" verbunden wäre, läßt sich nicht übersehen. Auf alle Fälle aber wäre vor einer Neuregelung der betroffenen gesetzlichen Bestimmungen zur Verschuldung im Grundgesetz, im Stabilitätsgesetz, im Bundesbankgesetz, im Haushaltsgrundsätzegesetz und in der Bundeshaushaltsordnung eine umfangreiche Aufklärungsarbeit[66] zu leisten, da eine solche Änderung in der Öffentlichkeit mit großem Mißtrauen verfolgt würde. Wichtiger aber als die gesetzliche Absicherung eines solchen Vorschlages scheint jedoch die Einstellung der Entscheidungsträger zu einer derart veränderten Verschuldungsmöglichkeit[67] zu sein; wenn nämlich „ein Staat die Zentralbank zu inflationistischen Geldschöpfungen mißbrauchen will, so bilden, wie die Erfahrungen zeigen, auch Gesetze kein ernstliches Hindernis[68]".

---

[64] Siehe auch *Haller*, H.: Finanzpolitik, a.a.O., S. 198 f.

[65] *Recktenwald*, H. C.: Tor zum Fortschritt, a.a.O., S. 44.

[66] Siehe auch *Pedersen*, J.: Einige Probleme ..., a.a.O., S. 482.

[67] Vgl. *Albers*, W.: Staatsverschuldung und Geld- und Kreditpolitik, a.a.O., S. 45. Der Einfluß einer mit zunehmendem Interesse an wirtschaftspolitischen Vorgängen beteiligten Öffentlichkeit sollte dabei nicht unterschätzt werden.

[68] *Oberhauser*, A.: Die Zentralbank ..., a.a.O., S. 392; vgl. auch *Hedtkamp*, G.: Lehrbuch der Finanzwissenschaft, Neuwied, Berlin 1968, S. 22.

Schluß

Zwar bezeichnet R. Stucken* die Maßnahmen zur Bekämpfung der Rezession 1967/1968 als „schulgerecht"; dennoch dürften die vorstehenden Überlegungen deutlich gemacht haben, daß die Finanzpolitik in den beiden Jahren mit erheblichen Schwierigkeiten zu kämpfen hatte, bis der dargestellte antizyklische Kurs eingeschlagen werden konnte. Auch wenn die (Finanz- und Konjunktur-)Politiker daraus gelernt haben sollten — immerhin sind diese Erfahrungen teilweise in das Stabilitätsgesetz und in die Gesetze zur Haushaltsrechtsreform eingegangen — so dürften die Schwierigkeiten hinsichtlich der Finanzierung bei ähnlichen Anlässen wie der Rezession 1966/1967 in der Zukunft weiterhin bestehen bleiben.

Bei der Darstellung der Finanzierung von Ankurbelungsmaßnahmen ist nämlich sichtbar geworden, daß die öffentliche Hand — und hier insbesondere die Bundesregierung — die gesetzlichen Bestimmungen zur Schuldaufnahme weit auslegen mußte, um die erforderliche (unorthodoxe) Finanzierung sicherstellen zu können. An diesem Tatbestand hat sich auch nach der Verabschiedung des Stabilitätsgesetzes und der Gesetze zur Haushaltsrechtsreform grundsätzlich nicht viel geändert. Auch nach dem vielfach besonders herausgestellten Übergang zur situationsbezogenen Verschuldung sind letztlich dieselben Verschuldungsbedingungen auf den Kreditmärkten gegeben wie vor den gesetzlichen Neuregelungen zur Schuldaufnahme. D. h. die Schuldoperationen der öffentlichen Hand sind im wesentlichen abhängig von der Politik der Bundesbank und von dem Anlageverhalten der Kreditinstitute. So sehr diese Verschuldungspraxis — da den Gesetzen des Marktes unterworfen — sinnvoll sein kann, um eine mißbräuchliche Verschuldung der öffentlichen Hand zu begrenzen, so wenig zweckmäßig scheint dieser Finanzierungsumweg über den Kreditmarkt zu sein, wenn eine schnelle und ausreichende Finanzierung der öffentlichen Hand in einer konjunkturellen Krisensituation am Platze ist. Neben möglichen und tatsächlich auch vorgenommenen offenen und/oder versteckten Verstößen gegen die Gesetze des Marktes ist dieses Verfahren vor allem mit dem ökonomischen Nachteil verbunden, daß die Kreditinstitute in die Lage versetzt

* *Stucken*, R.: Die Wirtschaftsbelebung im Deutschen Reich 1933 bis 1938 und in der Bundesrepublik Deutschland 1967 bis 1968, in: Theorie und Praxis des finanzpolitischen Interventionismus, a.a.O., S. 615.

werden, sich ein durch notenbankpolitische Maßnahmen nur schwer zu reglementierendes Inflationspotential aufzubauen.

An dieser Stelle setzt der Versuch an, einem in der Literatur bereits oft diskutierten und im Grunde gutgeheißenen Vorschlag wieder aufzugreifen, nämlich eine Direktfinanzierung der öffentlichen Hand bei der Bundesbank zur Bekämpfung einer Rezession zuzulassen. Der Aufbau eines die konjunkturelle Entwicklung störenden Inflationspotentials könnte auf diese Weise neben anderen unerwünschten Folgen des bisher angewandten Finanzierungsverfahrens vermieden werden.

Der hier zur Direktfinanzierung vorgetragene Vorschlag ist dazu bestimmt, die Befürchtungen, die in der Regel mit dieser Verschuldungsform verbunden werden, abzubauen. Sollte ein solcher Vorschlag eines Tages tatsächlich in die schuldenpolitische Diskussion einbezogen werden, so müßte dazu allerdings noch eine beträchtliche Aufklärungsarbeit in der Öffentlichkeit geleistet werden. Zudem dürfte die Institutionalisierung der Direktfinanzierung nur in einer Zeit des „gesamtwirtschaftlchen Gleichgewichts“ realisiert werden. Denn in einer Hochkonjunktur wären wohl die Warnungen vor einer möglichen zusätzlichen Anheizung der Konjunktur trotz der Aufklärungsarbeit übermächtig und in einer Rezession müßten die Maßnahmen überstürzt eingeleitet werden, so daß sich bei einer eventuell mangelhaften sachlichen Klärung der Verfahrensfragen kaum wiedergutzumachende Fehler in die (neuen) gesetzlichen Bestimmungen zur Verschuldung einschleichen könnten.

Literaturverzeichnis

I. Monographien, Dissertationen, Aufsätze, Berichte

Adami, N.: Die Haushaltspolitik des Bundes von 1955 bis 1965, Schriftenreihe des Bundesministerium der Finanzen, H. 14, Bonn 1970

Albers, W.: Staatsverschuldung und Geld- und Kreditpolitik, in: Finanzarchiv, N. F. Bd. 21/1961

— Haushaltsrechtliche Grundlagen und elastische Durchführung einer konjunkturgerechten Finanzpolitik, in: Probleme der Haushalts- und Finanzplanung, hrsg. v. H. Haller, Schriften des Vereins für Socialpolitik, N. F. Bd. 52, Berlin 1969

Andel, N.: Probleme der Staatsschuldentilgung, Finanzwissenschaftliche Forschungsarbeiten, hrsg. v. G. Schmölders, N. F. H. 30, Berlin 1964

Andreae, C. A. und C. *Smekal*: Möglichkeiten und Probleme der Geldstilllegung in der Finanzpolitik, in: Geldtheorie und Geldpolitik, G. Schmölders zum 65. Geburtstag, hrsg. v. C. A. Andreae, K.-H. Hansmeyer, G. Scherhorn, Berlin 1968

Becker, W. D.: Der Mythos der Zinsreglementierung, in: Zeitschrift für das gesamte Kreditwesen, H. 4/1967

Benning, B.: Nationale und internationale Aspekte des deutschen Kapitalmarktes, in: Deutsche Bundesbank, Auszüge aus Presseartikeln, Nr. 44/1964

— Notenbank und Kapitalmarkt, in: Zeitschrift für das gesamte Kreditwesen, H. 13/1969

Blessing, K.: Probleme der Währung, in: Deutsche Bundesbank, Auszüge aus Presseartikeln, Nr. 68/1964

— Ansprache vor der Berliner Börse am 22. Januar 1965, in: Deutsche Bundesbank, Auszüge aus Presseartikeln, N. 6/1965

— Die heutige währungspolitische Lage, Vortrag vor den Mitgliedern des Übersee-Clubs in Hamburg am 3. Juni 1966, in: Deutsche Bundesbank, Auszüge aus Presseartikeln, Nr. 38/1966

— Vortrag vor der Südwestfälischen Industrie- und Handelskammer, Hagen, am 13. Dezember 1966, in: Deutsche Bundesbank, Auszüge aus Presseartikeln, Nr. 92/1966

— Rede vor dem Wirtschaftstag der CDU/CSU am 27. Januar 1967, in: Deutsche Bundesbank, Auszüge aus Presseartikeln, Nr. 8/1967

— Ansprache anläßlich der Verleihung des Karl-Bräuer-Preises des Bundes der Steuerzahler am 5. April 1967, in: Deutsche Bundesbank, Auszüge aus Presseartikeln, Nr. 25/1967

— Rede vor dem Bundesverband der Deutschen Industrie am 21. April 1967, in: Deutsche Bundesbank, Auszüge aus Presseartikeln, Nr. 30/1967

Blessing, K.: Rede bei der Hundertjahrfeier der Industrie- und Handelskammer Rottweil am 9. Juni 1967, in: Deutsche Bundesbank, Auszüge aus Presseartikeln, Nr. 42/1967

— Ansprache bei dem hundertjährigen Jubiläum der Württembergischen Landessparkasse am 8. März 1968, in: Deutsche Bundesbank, Auszüge aus Presseartikeln, Nr. 19/1968

— Ansprache bei der Feier des hundertzwanzigjährigen Bestehens der Volksbank Öhringen am 3. September 1968, in: Deutsche Bundesbank, Auszüge aus Presseartikeln, Nr. 60/1968

Bockelmann, H.: Keine verlorene Liebesmüh, in: Der Volkswirt, Nr. 50/1969

Boness, A.: Vierteljährliche Index-Ziffern der Kapazitätsauslastung für die Bereiche der verarbeitenden Industrie in der Bundesrepublik Deutschland, in: Vierteljahreshefte zur Wirtschaftsforschung, H. 2/1969

Brock, B.: Das Spiel mit den Schuldbuchforderungen, in: Der Steuerzahler, Nr. 1/1967

Brodowsky, R.: Der Eventualhaushalt als Instrument der Stabilisierungspolitik, Kölner Diplomarbeit 1968/1969

Bröker, L.: Zur Kreditpolitik der Notenbank, in: Deutsche Bundesbank, Auszüge aus Presseartikeln, Nr. 87/1965

Bund der Steuerzahler: Acht Milliarden streichen!, Einzeldarstellungen, Nr. 75, Wiesbaden 1965

Bundesministerium der Finanzen: Bewährung und Bewahrung — Der Bundeshaushalt 1965, Bonn 1964

— Konjunkturdämpfung durch Schuldentilgung, in: Finanznachrichten, Nr. 128/1969

— Bundeshaushaltsrechnung für das Rechnungsjahr 1967, Berlin 1969

— Finanzbericht 1961, 1965 bis 1971, darunter: 1961: Möglichkeiten und Grenzen antizyklischer Finanzpolitik, 1969: Staatliches Debt Management im Ausland

Christians, F. W.: Die „Versteigerung" von Wertpapieren ist kein Wundermittel, in: Handelsblatt-Beilage, Nr. 176/1967

Dahlgrün, H. G.: Gegenwartsprobleme der Deutschen Notenbankpolitik, in: Deutsche Bundesbank, Auszüge aus Presseartikeln, N. 14/1967

Deutsche Bundesbank: Geschäftsbericht der Deutschen Bundesbank für die Jahre 1963 bis 1970

— Monatsberichte der Deutschen Bundesbank, darunter:
Nr. 5/1961: Ausgabe und Unterbringung von Kassenobligationen
Nr. 3/1965: Die Regelung der Bankenkonditionen nach § 23 KWG — Zinsverordnung
Nr. 6/1965: Die Auswirkungen des Kuponsteuergesetzes
Nr. 4/1966: Zinssubventionen und mit ihnen verbilligte Kreditmittel
Nr. 10/1967: Erste Ergebnisse der Erhebung über Bankzinsen
Nr. 4/1968: Die Emission ausländischer Anleihen in der Bundesrepublik
Nr. 11/12/1968: Neuere Entwicklungstendenzen der kommunalen Finanzen
Nr. 7/1970: Erläuterungen zur Liquiditätsanalyse der Bundesbank
Nr. 8/1970: Neuere Tendenzen der öffentlichen Verschuldung

— Auszüge aus Presseartikeln, 1964 bis 1970

Deutscher Bundestag: Verhandlungen des Deutschen Bundestages, 5. Wahlperiode, Bd. 62, Bonn 1966, Bd. 63, Bonn 1967, Bd. 64, Bonn 1967

Dickertmann, D. und R. *von Möllendorff:* Der Bundesschatzbrief — aus fiskalischer Sicht, Teil I—III, in: Zeitschrift für das gesamte Kreditwesen H. 21, 22, 23/1971

Dickertmann, D. und A. *Siedenberg:* Konjunkturpolitische Instrumente für Länder und Gemeinden — Gedanken zu einem niedersächsischen Gesetzentwurf, in: Archiv für Kommunalwissenschaften, H. 2/1971

Dreißig, W.: Probleme des Haushaltsausgleichs, in: Probleme der Haushalts- und Finanzplanung, hrsg. v. H. Haller, Schriften des Vereins für Socialpolitik, N. F. Bd. 52, Berlin 1969

— Zur Neuregelung der Kreditfinanzierung im Haushaltsrecht der BRD, in: Finanzarchiv, N. F. Bd. 29/1970

Dürr, E.: Wirkungsanalyse der monetären Konjunkturpolitik, Frankfurt 1966

— Prozeßpolitik, in: Kompendium der Volkswirtschaftslehre, Bd. 2, hrsg. v. W. Ehrlicher u. a., Göttingen 1968

Ehrlicher, W.: Die Geld-, Finanz- und Lohnpolitik im volkswirtschaftlichen Systemzusammenhang, in: Geld- und Bankpolitik, hrsg. v. E. Dürr, Köln, Berlin 1969

Emminger, O.: Kredit-, finanz- und einkommenspolitisches Instrumentarium zur Erhaltung der Geldwertstabilität, in: Deutsche Bundesbank, Auszüge aus Presseartikeln, Nr. 50/1965

— Aktuelle Probleme der Kredit- und Währungspolitik, in: Deutsche Bundesbank, Auszüge aus Presseartikeln, Nr. 91/1967

Faber, H.: Wirtschaftsplanung und Bundesbankautonomie, Baden-Baden 1969

Fessler, E.: Von der Zinsbindung zur Zinsfreiheit, Vortrag vor dem Institut für Bankwirtschaft und Bankrecht an der Universität zu Köln am 30. Mai 1967, in: Deutsche Bundesbank, Auszüge aus Presseartikeln, Nr. 41/1967

— Die Währungspolitik in der heutigen Situation, in: Deutsche Bundesbank, Auszüge aus Presseartikeln, Nr. 78/1967

Fleischle, G.: Im Dienste der Schuldnermoral, in: Der Volkswirt, Nr. 48/1967

Gandenberger, O.: Öffentlicher Kredit und Einkommensverteilung, in: Finanzarchiv, N. F. Bd. 29/1970

Gaude, B.: Die Mechanismen der Zentralbankgeldschöpfung und ihre Kontrollierbarkeit durch die Zentralbank, Untersuchungen über das Spar-, Giro- und Kreditwesen, Bd. 43, hrsg. v. F. Voigt, Berlin 1969

Gleske, L.: Notenbankpolitik und Zinsliberalisierung, in: Der Volkswirt, Beiheft zu Nr. 42/1967

Görgens, H.: Sollen die Investitionen des Staates durch Kredit finanziert werden?, in: Mitteilungen, hrsg. v. Rheinisch-Westfälischen Institut für Wirtschaftsforschung, H. 1/1969

Götz, G.: Die Schuldenpolitik der Länder, Dissertation Mainz 1969

Graebner, W.: Die Wirkungsgrenzen der amerikanischen Notenbankpolitik, Veröffentlichungen des Instituts für Bankwirtschaft und Bankrecht an der Universität Köln, Bd. XVIII, hrsg. v. W. Erman u. a., Frankfurt 1966

Grobe, H. J.: Schrittmacher der Finanzreform, in: Der Volkswirt, Nr. 36/1965

Gronau, K. D.: Bedenkliche Sonderstellung der Bundesbank, in: Wirtschaftsdienst, Nr. 5/1970

Hagemann, G.: Die staatliche Tätigkeit in der Bundesrepublik Deutschland 1965—1967, in: Finanzarchiv, N. F. Bd. 28/1969

Hagenmüller, K. F.: Der Bankbetrieb, Bd. II, Wiesbaden 1964

Hahn, O.: Das Instrumentarium der Währungsbank, H. III, Rückersdorf 1964

Haller, H.: Finanzpolitik, Grundlagen und Hauptprobleme, 4. Aufl., Tübingen Zürich 1968

— Neue Motivation der Staatsverschuldung?, in: Finanz- und Geldpolitik im Umbruch, hrsg. v. H. Haller, H. C. Recktenwald, Mainz 1969

— Lerneffekte, in: Der Volkswirt, Nr. 17/1970

Hankel, W.: Brauchen wir eine unabhängige Notenbank?, in: Wirtschaftsdienst, Nr. 5/1970

— Die Bundesbank und die Geschäftsbanken, BMWI-Texte, Nr. 99, (Bonn) 1970

Hansmeyer, K.-H.: Wandlungen im Handlungsspielraum der Notenbank?, in: Geldtheorie und Geldpolitik, G. Schmölders zum 65. Geburtstag, hrsg. v. C. A. Andreae, K.-H. Hansmeyer, G. Scherhorn, Berlin 1968

— Der öffentliche Kredit, 2. Aufl., Frankfurt 1970

— Die optimale Schuldenstruktur bei gegebenem Schuldenstand, in: Probleme der Staatsverschuldung, Schriften des Vereins für Socialpolitik, N. F. Bd. 61, hrsg. v. H. Haller, W. Albers, Berlin 1972

Hansmeyer, K.-H. und K. *Mackscheidt:* Die fiskalische Komponente einer Politik des Debt Management, in: Kredit und Kapital, H. 3/1970

Hedtkamp, G.: Lehrbuch der Finanzwissenschaft, Neuwied, Berlin 1968

Heier, H. B.: Offene Fragen der Finanzpolitik, Beiträge des Deutschen Industrieinstituts, H. 8, Köln 1969

Hettlage, K. M.: Möglichkeiten und Grenzen der öffentlichen Verschuldung, in: Zeitschrift für das gesamte Kreditwesen, H. 23/1967

Hirsch, H.: Die Finanzpolitik im Aufschwung, besonders im Hinblick auf das Problem der Schuldentilgung, in: Finanzarchiv, N. F. Bd. 23/1963/64

Hoener, H. W.: Bestimmungsgründe für die Entwicklung der Zahlungsbilanz der Bundesrepublik Deutschland seit der Aufwertung im Jahr 1961 bis 1967, Kieler Studien, Bd. 107, hrsg. v. H. Giersch, Tübingen 1970

Hoffmann, U.: Struktur und Wachstum der öffentlichen Investitionen, in: Wirtschaftskonjunktur, H. 2/1967

— Struktur und Wachstum der kommunalen Investitionen, in: Wirtschaftskonjunktur, H. 4/1967

Hügle, B.: Debt management und Geldpolitik, Dissertation Freiburg 1966

Huffschmid, J.: Die Politik des Kapitals, Konzentration und Wirtschaftspolitik in der Bundesrepublik, Frankfurt 1969

Institut „Finanzen und Steuern" e. V.: Der Bundeshaushalt, H. 15/Bd. 14, Bonn 1964

— Der Bundeshaushalt, H. 15/Bd. 15, Bonn 1966

— Der Bundeshaushalt, H. 15/Bd. 16, Bonn 1967

— Der Bundeshaushalt, H. 15/Bd. 17, 1968

Institut „Finanzen und Steuern" e. V.: Parlament und Haushalt, Bonn 1965
— Die Ausgangslage für den Bundeshaushalt 1966, Bonn 1966
— Zur Verabschiedung des Bundeshaushalts 1967, Brief 90, Bonn 1967
— Die mittelfristige Finanzplanung des Bundes, Brief 95, Bonn 1967
— Der verabschiedete Bundeshaushalt 1968, Bonn 1968
— Zur Verfassungsmäßigkeit des Bundeshaushaltsentwurfs 1969, Brief 110, Bonn 1968
— Die Gesetzesentwürfe zur Haushaltsreform — Eine kritische Stellungnahme — H. 92, Bonn 1969
— Zur Problematik der öffentlichen Verschuldung, Brief 115, Bonn 1969

Irmler, H.: Möglichkeiten und Grenzen der öffentlichen Verschuldung, in: Zeitschrift für das gesamte Kreditwesen, H. 22/1967

Karl-Bräuer-Institut des Bundes der Steuerzahler: Bundeshaushalt 1966 (H. 1), o. O., 1966
— Finanzpolitik und Währungsstabilität (H. 13), Bad Wörishofen 1969

Katterle, S.: Zum Bundeshaushalt für das Rechnungsjahr 1965, in: WWI-Mitteilungen, H. 4/1965
— Haushaltsplanung und Wirtschaftspolitik, in: WWI-Mitteilungen, H. 4/5/1966

Kleinewefers, H.: Die Politik der Deutschen Bundesbank in dem Konjunkturzyklus 1964 bis 1968, in: Kredit und Kapital, H. 1/1970

Koch, W.: Die finanzpolitischen Mittel des Stabilisierungsgesetzes, in: Fragen der wirtschaftlichen Stabilisierung, hrsg. v. A. E. Ott, Tübingen 1967

Koch, W. A. S.: Debt management bei wachsender Staatsschuld I, in: Zeitschrift für das gesamte Kreditwesen, H. 10/1971
— Debt management — seine rechtlichen Grundlagen II, in: Zeitschrift für das gesamte Kreditwesen, H. 11/1971
— Debt management — aktuelle schuldenpolitische Fragen III, in: Zeitschrift für das gesamte Kreditwesen, H. 12/1971

Köhler, C.: Geldwirtschaft, Berlin 1970

Könneker, W.: Die Bankkonditionen zwischen Freiheit und Bindung, in: Zeitschrift für das gesamte Kreditwesen, H. 5/1965

Krumper, A.: Öffentliche Haushalte in der Bedrängnis, in: Wirtschaftskonjunktur, H. 4/1966

Littich, E.: Die monetären und konjunkturellen Wirkungen des Restriktionskurses der Bundesbank von 1964 bis 1966, in: Wirtschaftskonjunktur, H. 1/1968

Lüdeke, D.: Die Ausgaben des ersten Konjunkturprogramms und ihre Wirkungen auf einzelne Kreislaufaggregate — Eine ökonometrische Analyse —, in: IFO-Studien, 13. Jg./1967

Mairose, R.: Soll die Bundesbank den Kurs bestimmen?, in: Wirtschaftsdienst, Nr. 5/1970

Marten, H.: Kapitalmarkt und öffentliche Defizite, in: Konjunkturpolitik, 13. Jg./1967

Mauersberger, E.: Die Wertpapieranlage der westdeutschen Kreditinstitute, Dissertation Köln 1963

Maunz, T., G. *Dürig* und R. *Herzog:* Grundgesetz-Kommentar, Bd. II, München 1969

Möller, A.: Kommentar zum Gesetz zur Förderung der Stabilität und des Wachstums der Wirtschaft, 2. Aufl., Hannover 1969

— Staatsschuldenpolitik einst und heute, in: Blickpunkt Finanzen, Nr. 2, hrsg. v. Bundesministerium der Finanzen, Bonn 1970

Müller, H.: Die Politik der deutschen Zentralbank 1948—1967, Kieler Studien, Bd. 96, hrsg. v. E. Schneider, Tübingen 1969

Musgrave, R. A.: Theorie der öffentlichen Schuld, in: Handbuch der Finanzwissenschaft, 3. Bd., 2. Aufl., hrsg. v. W. Gerloff, F. Neumark, Tübingen 1958

Muthesius, V.: Hände weg vom Bundesbankgesetz, in: Zeitschrift für das gesamte Kreditwesen, H. 23/1965

— Schulden ad infinitum, in: Zeitschrift für das gesamte Kreditwesen, H. 8/1967

— Schuldnermoral, in: Zeitschrift für das gesamte Kreditwesen, H. 13/1967

— Neues Attentat auf den Kapitalmarkt, in: Zeitschrift für das gesamte Kreditwesen, H. 4/1968

Neubauer, W.: Die Wertpapierbestände der Banken und der „Roosa-Effekt" in der BRD, in: Zeitschrift für die gesamte Staatswissenschaft, Bd. 125/1969

Neumann, M. J. M.: Zum Problem einer empirischen Widerlegung der „Roosa"-Hypothese am Beispiel der BRD, in: Zeitschrift für die gesamte Staatswissenschaft, Bd. 125/1969

Neumark, F.: Grundsätze und Arten der Haushaltsführung und Finanzbedarfsdeckung, in: Handbuch der Finanzwissenschaft, 1. Bd., 2. Aufl., hrsg. v. W. Gerloff, F. Neumark, Tübingen 1952

— Wo steht die „Fiscal Policy" heute?, in: Wirtschafts- und Finanzprobleme des Interventionsstaates, Tübingen 1961

— Fiskalpolitik und Wachstumsschwankungen, 2. Aufl., Wiesbaden 1969

Nöll von der Nahmer, R.: Die Deckung des öffentlichen Bedarfs durch nichtinflatorische Papiergeldausgabe, in: Finanzarchiv, N. F. Bd. 2/1933/34

— Die Geldschöpfung drosseln, in: Frankfurter Allgemeine Zeitung, Nr. 137/1970

Oberhauser, A.: Probleme der Geldversorgung einer wachsenden Wirtschaft, in: Finanzarchiv, N. F. Bd. 25/1966

— Die konjunkturpolitische Koordinierung der öffentlichen Finanzwirtschaften und ihre finanz- und haushaltsrechtlichen Voraussetzungen, in: Probleme der Haushalts- und Finanzplanung, hrsg. v. H. Haller, Schriften des Vereins für Socialpolitik, N. F. Bd. 52, Berlin 1969

— Die Zentralbank als Geschäftsbank des Staates, in: Finanzarchiv, N. F. Bd. 28/1969

OECD (Hrsg.): Wirtschaftsberichte der OECD, Bundesrepublik Deutschland, Paris 1967

Overhaus, M.: Die Entwicklung des Kapitalmarktes in der Bundesrepublik Deutschland seit 1958, Kieler Studien, Bd. 103, hrsg. v. H. Giersch, Tübingen 1969

Palke, J.: Beziehungen zwischen der konjunkturpolitischen Zielsetzung und anderen Aufgaben der Finanzpolitik sowie den politischen Gegebenheiten, in: Konjunkturelle Stabilität als wirtschaftspolitische Aufgabe, hrsg. v. G. Zeitel, J. Palke, Tübingen 1962

— Steuerbedarf und Geldpolitik in der wachsenden Wirtschaft, Beiträge zur Geldlehre, hrsg. v. R. Schilcher, Berlin 1970

Pedersen, J.: Einige Probleme der Finanzwirtschaft, in: Weltwirtschaftliches Archiv, 45. Bd./1937 I

Pfleiderer, O.: Die Notenbank im Spannungsfeld von Wirtschafts- und Finanzpolitik, in: Interdependenzen von Politik und Wirtschaft, Festgabe für G. v. Eynern, Berlin 1967

— Das Verhältnis von Geld- und Finanzpolitik und dessen institutionelle Regelung, in: Probleme der Staatsverschuldung, Schriften des Vereins für Socialpolitik, N. F. Bd. 61, hrsg. v. H. Haller, W. Albers, Berlin 1972

— Transaktionen mit der Notenbank und mit Geschäftsbanken im System der antizyklischen Finanzpolitik, in: Theorie und Praxis des finanzpolitischen Interventionismus, F. Neumark zum 70. Geburtstag, hrsg. v. H. Haller u. a., Tübingen 1970

Piduch, E. A.: Bundeshaushaltsrecht, Stuttgart, Berlin, Köln, Mainz 1971

Plinke, W.: Zur Schaffung eines Marktes für Kassenobligationen, in: Zeitschrift für das gesamte Kreditwesen, H. 6/1968

Pöhl, K. O.: Anatomie einer Rezession, in: Der Volkswirt, Nr. 35/1967

Presse- und Informationsamt der Bundesregierung: Zur jüngsten Offenmarktpolitik der Deutschen Bundesbank, in: Aktuelle Beiträge zur Wirtschafts- und Finanzpolitik, Nr. 93/1967

— Bulletin des Presse- und Informationsamtes der Bundesregierung, Bonn, Jahrgänge 1964 bis 1968

Recktenwald, H. C.: Tor zum Fortschritt, in: Der Volkswirt, Nr. 13/1969

Reiter, W.: Das Bundesanleihekonsortium im Zusammenhang mit Gesamtwirtschaft, Staat, Banken und Kapitalmarkt, Wiesbaden 1967

Richebächer, K.: Geldabschöpfung durch Schuldentilgung, in: Der Volkswirt, Nr. 36/1969

Rittershausen, H.: Die Zentralnotenbank, Frankfurt 1962

Sachverständigenrat zur Begutachtung der gesamtwirtschaftlichen Entwicklung: Jahresgutachten
1964/65: Stabiles Geld — stetiges Wachstum, Stuttgart, Mainz 1965
1965/66: Stabilisierung ohne Stagnation, Stuttgart, Mainz 1965
1966/67: Expansion und Stabilität, Stuttgart, Mainz 1966
1967/68: Stabilität im Wachstum, einschließlich Sondergutachten v. März 1967, Stuttgart, Mainz 1967
1968/69: Alternativen außenwirtschaftlicher Anpassung, Stuttgart, Mainz (1968)
1969/70: Im Sog des Booms, Stuttgart, Mainz 1969
1970/71: Konjunktur im Umbruch, Stuttgart, Mainz 1970

Salomo, W.: Geldangebot und Zentralbankpolitik, Kieler Studien, Bd. 116, hrsg. v. H. Giersch, Tübingen 1971

Seminar für Finanzwissenschaft der Universität Köln: Einige Probleme staatlicher Schuldenpolitik, in: Jahrbuch der Universität zu Köln 1969, Köln 1969

Seuss, W.: Wie es 1966 zur Rezession kam, in: Frankfurter Allgemeine Zeitung, Nr. 275/276/1970

Schiller, K.: Reden zur Wirtschaftspolitik, BMWI-Texte, Reden 1, Bonn 1968

Schmitt-Rousselle, R.: Zur Problematik des verfassungsrechtlichen Begriffs „außerordentlicher Bedarf" (Art. 115 GG), in: Der öffentliche Haushalt, Jg. 9/1967/68

Schmölders, G.: Grenzen der Staatsverschuldung, in: Zeitschrift für das gesamte Kreditwesen, H. 23/1967

— Geldpolitik, 2. Aufl., Tübingen, Zürich 1968

— Finanzpolitik, 3. Aufl., Berlin, Heidelberg, New York 1970

Schröder, D. unter Mitarbeit von K. *Roesler* und G. *Zubeil*: Wachstum und Gesellschaftspolitik, Prognos-Studien 4, Beiträge zu angewandten Wirtschaftsforschung, hrsg. v. Prognos-AG-Basel, Stuttgart, Berlin, Köln, Mainz 1971

von Spindler, J., W. *Becker* und O. E. *Starke*: Die Deutsche Bundesbank, 3. Aufl., Stuttgart, Berlin, Köln, Mainz 1969

Stern, K. und P. *Münch*: Gesetz zur Förderung der Stabilität und des Wachstums der Wirtschaft, Stuttgart, Berlin, Köln, Mainz 1967

Stern, K., P. *Münch* und K.-H. *Hansmeyer*: Gesetz zur Förderung der Stabilität und des Wachstums der Wirtschaft, 2. Aufl., Stuttgart, Berlin, Köln, Mainz 1972 (erscheint demnächst)

Steuer, W.: Mehr Vollmacht für die Deutsche Bundesbank!, in: Wirtschaftsdienst, Nr. 5/1970

Strauß, F. J.: Die Finanzverfassung, München, Wien 1969

— Der öffentliche Kredit als Mittel der Haushaltspolitik — Notwendigkeiten und Grenzen —, in: Finanznachrichten, Nr. 95/1969, Anhang 1

Stucken, R.: Finanzwissenschaftliche Deckungsgrundsätze, in: Probleme des öffentlichen Budgets, hrsg. v. H. Jecht, Schriften des Vereins für Socialpolitik, N. F. Bd. 31, Berlin 1964

— Die Wirtschaftsbelebung im Deutschen Reich 1933 bis 1938 und in der Bundesrepublik Deutschland 1967 und 1968, in: Theorie und Praxis des Interventionismus, F. Neumark zum 70. Geburtstag, hrsg. v. H. Haller u. a., Tübingen 1970

Timm, H.: Gemeindefinanzpolitik in den Wachstumszyklen, in: Finanzarchiv, N. F. Bd. 28/1969

Timmermann, V.: Wertpapierbestände und Rendite, Liquiditätsentwicklung und Kredite — Eine empirische Analyse über die Wirksamkeit des Roosa-Effektes in der BRD, in: Zeitschrift für die gesamte Staatswissenschaft, Bd. 124/1968

— Die Wertpapierbestände der Banken und der „Roosa"-Effekt, in: Zeitschrift für die gesamte Staatswissenschaft, Bd. 125/1969

Trautmann, W.: Winkelried und die Sperre der Banken, in: Der Volkswirt, Nr. 27/1965

— Mit schwerem Gepäck nach Washington, in: Der Volkswirt, Nr. 38/1966

Troeger, H.: Haushaltspolitik und Notenbank, in: Finanzwissenschaft und Finanzpolitik, Festschrift für E. Schoettle, hrsg. v. F. Schäfer, Tübingen 1964

Ullmann, K. Offenmarktpolitik mit Bundesanleihen?, in: Handelsblatt, Nr. 176/1967

— „Debt management" und Schuldenpolitik des Bundes, in: Zeitschrift für das gesamte Kreditwesen, H. 22/1968

Veit, O.: Grundriß der Währungspolitik, 3. Aufl., Frankfurt 1969

Vialon, F. K.: Haushaltsrecht, 2. Aufl., Berlin, Frankfurt 1959

Wagenhöfer, C.: Was vermag die Notenbankpolitik zu leisten, was nicht?, in: Deutsche Bundesbank, Auszüge aus Presseartikeln, Nr. 21/1967

Weise, R.: Das Beispiel Frankfurt, in: Der Volkswirt, Nr. 41/1965

Wildhagen, J.: Das Schuldnerkündigungsrecht in Anleiheverträgen, in: Kredit und Kapital, H. 1/1971

Willms, M.: Der Einsatz der Staatsschuld als geldpolitisches Instrument, in: Kredit und Kapital, H. 4/1968

Willners, G.: Die Wertpapieranlage der Kreditbanken und ihre Bestimmungsfaktoren, Wiesbaden 1966

Wilms, E. H.: Probleme einer konjunkturgerechten Gestaltung der Gemeindefinanzen, Dissertation Freiburg 1968

Wissenschaftlicher Beirat beim Bundesministerium der Finanzen: Stellungnahme zur Haushaltsrechtsreform, in: Schriftenreihe des Bundesministeriums der Finanzen, H. 11, Bonn (1969)

Wissenschaftlicher Beirat beim Bundeswirtschaftsministerium: Kriterien und Konsequenzen der Staatsverschuldung, abgedruckt in: Finanzpolitik, hrsg. v. H. C. Recktenwald, Köln, Berlin 1969

Wittmann, W.: Versuch einer volkswirtschaftlichen Theorie des öffentlichen Kredits, in: Jahrbücher für Nationalökonomie und Statistik, Bd. 179/1966

Zeitel, G.: Über die Beziehungen zwischen Währungs-, Finanz- und Zahlungsbilanzpolitik, in: Finanzarchiv, N. F. Bd. 23/1964

Zimmermann, H.: Der letzte „klassische" Deckungsgrundsatz, in: Finanzarchiv, N. F. Bd. 24/1965

Zuck, R.: Die Konjunkturausgleichsrücklage des Bundes und der Länder, in: Die öffentliche Verwaltung, 21. Jg./1968

o. V.: Chamäleon § 795 BGB, in: Zeitschrift für das gesamte Kreditwesen, H. 16/1965

— Zur jüngsten Offenmarktpolitik der Deutschen Bundesbank, in: Aktuelle Beiträge zur Wirtschafts- und Finanzpolitik, hrsg. v. Presse- und Informationsamt der Bundesregierung, Nr. 93/1967

— Der Eventualhaushalt in der Praxis, in: Zeitschrift für das gesamte Kreditwesen, H. 5/1967

— Principiis obsta!, in: Zeitschrift für das gesamte Kreditwesen, H. 15/1967

— Kassenobligationen im Blickfeld, in: Zeitschrift für das gesamte Kreditwesen, H. 16/1967

— Ein „Markt" für Kassenobligationen, in: Zeitschrift für das gesamte Kreditwesen, H. 18/1967

— Emission von Kassenobligationen im Tenderverfahren, in: Bank-Betrieb, Nr. 9/1967

— Der Stoßweg ist zu lang, in: Börsen-Zeitung, Nr. 86/1967

o. V.: Hier gibt es kein Zurück, in: Börsen-Zeitung, Nr. 143/1967

— Bundesbank kauft Bundesanleihen, in: Börsen-Zeitung, Nr. 177/1967

— Von Geldschöpfung keine Rede, Staatssekretär Grund zur Finanzpolitik, in: Blick durch die Wirtschaft, Nr. 72/1967

— Begehrte Papierexistenz, in: Der Volkswirt, Nr. 9/1969

— Die Finanz- und Liquiditätslage der Rentenversicherungen der Arbeiter und der Angestellten, in: Informationen des Verbandes der Deutschen Rentenversicherungsträger, Nr. 86/1967

II. Bundestagsdrucksachen

V/1000 v. 2. 11. 1966	Entwurf eines Gesetzes über die Feststellung des Bundeshaushaltsplans für das Rechnungsjahr 1967 (Haushaltsgesetz 1967)
V/1066 v. 2. 11. 1966	Entwurf eines Zweiten Gesetzes über das Beteiligungsverhältnis an der Einkommensteuer und der Körperschaftsteuer
V/1067 v. 2. 11. 1966	Entwurf eines Ersten Gesetzes zur Überleitung der Haushaltswirtschaft des Bundes in eine mehrjährige Finanzplanung (Finanzplanungsgesetz)
V/1110 v. 11. 11. 1966	Entwurf eines Gesetzes über die Feststellung eines Nachtrags zum Bundeshaushaltsplan für das Rechnungsjahr 1966 (Nachtragshaushaltsgesetz 1966)
V/1235 v. 14. 12. 1966	Entwurf eines Gesetzes über die Feststellung einer Ergänzung zum Entwurf des Bundeshaushaltsplans für das Rechnungsjahr 1967 (Ergänzungshaushaltsgesetz 1967)
V/1341 v. 27. 1. 1967	Erste Verordnung über steuerliche Konjunkturmaßnahmen
V/1436 v. 16. 2. 1967	Entwurf eines Gesetzes über die Aufnahme und Bereitstellung von Krediten zur Belebung der Investitionstätigkeit und zur Sicherung eines stetigen Wirtschaftswachstums im Rechnungsjahr 1967 (Kreditfinanzierungsgesetz 1967)
V/1800 v. 12. 5. 1967	Mündlicher Bericht des Haushaltsausschusses (13. Ausschuß) zum Entwurf eines Gesetzes über die Feststellung des Bundeshaushaltsplans für das Rechnungsjahr 1967 (Haushaltsgesetz 1967)
zu V/1800 v. 6. 6. 1967	Schriftlicher Bericht des Haushaltsausschusses (13. Ausschuß) zum Entwurf eines Gesetzes über die Feststellung des Bundeshaushaltsplans für das Rechnungsjahr 1967 (Haushaltsgesetz 1967)
V/2070 v. 11. 8. 1967	Zweite(s) Programm der Bundesregierung für besondere konjunktur- und strukturpolitische Maßnahmen 1967/68

V/2088 v. 1. 9. 1967	Entwurf eines Gesetzes über Finanzierungshilfen aus Mitteln der ERP-Sondervermögens für Investitionen im Bereich der Gemeinden (ERP-Investitionshilfegesetz)
V/2089 v. 1. 9. 1967	Entwurf eines Gesetzes zur Änderung des Gesetzes über die Deutsche Bundesbank
V/2104 v. 7. 9. 1967	Schriftlicher Bericht des Ausschusses für Wirtschafts- und Mittelstandsfragen (15. Ausschuß) zur Drucksache V/2089
V/2511 v. 25. 1. 1968	Jahreswirtschaftsbericht 1968 der Bundesregierung
V/3040 v. 21. 6. 1968	Gesetzentwürfe zur Haushaltsreform: a) Entwurf eines Gesetzes zur Änderung des Grundgesetzes b) Entwurf eines Gesetzes über die Grundsätze des Haushaltsrechts des Bundes und der Länder (Haushaltsgrundsätzegesetz — HGrG) c) Entwurf einer Bundeshaushaltsordnung (BHO)
V/3630 v. 9. 12. 1968	Abschlußbericht der Bundesregierung über das Erste Konjunkturprogramm und das Zweite Programm für besondere konjunktur- und strukturpolitische Maßnahmen 1967/68

III. Gesetze und Verordnungen

Reichshaushaltsordnung (RHO) v. 31. 12. 1922 — RGBl. 1923 II, S. 17

Reichsschuldenordnung v. 13. 2. 1924 — RGBl. I, S. 95

Gesetz über die Deutsche Bundesbank v. 26. 7. 1957 — BGBl. I, S. 745

Gesetz über das Kreditwesen v. 10. 7. 1961 — BGBl. I, S. 881

Gesetz zur Änderung des Einkommensteuergesetzes, des Spar-Prämiengesetzes und anderer Gesetze (Steueränderungsgesetz 1964) v. 16. 11. 1964 — BGBl. I, S. 885

Verordnung über die Bedingungen, zu denen Kreditinstitute Kredite gewähren und Einlagen entgegennehmen dürfen (Zinsverordnung) v. 5. 2. 1965 — BGBl. I, S. 33

Gesetz über die Feststellung des Bundeshaushaltsplans für das Rechnungsjahr 1965 (Haushaltsgesetz 1965) v. 18. 3. 1965 — BGBl. II, S. 193

Gesetz zur Änderung und Ergänzung des Einkommensteuergesetzes, des Körperschaftsteuergesetzes und Kapitalverkehrsteuergesetzes v. 25. 3. 1965 — BGBl. I, S. 147

Gesetz zur Änderung des Einkommensteuergesetzes, des Körperschaftsteuergesetzes, des Gewerbesteuergesetzes, des Bewertungsgesetzes, des Steuersäumnisgesetzes, der Reichsabgabenordnung und anderer Gesetze (Steueränderungsgesetz 1965) v. 14. 5. 1965 — BGBl. I, S. 377

Gesetz zur Sicherung des Haushaltsausgleichs (Haushaltssicherungsgesetz) v. 20. 12. 1965 — BGBl. I, S. 2065

Gesetz über die Feststellung des Bundeshaushaltsplans für das Rechnungsjahr 1966 (Haushaltsgesetz 1966) v. 22. 6. 1966 — BGBl. II, S. 437

Gesetz über die Feststellung eines Nachtrags zum Bundeshaushaltsplan für das Rechnungsjahr 1966 v. 23. 12. 1966 — BGBl. II, S. 1579

Erstes Gesetz zur Überleitung der Haushaltswirtschaft des Bundes in eine mehrjährige Finanzplanung (Finanzplanungsgesetz) v. 23. 12. 1966 — BGBl. I, S. 697

Zweites Gesetz zur Überleitung der Haushaltswirtschaft des Bundes in eine mehrjährige Finanzplanung (Steueränderungsgesetz 1966) v. 23. 12. 1966 — BGBl. I, S. 702

Siebtes Gesetz zur Änderung des Tabaksteuergesetzes (Zweites Steueränderungsgesetz 1966) v. 28. 12. 1966 — BGBl. I, S. 747

Erste Verordnung über steuerliche Konjunkturmaßnahmen v. 10. 2. 1967 — BGBl. I, S. 190

Zweites Gesetz über das Beteiligungsverhältnis an der Einkommen- und Körperschaftsteuer v. 9. 3. 1967 — BGBl. I, S. 265

Verordnung über die Aufhebung der Zinsverordnung und von Bestimmungen über die Kosten für Teilzahlungsfinanzierungskredite und Kleinkredite v. 21. 3. 1967 — BGBl. I, S. 352

Gesetz zur Änderung von Verbrauchsteuergesetzen, des Gesetzes über das Branntweinmonopol und des Zollgesetzes (Steueränderungsgesetz 1967) v. 29. 3. 1967 — BGBl. I, S. 385

Gesetz über die Aufnahme und Bereitstellung von Krediten zur Belebung der Investitionstätigkeit und zur Sicherung eines stetigen Wachstums im Rechnungsjahr 1967 (Kreditfinanzierungsgesetz 1967) v. 11. 4. 1967 — BGBl. I, S. 401

Gesetz zur Förderung der Stabilität und des Wachstums der Wirtschaft v. 8. 6. 1967 — BGBl. I, S. 582

Gesetz über die Feststellung des Bundeshaushaltsplans für das Rechnungsjahr 1967 (Haushaltsgesetz 1967) v. 4. 7. 1967 — BGBl. II, S. 1961

Bundeshaushaltsplan für das Rechnungsjahr 1967, Vorlage der Bundesregierung über das zweite Programm für besondere konjunktur- und strukturpolitische Maßnahmen 1967/68 nach Maßgabe von § 8 des Gesetzes zur Förderung der Stabilität und des Wachstums der Wirtschaft (Der Deutsche Bundestag hat dieser Vorlage in seiner 120. Sitzung am 8. 9. 1967 zugestimmt.)

Gesetz über Finanzierungshilfen aus Mitteln des ERP-Sondervermögens für Investitionen im Bereich der Gemeinden (ERP-Investitionshilfegesetz) v. 17. 10. 1967 — BGBl. I, S. 989

Gesetz zur Änderung des Gesetzes über die Deutsche Bundesbank v. 23. 11. 1967 — BGBl. I, S. 1157

Gesetz zur Verwirklichung der mehrjährigen Finanzplanung des Bundes, I. Teil, v. 21. 12. 1967 — BGBl. I, S. 1254

Gesetz über die Feststellung des Bundeshaushaltsplans für das Rechnungsjahr 1968 (Haushaltsgesetz 1968) v. 3. 5. 1968 — BGBl. II, S. 345

Gesetz zur Änderung des ERP-Investitionshilfegesetzes v. 24. 7. 1968 — BGBl. I, S. 857

Gesetz über die Feststellung des Bundeshaushaltsplans für das Rechnungsjahr 1969 (Haushaltsgesetz 1969) v. 18. 4. 1969 — BGBl. II, 793

Zwanzigstes Gesetz zur Änderung des Grundgesetzes v. 12. 5. 1969 — BGBl. I, S. 357

Verordnung über die Bildung von Konjunkturausgleichsrücklagen durch Bund und Länder im Haushaltsjahr 1969 v. 24. 7. 1969 — BGBl. I, S. 940

Gesetz über die Grundsätze des Haushaltsrechts des Bundes und der Länder (Haushaltsgrundsätzegesetz — HGrG) v. 19. 8. 1969 — BGBl. I, S. 1273

Bundeshaushaltsordnung (BHO) v. 19. 8. 1969 — BGBl. I, S. 1284

FSC
www.fsc.org
MIX
Papier | Fördert gute Waldnutzung
FSC® C083411

Kolibri 360 GmbH
Ferdinand-Jühlke-Straße 7
99095 Erfurt, Deutschland
produktsicherheit@kolibri360.de

Druck:
CPI Druckdienstleistungen GmbH
im Auftrag der
Kolibri 360 GmbH
Ferdinand-Jühlke-Str. 7
99095 Erfurt